A. EMONOT

LES

MUNICIPALITÉS

DE

MONTBÉLIARD

PRÉFACE

de M. John VIÉNOT

MONTBÉLIARD
SOCIÉTÉ ANONYME D'IMPRIMERIE MONTBÉLIARDAISE
1909

LES
MUNICIPALITÉS
DE
MONTBÉLIARD

A. EMONOT

—

LES
MUNICIPALITÉS
DE
MONTBÉLIARD

PRÉFACE

de M. John VIÉNOT

MONTBÉLIARD

—

SOCIÉTÉ ANONYME D'IMPRIMERIE MONTBÉLIARDAISE

1909

PRÉFACE

Les livres que l'on mettait, il n'y a pas longtemps encore, entre les mains des enfants pour leur apprendre l'histoire de leur pays, étaient presque uniquement consacrés à l'histoire du prince et de ses guerres. Un portrait naïf du roi, depuis Pharamond à Charles X ou Louis-Philippe, décorait chaque nouveau chapitre et, quand on avait un résumé de la vie du roi, de ses succès ou de ses revers, des annexions qu'il avait réalisées ou tentées, on avait l'histoire de France.

Il n'en est plus tout à fait de même aujourd'hui. Le peuple, artisan principal des gloires et des prospérités nationales, prend peu à peu, dans l'histoire, la place qui lui revient. L'histoire des idées, des institutions, des mœurs, l'histoire du travail viennent compléter et rectifier l'histoire anecdotique et princière.

L'histoire nouvelle a besoin d'instruments de travail nombreux et M. A. Emonot lui en fournit un de plus dans les pages qui suivent, consacrées aux *Municipalités de Montbéliard*, de 1650 à nos jours.

On trouvera dans ce petit livre des renseignements intéressants et instructifs sur l'ancienne organisation municipale de Montbéliard.

La vie municipale d'autrefois ne manquait pas de caractère et c'était quelque chose qu'un « bourgeois de Montbéliard ». Pour obtenir ce titre, il avait fait la preuve de son honorabilité, il avait payé sa redevance et son « seillot » (un seau d'incendie). Les bourgeois élisaient leur conseil communal qui s'appelait « le Magistrat » et les neuf membres de ce corps étaient les vrais « gouverneurs » de la cité. Une ville ainsi organisée gardait plus facilement son caractère propre. Elle était moins exposée aux changements brusques, aux sautes de vent qui confient aujourd'hui la direction d'une ville soit à un parti, soit à des électeurs venus du dehors et étrangers à son esprit. Les bourgeois de Montbéliard avaient appris l'exercice de la liberté, grâce à leurs franchises. Leurs luttes avec leurs princes, quand ceux-ci outrepassaient leurs droits, prouvent leur esprit d'indépendance.

En publiant ces listes de noms des différents « corps » élus de la ville, M. Emonot permet à quiconque s'occupe d'histoire d'identifier très vite un nom de magistrat mal écrit sur une pièce d'archives. Ces noms qui ne diront rien au profane, peut-être, permettront à l'historien d'être renseigné sur les familles qui habitaient autrefois la vieille cité. On y verra quelles sont les plus anciennes, celles qui ont disparu, celles qui ont encore des représentants. On pourra, en complétant par ailleurs les renseignements de M. Emonot, suivre l'histoire de l'une d'elles. Il est intéressant de les voir monter ces vieilles familles montbéliardaises, non par des révolutions — rêve insensé des esprits simples — mais par le travail, l'économie, l'effort industrieux.

On en voit aussi qui périclitent, qui disparaissent du milieu montbéliardais, ruinées par le désordre ou la malhonnêteté de leurs chefs.

J'ai retrouvé dans ces listes des *Dix-huit* ou des *Neuf* bien des noms connus. Les *Bernard,* descendants d'un marchand de Dijon, *Jean Bernard,* réfugié en 1577 pour cause de religion ; les *Berguer* ou *Berger* descendants d'un *Christian Berger,* de Mertzlingen, comté de Nidau, canton de Berne, de qui descendent les Berger actuels, le brillant député de la Seine, M. Georges Berger, comme M. Philippe Berger, professeur au Collège de France et sénateur du Haut-Rhin ; les *Boissard*, dont le nom a été illustré par l'antiquaire, avant d'être porté par toute une série de pasteurs du « Pays » et de Paris ; les *Duvernoy*, qu'on trouve partout depuis le XVe siècle et qui ont fourni une liste ininterrompue de commerçants, de magistrats, de conseillers, de médecins, de pasteurs, qui ont, en outre, essaimé au dehors et dont plusieurs portent aujourd'hui à l'étranger la particule *von Duvernoy*. Que d'observations semblables il y aurait à faire sur les familles *Beurnier*, *Boigeol*, *Fallot*, *Goguel*, *Macler*, *Tuefferd*, *Tuetée* ou *Tuetey*, etc., etc. !

Et que de petits problèmes pose la lecture de ces noms ! Le nom de *Rouyer*, *Royer* qui s'écrit aussi quelquefois *Rouhier* ne vient-il pas de ceux qui autrefois « rouissaient » le chanvre avant de le « teiller » ? Je le crois.

On voit que le livre, tout documentaire, de M. A. Émonot aurait pu se passer de préface. Mais puisqu'il m'en a demandé une avec une amicale insistance, je veux au moins légitimer ma signature au bas de ces pages inutiles en apportant à mon tour quelques documents relatifs à notre bonne ville de Montbéliard.

C'est tout d'abord une liste des maîtres-bourgeois en chef qui complètera celle que donne M. A. Emonot.

LISTE DES MAITRES-BOURGEOIS EN CHEF DE 1318 A 1650.

ANNÉE DE L'EXERCICE	MAITRES-BOURGEOIS EN CHEF	CONFORTEURS
1318	Henri Denicour	Henry fils Jacquaz
1319	Richard Vaceville	Henri Denicour
1320	id.	id.
1321	id.	id.
1324	Richard Vaceville	Henry Denicour
1325	id.	id.
1328	Richard Vaceville	Henry Denicour
1332	Richard Vaceville	Henry Denicour
1334	Richard Vaceville	Henri le Maire
1354	Cuquelin	Mathey
1355	Philippe dit Maire	Besancenat de Rainans
1357	Philippe le Maire	Satebin
1358	Perin de Glay	Philippe dit Maire
1359	Cuquelin	Henri de Rainans

X

ANNÉE DE L'EXERCICE	MAITRES-BOURGEOIS EN CHEF	CONFORTEURS
1364	Besancenat de Rainans	Philippe dit Maire
1368	Besancenat de Renans	Philippe dit Maire
1369	Besancenat de Renans	Richard Noblot
1370	Richard Noblot	Girard de Ronchamps
1372	Richard Noblot	Girard de Ronchamp
1374	Richard Noblot	Girard de Ronchamp
1377	Richard Noblot	Hugues de Villepré
1381	Villemain Le foin	Hugues de Dalate
1382	Richard Noblot	Vuillemin dit foin
1391	Villemain dit Foin	Esmonin Pertenay
1392	Villemain dit Foin	Esmonin Pertenay
1398	Estevenin le Raite	Ory de Renans
1400	Estevenin le Raite	Ory de Rainans
1401	Estevenin le Raite	Ory de Renans
1402	Nicolas Noblot	Jean Gaudichet
1404	Estevenin dit Raite	Jehan Corney
1405	Nicolas Noblot	Estevenin le Raite
1406	Nicolas Noblot	Estevenin le Raite
1407	Richard le Sac	Jehan Corney
1409	Jehan Gaudichet	le Fouletat
1410	Nicolas Noblot	Jehan Gaudichet
1412	Jehan Gaudichet	Perrin Lancelat
1415	Richard Philippe	Willemenat
1418	Richard Philippe	Willemenat

ANNÉE DE L'EXERCICE	MAITRES-BOURGEOIS EN CHEF	CONFORTEURS
1419	Richard Philippe	Willemenat
1422	Jehan Fouletot	le Valeton
1423	Richard Philippe	Villemenat
1424	Willemenat	Jehan Granbin
¹) 1425	Richard Philippe	Willemenat
1426	Richard Philippe	Willemenat
1427	Richard Philippe	Vienat Valiton
1428	Willemenat	Richard Philippe
1429	Richard Philippe	Guillaume Jehan Métin
1430	Richard Philippe	Othenin
1431	Richard Philippe	Th..... Valthelet
1432	Vienat Valiton	Girard Gelin
1433	Richard Philippe	Vienat Valiton
1434	Richard Philippe	Th .... Valthelet
1435	Richard Philippe	Jehan Gaudichet
1436	Richard Philippe	Vienat Valiton
1437	Jehan Gaudichet	Perin Renaudat
1438	Vienat Valiton	Othenin Valonne
1439	Othenin Valonne	Conrad d'Orfaibvre
1440	Jehan Gaudichet	Claude Jehan Mertin
1441	Jacot de Velate	Jehan Gaudichet
1443	Jehan Gaudichet (prêtre ?)	
1444	Jacot de Vellatte (noble homme)	Richard Vaulchelet
1445	Jacot de Velatte (noble homme)	Guillemin Barbier
1446	Jehan Quedarriot	Huguenin Camus
1447	Huguenin......	Jehan Escabres
1448	Jacquot de Vellote	Jehan Perin Hubert
1449	Renaul Bes...p....	Jehan Perin Hubert
1451	Huguenin Beluschet	Jehan Renaudat
1452		Huguenin Beluschat

(1) Le compte de ville de 1425 indique pour chef Jehan Gaudichet.

ANNÉE DE L'EXERCICE	MAITRES-BOURGEOIS EN CHEF	CONFORTEURS
[1] 1454	Jehan Perin Hubert	Othenin Lel....
1455	Jehan Perin Hubert	Othenin Lel....
1456	Jehan Perin Hubert	Henri Montaignon
1457	Jehan Perin Hubert	Henri Montaignon
1458	Jehan Perin Hubert	Henri Montaignon
1460	Othenin Bohy	
[2] 1461	Huguenin Salmus	Cuenin de Brognard
[3] 1463	Huguenin Salins	Jehan Potey
1464	Huguenin Salins	Jehan Postel
1465	Jehan Fostel	
[4] 1468	Jehan Beli	
1469	Léonard Finglin	Villemin Quelane
1471	Cuenin de Brognard	Perin Chastel
[5] 1472	Cuenin de Brognard	Jehan Fostel
[6] 1473	Cuenin de Brognard	Jehan Fostel
1474	Jehan Fostel	Vuillemenot Quelane
1476	Huguenin Salmus	Vuillemenot Clan
1477	Huguenin Salmus	Euvrard de Brognard
1478	Huguenin Salmus	Euvrard de Brognard
[7] 1479	Thomas Loris	Amyot le Boucher
1480	Jehan Bel...	Thomas Lor...
1481	Thomas l'orfèvre	Jehan Belmont

(1) Othenin, Lebrun d'après le compte de ville.

(2) Compte de ville.

(3) Compte de ville, il paraît certain que l'on doit écrire Huguenin almus.

(4) Compte de ville 1469-70.

(5) Compte de ville 1471.

(6) Compte de ville 1473.

(7) Thomas l'orfèvre d'après le compte de ville.

ANNÉE DE L'EXERCICE	MAITRES-BOURGEOIS EN CHEF	CONFORTEURS
1484	Huguenin Salmus	Euvrard de Brognard
1485	Huguenin Cha....	Cuenin de Brognard
1486	Cuenin de Brognard	Horry
¹) 1487	Henri Velus	Thomas Plici orfèvre
1488	Cuenin de Brognard	Thomas Pleignard
1489	Huguenin Salmus	Henri Fontel
²) 1490	Henri Foltey	Huguenin Salmus
³) 1491	Huguenin Salmus	Cuenin de Brognard
⁴) 1492	Vuillaume Pétremand	Cuenin de Brognard
⁵) 1493	Horry Megnin	Merey de Corneliere
1494	Cuenin de Broignard	
1495	Henry Delus	Cuenin de Broignard
1496	Jehan Perin Virot	Cuenin de Broignard
1497	Jehan Perin Virot	Huguenin Salins
1498	Pierre Bernard, pelissonnier	Jehan Vaulchelet
1499	Jehan Vauchelet	
1500	Guyot Duvernoy	Cuenin de Broignard
1501	Jehan Vauchelet	
⁶) 1502	Petreman Carray	
1503	Hugues Perriot	
1504	Horry Megnin	
1505	Petreman Carray	Henry Euvrard
1506	Henry Euvrard	Petreman Carray
1507	Bertrand Gray	
1508	Huguenin Salmus	
1509	Guillot Faivre	Bertrand Gray
1510		Huguenin Salins
1511	Richard Carray	Guillot Faivre
1512	Henry Euvrard	

(1) D'après le compte de ville, Henry Velus et Cuenin de Brognard.
(2) Compte de ville 1490.
(3) Compte de ville 1491.
(4) Compte de ville 1492.
(5) Compte de ville 1493.
(6) Huguenin Simon et Petreman Carray d'après le compte de ville.

ANNÉE DE L'EXERCICE	MAITRES-BOURGEOIS EN CHEF	CONFORTEURS
1513	Guillaume Thorelat	Jacques Gollin
1514	Henri Euvrard	Guillaume Dubourg
1515	Guillaume Vuillemenot	
¹) 1516	Guillaume Tourelat	Jacques Euvrard
²) 1517	Henri Euvrard	Jehan Grandperrin
1518	Thibaut Gros	Henry Willemenot
1519	Thibaut Gros	Richard Quairay
1520	Richard Quairay	
1521	Thibaut Gros	Guillaume Thorelot
1522	Jacques Parisot	Thibaut Gros
1524	Guillot Faibvre	
1525	Guillaume Thorelat	
1526	Jehan Salmus	Jehan Granperin
³) 1527	Henry Euvrard	Jacques Poinssat
1528	Jacques Poinssat	Guillaume Thourelat
1529	Perin Maigni	Jacques Poinssat
1530	Jehan Paignat	
1531	Pierrat Thourelat	Perrin Maigney
1532	Perin Maigny	Jehan Faibvre
1533	Jacques Poinsat	
1534	Perin Maigni	
1535	Pierrat Tourelat	
1536	Jehan Parrat	
1537	Perrin Mougin	
1538	Jehan Drot	
1542	Jacques Poinssat	Nicolas Bernard
1543	Girard Jehansire	Jacques Poinssat
1544	Jean Nicolas Euvrard	
1545	Loys Aubry	Girard Jehansire
1546		Hans Horry

(1) Richard Carray, Petreman d'après le compte de ville.

(2) D'après le compte de ville Henri Euvrard nommé en remplacement de Etienne Pothier nommé procureur-général.

(3) Compte de ville 1527.

ANNÉE DE L'EXERCICE	MAITRES-BOURGEOIS EN CHEF	CONFORTEURS
1548	Claude Euvrard	Loys Aubry, docteur en médecine
1549	Nicolas Thierry	Girard Jehansire
1550	Jean Horry	Nicolas Bernard
1551	Nicolas Gelin	Jehan Horry
1552	Jehan Horry	Vienot Moignin
1553	Vienot Moingnin	Girard Lovry
1554	Girard Lovy	Vienot Moignin
1555	Claude Euvrard	Jehan Horry
1556	Jean Horry	Viénot Moignin
1557	Nicolas Thierry	Jehan Horry
1558	Huguenin Gros	Jean Horry
1559	Vienot Monnin	
1560	Nicolas Thierry	Viénot Monnin
1562	Jehan Horry	Jean Vuillemin
1563	Nicolas Thierry	Jean Hetzel
1565	Viénot Monnin	Jean Hory
1566	Nicolas Berdot	Jean Horry
1567	Pierre Saget	Vienot Monnin
1568	Nicolas Faillard	Pierre Saget
1569	Guillaume Fourtot	Nicolas Berdot
1570	Claude Chastel	Huguenin Gros
1571	Antoine Perrenon	Nicolas Berdot
1572		Pierre Ponget
1573	Nicolas Berdot	Pierre Ponget
1574	Jehan Sageot	Guillaume Fourtot
1575	Guillaume Fourtot	Antoine Perrenon
1576	Claude Huguenot	Antoine Perrenon
1577	Huguenin Gros	Pierre Ponget
1578	Nicolas Faillard	Antoine Perrenon
1579	Guyon Chastel	Antoine Perrenon
1580	Perrin Euvrard	Antoine Perrenon
1582	Guyon Chastel	Perrin Euvrard

ANNÉE DE L'EXERCICE	MAITRES-BOURGEOIS EN CHEF	CONFORTEURS
1583	Huguenin Gros	Guillaume Fourtot
1584	Antoine Perrenon	Guyon Chastel
1585	Daniel Euvrard	Antoine Perrenon
1586	Claude Monnin	Guyon Chastel
1587	Jehan Berdot	Antoine Perrenon
1590	Guyon Chastel	Perrin Euvrard
1591	Daniel Euvrard	Richard Grandperin
1592	Guyon Chatel	Daniel Euvrard
1593	Jehan Bouvier	Guyon Chatel
1595	Daniel Euvrard	Claude Monnin
1596	Girard Charpiot	Daniel Euvrard
1597	Huguenin Gros	Guyon Chastel
1598	Daniel Euvrard	Huguenin Gros
1599	Guyon Chastel	Daniel Euvrard
1600	Claude Monnin	Guyon Chastel
1601	Daniel Euvrard	Claude Monnin
1602	Jehan Bouvier	Daniel Euvrard
1603	Claude Monnin	Jean Bouvier
1604	François Paillet	Claude Monnin
1605	Richard Grandperrin	François Paillot
1606	Claude Monnin	Richard Grandperrin
1607	Jehan Bouvier	Claude Monnin
1608	Michel Gros	Jean Bouvier
1609	Charles Huguenot Lalance	Michel Gros
1611	Claude Monnin	Charles Huguenot dit Lalance
1612	Michel Gros	Nicolas Bourquard
1613	Nicolas Bourquart	Michel Gros
1614	Charles Loris	Nicolas Bourquard
1615	Pierre L'hoste	Charles Loris
1616	Charles Loris	Pierre L'hoste
1617	Nicolas Bourquard	Charles Loris

ANNÉE DE L'EXERCICE	MAITRES-BOURGÉOIS EN CHEF	CONFORTEURS
1618	Gerson Parrot	Nicolas Bourquard
1619	Henry Horry	Gerson Parrot
1620	Nicolas Bourquard	Henri Horry
1621	Pierre Schor	Nicolas Bourquart
1622	Gerson Parrot	Pierre L'hoste
1623	Nicolas Bourquart	Gerson Parrot
1624	Henry Duvernoy	Nicolas Bourquart
1625	Guillot Gros	Henry Duvernoy
1626	Henry Duvernoy	Guillaume Gros
1627	Gerson Parrot	Henry Duvernoy
1628	Charles Loris	Gerson Parrot
1629	Henry Grangier	Charles Loris
1630	Pierre L'hoste	Henry Grangier
1631	Gersot Parrot	Pierre L'hoste
1632	Henri Duvernoy	Gerson Parrot
1633	Gerson Parrot	Henry Duvernoy
1634	Claude Huguenot dit la lance	Abraham Ponnier
1635	Henry Duvernoy	Claude Huguenot la lance
1636	Gerson Parrot	Henry Duvernoy
1637	Michel Euvrard	Gerson Parrot
1638	Gerson Parrot	Michel Euvrard
1639	Michel Euvrard	Gerson Parrot
1640	Gerson Parrot	Michel Euvrard
1641	Daniel Nardin	Gerson Parrot
1642	Gerson Parrot	Daniel Nardin
1643	Michel Euvrard	Gerson Parrot
1644	Gerson Parrot	Michel Euvrard
1645	Daniel Nardin	Nicolas Dargent
1646	Nicolas Dargent	Daniel Nardin
1647	Georges Euvrard	Nicolas Dargent
1648	Daniel Nardin	Georges Euvrard
1649	Gerson Parrot	Daniel Nardin
1650	Nicolas Dargent	Gerson Parrot

En outre, on consultera avec intérêt cet état de la population, en 1537, divisé d'après les Neuf *Guets* ou quartiers de la Ville.

POPULATION

(Liste des Bourgeois, non compris, bien entendu, les indigents)

Guet du Bourg,	39
Rue des Granges,	39
Etuve,	33
Sur l'Eau,	42
Saint-Martin,	38
Fèvres,	39
Bourg-Vauthier,	37
Rue Devant,	25
Guet Derrière,	27
Soit	319 bourgeois

Le total approximatif des habitants de la Ville était, en 1537, de 1.595. C'était déjà un progrès sur le siècle précédent où on ne comptait, en 1486, que 238 hommes seulement en état de porter les armes. En 1491, il y en avait 255.

De 1589 à 1598, la population de Montbéliard était d'environ 2.200; de 1599 à 1608, ce chiffre s'élève à 3.500.

D'après un dénombrement de janvier 1713, il y avait à Montbéliard 2.333 habitants, dont 44 calvinistes, 60 papistes et 40 anabaptistes.

1714	3094	habitants.
1732	3200	—
1769	3143	—
1772	3173	—
1775	3906	—
1778	3782	—
1794	3996	—

En 1778, les villages du comté avaient 9.233 âmes.

Voici, d'autre part, un tableau des mariages célébrés au temple Saint-Martin, de 1572 à 1600, qui permettra des constatations intéressantes.

TEMPLE St-MARTIN. — CHIFFRES DES MARIAGES

Années	Mariages	Années	Mariages	Années	Mari.
1572	27	1582	16	1592	12
1573	12	1583	27	1593	12
1574	21	1584	21	1594	26
1575	21	1585	22	1595	22
1576	28	1586	5	1596	27
1577	28	1587	34	1597	34
1578	30	1588	23	1598	42
1579	25	1589	39	1599	31
1580	25	1590	19	1600	28
1581	16	1591	18		

Enfin, voici deux statistiques dressées par le surintendant L.-E. Bonsen et que je retrouve dans mes notes.

Nombre des personnes décédées dans la Ville de Montbéliard pendant le 18e siècle

Années	Décès	Années	Décès	Années	Décès
1701	90	1728	107	1755	49
1702	85	1729	154	1756	65
1703	82	1730	106	1757	65
1704	79	1731	172	1758	101
1705	115	1731	99	1759	53
1706	49	1733	171	1760	71
1707	76	1734	156	1761	72
1708	58	1735	155	1762	51
1709	175	1736	190	1763	49
1710	105	1737	118	1764	52
1711	84	1738	126	1765	62
1712	109	1739	104	1766	74
1713	101	1740	89	1767	77
1714	175	1741	89	1768	84
1715	89	1742	181	1769	49
1716	92	1743	129	1770	54
1717	89	1744	69	1771	58
1718	82	1745	81	1772	81
1719	128	1746	143	1773	58
1720	115	1747	75	1774	64
1721	111	1748	108	1775	77
1722	128	1749	89	1776	137
1723	81	1750	79	1777	63
1724	200	1751	71	1778	131
1725	85	1752	70	1779	95 [1]
1726	120	1753	121		
1727	105	1754	52		

(1) Bonson s'arrête à cette date.

Enfants baptisés

Années	Baptêmes	Années	Baptêmes	Années	Bapt.
1701	92	1717	124	1733	97
1702	105	1718	128	1734	105
1703	94	1719	120	1735	110
1704	94	1720	120	1736	103
1705	115	1721	114	1737	100
1706	121	1722	112	1738	109
1707	129	1723	124	1739	106
1708	101	1724	118	1740	116
1709	103	1725	124	1741	118
1710	94	1726	108	1742	97
1711	94	1727	129	1743	112
1712	129	1728	120	1744	99
1713	98	1729	113	1745	98
1714	105	1730	114	1746([1])	106
1715	117	1731	97		
1716	128	1732	143		

L. E. Bonsen ajoute avec beaucoup de sens :

« A la faveur de ces relevés on peut faire toutes sortes de conjectures et de raisonnements plus ou moins vraisemblables sur les progrès de la population dans la Ville de Montbéliard pour en voir l'augmentation ou la diminution. »

Quoi qu'il en soit, ces quelques chiffres,

(1) Bonsen s'arrête à cette date.

ajoutés aux noms publiés par M. Emonot, pourront paraître utiles à tous ceux qui s'intéressent à la vie municipale de la vieille cité montbéliardaise.

JOHN VIÉNOT.

Belchamp, le 29 septembre 1908.

PREMIÈRE PARTIE

LES

MUNICIPALITÉS

DE

MONTBÉLIARD

Sous le Gouvernement des Princes

1650-1792

INTRODUCTION

Plusieurs travaux ont été publiés jusqu'à ce jour sur l'histoire de Montbéliard.

Aucun d'eux ne concerne spécialement l'administration proprement dite de notre ville.

Les noms des magistrats qui, depuis plus de deux siècles, ont été mêlés intimement aux affaires de la commune et ont par conséquent contribué, chacun dans leur sphère d'action, à la faire ce qu'elle est devenue aujourd'hui, nous sont pour la plupart inconnus.

Il m'a paru utile et intéressant de combler cette lacune et de réunir dans un seul et même ouvrage la liste complète de toutes les municipalités qui ont été appelées à la tête de nos affaires communales depuis l'année 1650 (1), avec l'indication sommaire des quelques faits saillants dont elles ont pu être les témoins (2).

Ce travail, qui permettra de retrouver facilement la trace des noms de familles actuellement disparues ou de se rendre compte de l'ancienneté de celles encore existantes, est naturellement divisé en deux parties.

La première comprend les municipalités qui se

---

(1) Ce n'est qu'à partir de l'année 1650 que j'ai pu reproduire intégralement et sans lacune les noms des bourgeois qui ont composé à Montbéliard les deux corps du « Magistrat » et des Dix-Huit.

(2) Un travail analogue avait été entrepris par A. Castan pour la ville de Besançon, il vient d'être publié en 1899, après la mort de ce savant.

sont succédé de 1650 à 1792, c'est-à-dire sous le Gouvernement des Princes.

La seconde concerne toutes celles qui ont administré la Ville depuis l'année 1793 jusqu'à nos jours, c'est-à-dire à partir de la réunion du pays de Montbéliard à la France.

J'ai rappelé en tête de ces deux parties, les conditions dans lesquelles il était procédé à la nomination des maîtres-bourgeois et plus tard des conseillers municipaux et des maires.

J'ai rassemblé à la fin de chacune d'elle :

1° Les noms des maires nommés par les Princes de 1301 à 1792 ;

2° Les noms des maîtres-bourgeois en chef désignés de 1650 à 1792 ;

3° Les noms des maires nommés ou élus de 1793 à 1899 ;

4° Les noms de leurs adjoints nommés ou élus pendant cette même période.

J'espère pouvoir donner, dans la suite, une relation aussi complète que possible, par municipalités, de l'histoire administrative de la Ville de Montbéliard (1) et compléter ainsi l'utilité des renseignements que j'ai l'honneur de publier aujourd'hui.

Montbéliard, le 10 août 1899.

A. EMONOT.

(1) Cette relation serait établie de manière à faire, en ce qui concerne spécialement la Ville de Montbéliard, une suite naturelle aux » Éphémérides du Comté de Montbéliard » publiées en 1832, par M. Duvernoy.

PREMIÈRE PARTIE

LES MUNICIPALITÉS

DE

MONTBÉLIARD

Sous le Gouvernement des Princes

1650 à 1792

CHAPITRE PRÉLIMINAIRE

L'une des dispositions les plus importantes des franchises concédées en 1283 à la ville de Montbéliard et à ses habitants par Renaud de Bourgogne, seigneur de cette ville, assisté de sa femme Guillemette, de Neuchâtel, héritière du comté de Montbéliard, fut celle créant l'organisation municipale.

En vertu de ces franchises, les Bourgeois, nos ancêtres, eurent le droit d'élire chaque année, à la majorité des voix, neuf d'entre eux, appelés les neuf Bourgeois Jurés, qui avaient pour mission d'administrer la Ville ; l'un d'eux portait le titre de *Maitre bourgeois en chef*. Ils devaient, comme partout ailleurs, jurer de garder les droits du seigneur et ceux de la ville.

Leur nombre correspondait à celui des neuf quartiers ou guets (1) dont se composait l'ancienne ville, savoir :

Le Bourg.
La rue de l'Etuve.
La rue Neuve ou rue des Granges.
La rue sur l'Eau.
Saint-Martin.
La rue des Febvres.
Le bourg Vauthier.
La rue des Aiguillons
et la rue Derrière.

(1) Besançon était divisé en sept quartiers qui avaient chacun un étendard avec armoiries distinctes et tiraient de là le nom de *Bannières*. Les gens de chaque bannière choisissaient, le matin du jour de la Saint-Jean-Baptiste (24 juin) les plus considérables d'entre eux et les créaient syndics pour procéder, au nom de tous, à la nomination des notables.

Acte ayant été dressé de cette procuration les syndics se retiraient dans leurs quartiers respectifs, et élisaient, au scrutin secret, quatre citoyens par bannière.

Dans l'après-midi du même jour, les 28 notables élus se réunissaient à l'Hôtel de Ville, où ils vérifiaient les titres de ceux qui siégeaient pour la première fois ; après quoi ils choisissaient leur président et élisaient enfin les 14 gouverneurs qui devaient exercer le pouvoir exécutif durant l'année, soit à raison de deux par quartier.

(A. Castan. — *Monographie du palais Grandvelle*).

On voit qu'une certaine analogie existait à cette époque entre notre administration municipale et celle de Besançon.

Les administrateurs de la Cité Bisontine s'appelaient co-gouverneurs,

Nous emprunterons à M. Clément Duvernoy, dans son ouvrage intitulé *Montbéliard au
XVIIIe siècle*, les passages qui vont suivre (1) :

« Dans la première moitié du XVe siècle on
» créa le corps des Dix-huit et le corps des No-
» tables, ce qui compléta l'ensemble de nos ins-
» titutions municipales.

» Cette adjonction n'affaiblit en rien l'auto-
» rité du corps municipal et contribua même à
» lui donner un caractère de force et de solidité
» remarquable ainsi qu'à en garantir la consé-
» cration à travers les siècles.

» Voici en quelques mots quelles étaient les
» attributions de ces différents corps.

» A l'origine, les maîtres-bourgeois étaient
» élus par les habitants de la ville à la majorité
» des voix et ils choisissaient parmi eux le
» maître-bourgeois en chef qui devenait leur
» président. Cette élection, jusqu'à 1709, se
» faisait à la Saint-Jean-Baptiste (2). Ils avaient
» pour mission de gouverner la ville, d'admi-
» nistrer ses finances, de veiller à la police,
» d'inspecter les bâtiments, mais chacun d'eux

(1) Voir aussi à ce sujet : 1° page 23 du premier
compte-rendu des travaux de la Société d'Emulation
publié en 1852;

2° Pages 74 et suivantes de l'Histoire des Comtes
souverains de Montbéliard, par P. E. Tuefferd, 1877;

3° Pages 127 et suivantes de l'Etude sur le droit mu-
nicipal en Franche-Comté aux XIIIe et XIVe siècles, par
A. Tuetey, 1865.

(2) A Besançon, cette élection avait lieu le même jour.
(A. Castan. — *Monographie du palais Grandvelle*).

» avait sa tâche individuelle : c'est ainsi que le
» *maître-bourgeois en chef* présidait les réu-
» nions et gérait le domaine de la ville ;

» Que le second, ou *conforteur*, suppléait le
» premier en cas d'empêchement ;

» Que le troisième, ou *baumestre*, avait l'ins-
» pection des bâtiments (1) ;

» Le quatrième, ou *clerc du papier*, faisait les
» fonctions de secrétaire municipal ;

» Le cinquième, ou *clerc des décharges*, con-
» trôlait les recettes et les dépenses ;

« Le sixième, ou *taxateur de la boucherie*,
» surveillait la police ;

» Les deux derniers, appelés *novices* n'avaient
» pas de fonctions déterminées.

» Les attributions des Maîtres-Bourgeois, en
» tant que magistrature judiciaire (2), avaient
» été fixées définitivement par un traité amia-
» ble intervenu le 31 mai 1557 entre le comte
» Georges et la bourgeoisie. »

» » Le corps des Dix-huit était élu par tous les
» *chefs d'hostels* ou bourgeois établis dans la

(1) Voir note au bas de l'année 1658.

(2) L'administration financière de même que la justice, se trouvait entre les mains des neuf bourgeois.
Le Maître-Bourgeois en chef, comptable, rendait ses
comptes chaque année devant le corps municipal assemblé qui lui en donnait décharge. (A. Tuetey, 1865).

Il est encore procédé de même aujourd'hui par les
maires des communes de France, en ce qui concerne le
compte spécial de dépenses imprévues, en vertu de
l'article 147 de la loi du 5 avril 1884.

» commune (1) et les Dix-huit à leur tour éli-
» saient les neuf Maîtres-Bourgeois, de sorte
» que l'élection de ces derniers qui, à l'origine,
» se faisait directement et au premier degré
» n'eut plus lieu, après la création de ce nou-
» veau corps, qu'au deuxième degré et par dé-
» légation ».

» On procédait à ces élections de la manière
» suivante :

» La veille du nouvel an, ou antérieurement
» à 1709 (2), la veille de la Saint-Jean-Bap-
» tiste (3), les bourgeois des neuf guets étaient
» convoqués par l'un d'eux portant le titre de
» *Fidèle serviteur*, dans une auberge du quar-
» tier où, sous la présidence du plus ancien
» Maître-Bourgeois hors de service (4), ils éli-
» saient six d'entre eux à la pluralité des voix,
» en tout, 54 individus. Ceux-ci, aussitôt après

(1) Voir au sujet des droits de réception des bourgeois notes insérées après les années 1684 et 1748.

(2) Voir note à l'année 1709.

(3) Par décision, prise le lundi, dernier jour du mois
d'avril 1621, par Messieurs les Maîtres-Bourgeois Jurés,
Dix-huit et Notables de la dite ville il avait été résolu
qu'à l'avenir l'on procéderait à l'élection du Magistrat
et des Dix-huit par un samedi devant la Saint-Jean-
Baptiste afin que les dits Bourgeois qui ont coutume
d'aller à la foire de Strasbourg puissent assister à la
dite élection.

(4) Vers 1704, 355 bourgeois assistent ordinairementt
aux réunions électorales qui ont lieu dans les neuf-
guets de la ville pour la désignation des membres de
vant composer les Dix-huit.

» leur élection, se rendaient à l'Hôtel de Ville
» où ils trouvaient réunis les membres de l'an-
» cienne municipalité.

» Le Maître-Bourgeois en chef remettait aux
» délégués de chaque quartier un sac en peau
» contenant quatre boules bleues et deux jau-
» nes (1). Tous mettaient un gant de peau et les
» deux qui retiraient les boules jaunes deve-
» naient membres du corps des Dix-huit, ainsi
» composé de deux représentants de chaque
» quartier.

» Les Dix-huit prêtaient, entre les mains du
» Procureur général, le serment suivant :

» Je jure, au nom du Dieu tout puissant et
» au péril et damnation de mon âme, que dans
» l'élection des neuf membres de la bourgeoisie
« qui doivent composer le corps du Magistrat
» de cette ville, je ne favoriserai de mon suf-
« frage que des sujets que je croirai en cons-
» cience et suivant mes lumières et connais-
» sances sur le fait de leur capacité et intégrité,
» en état de remplir dignement les fonctions
» d'un emploi si important ; et que, par contre,
» j'écarterai autant qu'il dépendra de moi tous
» ceux que j'aurai remarqué avoir tenté d'y
» parvenir par des voies indirectes, illégitimes,
» et défendues par les Lois. Ainsi Dieu me soit
« en aide.

» Après le serment ils se rendaient dans une

(1) On peut encore voir ce sac et trois des boules en
question, dans l'une des vitrines de la salle du « Vieux
Montbéliard », au musée de la ville.

» salle qu'on désignait sous le nom de Cham-
» bre des Dix-huit (1), et la séance s'ouvrait
» par la prière dont voici les termes :

» *Nôtre aide soit au nom de Dieu, qui a fait le*
» *ciel et la terre. Amen*

» Seigneur nôtre bon Dieu, et Père! nous te
» rendons nos humbles actions de grâces pour
» tous les bienfaits que nous avons reçu de ta
» libérale main. Daigne, s'il te plait, nous en
» accorder la continuation, et favoriser encore
» à la suite nôtre Ville de ta puissante protec-
» tion. Appelez par nos concitoyens à procéder
» à l'élection du Magistrat, qui doit pendant le
» cours de l'année prochaine, administrer la
» justice, nous te prions de nous assister par
» ton Saint Esprit, qui nous éclaire, et nous
» dirige dans le choix, que nous avons à faire,
» pour que nous ne donnions nôtre suffrage,
» qu'à des hommes vertueux, craignans ton
» saint Nom, amateurs du vrai, et ennemis de
» l'injustice, afin que pendant leur adminis-
» tration, nous puissions mener une vie pai-
» sible, et tranquille, en toute piété, et honnê-
» teté, pour l'amour de Jésus-Christ notre Sau-
» veur. Ainsi soit-il.

» *Nôtre Père qui ès aux Cieux*, etc.

» Ils restaient ensuite enfermés jusqu'à ce
» qu'ils eussent fait l'élection des Neuf; leur
» Président était désigné sous le nom de Maître

(1) Aux XVIe et XVIIe siècles cette réunion avait lieu
au Temple Saint-Martin et au XVIIIe siècle elle eut lieu
dans l'une des salles de l'Hôtel de Ville actuel.

» de la Commune, et un secrétaire dressait
» procès-verbal de la séance.

» Après le vote on sonnait les cloches ; le
» corps des Dix-huit présentait à l'ancienne
» municipalité les Neuf qui venaient la rem-
» placer ; et ils étaient aussitôt admis à prêter
» serment devant le Procureur général qui
» recevait pour sa peine quatre channes de
» vin (1), sept d'entre eux devaient être pris
» dans le corps des Notables ; les deux der-
» niers, pris parmi les Dix-huit, et désignés sous
» le nom de Maîtres - Bourgeois novices· (2),
» étaient nouveaux venus dans la Magistra-
» ture ; on n'était rééligible qu'à la condition
» d'avoir rendu scrupuleusement ses comptes.
» Tous devaient assister régulièrement aux
» séances et aux tenues de justice (ord^{ce} du
» 5 décembre 1623), sinon payer une pinte de
» vin au profit de la Compagnie. Si, dans l'in-

(1) On pourra lire une copie du procès-verbal officiel
de la prestation de serment du corps du Magistrat élu
le 31 décembre 1735, après la liste de la dite année.

(2) Les Bourgeois novices, pour affirmer leur foi, si-
gnaient suivant l'usage, le jour de leur élection, sur un
registre spécial qui existe encore aux archives de la
Ville et porte comme entête le titre suivant : Livre
des souscriptions de Messieurs les Dix-huit à la Con-
fession d'Augsbourg et autres livres symboliques des
Eglises protestantes évangéliques en général et à celles
de Wurtemberg en particulier.

Ce registre va du 24 janvier 1609 au 2 janvier 1792.

Ces mêmes bourgeois devaient donner chacun, pour
leur réception, un gobelet d'argent aux armes de la
Ville.

» tervalle d'une élection à une autre, un vide
» venait à se produire parmi les Neuf, les au-
» tres avaient le droit de remplacer le man-
» quant autant de fois qu'il y avait lieu. Dans
» les cérémonies officielles et dans les circons-
» tances graves ils portaient par dessus leur
» vêtement un ample manteau noir, avec toque
» en velours sur la tête et rabat sous le menton
   » Après l'élection, les Dix-huit conservaient
» quelques attributions particulières telles que
» surveillance des propriétés communales,
» celle des foires et des marchés ; ils veillaient
» à la police et avaient mission d'empêcher les
» batteries qui troublaient la sécurité des ha-
» bitants. Ils devaient faire arrêter les caril-
» lonneurs et autres, les réduire en prison et
» avertir le maire pour les amendes et peines
» pécuniaires Ils avaient aussi un droit de re-
» commandation aux Neuf et dans un factum,
» qu'on appelait les vœux, et qu'ils présen-
» taient aux nouveaux élus à leur entrée en
» fonctions, ils leur traçaient le programme de
» ce qui paraissait devoir attirer particuliè-
» rement leur attention pendant leur adminis-
» tration. Chaque quartier présentait ainsi ses
» réclamations demandant qui une fontaine
» ou un puits, qui une réparation au pavé, qui
» un supplément d'éclairage, quand éclairage
» il y eut. »
   » Quant au corps des Notables, composé de
» tous les bourgeois qui avaient fait partie de
» l'un ou de l'autre des deux premiers, il sem-
» ble avoir été une création honorifique plutôt

» qu'une institution municipale en exercice.
» On les convoquait cependant à toutes les
» cérémonies officielles et, dans les circons-
» tances graves, le Maître-Bourgeois en chef
» avait le droit de réunir les trois corps en
» Assemblée générale, à la condition d'ins-
» truire *le maire* (1) des motifs de la réunion et
» des résultats de la délibération.

. . . .

» Le véritable chef de la commune était le
» premier Maître-Bourgeois.

(1) L'origine du maire de Montbéliard date de mai 1283,
époque des franchises accordées aux habitants de cette
ville.

C'est, parait-il, le seul cas où l'on vit l'officier du
Seigneur porter le titre de maire, partout ailleurs il
s'appelait bailli ou prévôt.

La constitution de la commune de Montbéliard parait
remonter également à cette date de mai 1283.

D'après A. Castan, la constitution légale de la commune de Besançon ne remonterait qu'à 1290 ; suivant
A. Tuetey, la première mention certaine de la commune de Besançon se trouverait dans un acte dont la
date est fixée entre les années 1181 et 1189. D'après Duvernoy, des franchises à peu près semblables aux nôtres
furent concédées aux habitants de Belfort en 1307.

M. Jules Gauthier, dans sa préface à l'Inventaire des
Archives communales de Pontarlier, déclare que la
constitution de cette commune daterait en fait de 1537
et en droit de 1565.

C'est le 5 décembre 1291 que Thiébaud III de Fau-
cogney, abbé de Luxeuil, délivra aux habitants de cette
localité leur charte de franchise. (Luxeuil, par Emile
Delacroix, page 57. 1868).

Suivant Baumont, l'origine de Luxeuil parait remonter à 1228. (*Etude historique sur l'abbaye de*

» *Le maire* (1) ne faisait point partie du Ma-
» gistrat ; c'était, depuis le traité de 1557, un
» officier du Prince, nommé par lui, pourvu
» d'appointements (1), et simplement accrédité
» auprès du corps municipal. Il présidait la
» Justice de la mairie, mais avec voix consulta-
» tive seulement ; les voix délibératives appar-
» tenaient aux Maîtres-Bourgeois et aux cha-
» sez (2). »

Les institutions, dont nous venons de rappeler sommairement les bases, étaient d'une
simplicité et d'une sagesse que l'on ne peut
qu'admirer, surtout si l'on se reporte au temps
qui les a produites. Elles se sont conservées

Luxeuil, 1896, page 27). Dans cette dernière ville, la
Municipalité comprenait à la fin du XVᵉ siècle les
4 échevins, vulgairement appelés *coquatre* et le conseil
des Treize

Les coquatre se renouvelaient après 2 ans d'exercice
par 1/2 chaque année au mois de décembre, et les
13 tous les ans à la même époque.

L'élection était faite au suffrage universel à la majorité des voix.

Les *coquatre* exerçaient dans la ville et sur son territoire, au civil et au criminel la Justice haute, moyenne
et basse.

(1) On voit dans la note insérée à la fin de la chronique de J. G. Perdrix, par L. Wetzel, que les appointements des maires et de leurs assesseurs ont coûté à
la ville de 1676 à 1697 la somme de 11.000 livres.

(2) Ces chasez, au nombre de trois, devaient être des
propriétaires possédant case, chezal, ou plutôt possédant maison en ville.

Voir à leur sujet : A. Tuetey, *Etude sur le droit municipal en Franche-Comté, 1865,* pages 116 et suivantes.

pendant une période de cinq siècles sans la moindre modification.

Pour compléter les renseignements qui précèdent et donner une idée de ce qu'étaient à cette époque les charges de la ville au point de vue des traitements du personnel administratif municipal, je transcris ci-après deux règlements arrêtés en 1700 et 1719 par les trois corps de ville pour fixer la quotité des appointements et revenus en nature attribués à chaque magistrat ou employé.

On verra d'un autre côté, en lisant la note mise au bas de l'année 1786, la relation des fêtes auxquelles donnaient lieu chaque année l'élection des nouveaux Maîtres-Bourgeois de la Cité.

J'annexe également à ces règlements la formule d'arrêté qui servait au Conseil de Régence pour procéder à la nomination des maires (1).

Cette formule contient l'énumération des devoirs que devaient remplir chacun de ces magistrats, dont l'origine remonte, comme nous l'avons vu, à l'année 1283.

Cette première partie est suivie :

1° De la liste des maires qui ont exercé leurs fonctions de 1301 à 1793 ;

2° De la liste des Maîtres-Bourgeois en chef pour la période de 1650 à 1792.

-----

(1) Pages 24 à 27.

ANNEXE I

RÉGLEMENT DES GAGES ET DES ÉMOLUMENTS DES NEUF BOURGEOIS ET EMPLOYÉS DE LA VILLE.

Du 10 Juillet 1700

Les trois corps de la ville de Montbéliard ayant choisi trois du corps de Messieurs les Neuf Bourgeois, Dix-Huit et Notables pour régler les dépenses que les deux premiers font annuellement en vaquant aux affaires de la dite Ville, aussi bien que les gages des dits Neuf Bourgeois en ont convenu et sont tombés d'accord comme s'ensuit :

Premièrement que le Maître-Bourgeois en chef se contentera à l'avenir pour son gage annuel, et pour tous les émoluments qu'il tirait de la dite Ville, de la somme de 200 francs, monoye du pays, à quoi le tout est réglé dès à présent. à la réserve du suif et du bois qu'il aura comme du passé . . . . . . 200 francs.

Le gage et les émoluments que le conforteur tirait de la dite Ville est aussi réglé et réduit à la somme de 56 francs, à la même réserve du suif et du bois . . . . 56 francs.

Le gage du baumeistre et ses émoluments à la somme de 56 francs, 9 gros, à la même réserve du suif et du bois. . . . . , 56 francs,

Le gage et les émoluments du clerc du papier sont réglés à 60 francs, à la même réserve que dessus. . . . . 60 francs.

Le gage et les émoluments du clerc des descharges réglé à la mesme somme de 60 francs, sous la même réserve que devant.   60 francs.

Le gage et les émoluments du taxeur de la boucherie sont réglés et réduits à 45 francs, sous la même réserve promise . . 45 francs.

Le gage des trois autres Maîtres-Bourgeois parfaisant le nombre des Neuf, qui n'ont point d'autre charge, leur sera payé comme au passé, savoir 26 francs, 9 gros à chacun, outre le bois et le suif, les trois sommes font   80 fr. 3 gros.

Plus a esté, convenu que outre les gages promis, la Ville payera annuellement aux dits neuf Bourgeois, savoir :

Au Maître-Bourgeois en chef, conforteur, baumeistre, clerc du papier et clerc des décharges, à chacun 25 francs, et au taxeur de la boucherie et aux trois autres Maîtres-Bourgeois, chacun 12 francs, 6 gros, pour toutes dépenses de bouche qu'ils pourront faire par ensemble pendant leurs années, moyennant quoi ne leur sera payé sur les comptes de Ville aucune autre dépense de bouche.

Tous les marchés qui se feront pour les réparations des bâtiments et autres choses concernant la Ville, seront exposés et mis au rabais sous réserve d'aucun vin et donnés a ceux qui feront la condition meilleure.

Si les trois corps assemblés députent quelqu'un d'entre eux pour travailler aux affaires de la Ville il sera payé à ceux qui seront députés à chacun 1 franc par journée ou commission.

A l'égard des Dix-huit il a été convenu et arrêté que la Ville leur payera annuellement la somme de 150 francs pour toutes les dépenses qu'ils pourront faire dans leur année, sans que la dite Ville soit obligée de leur en passer davantage, toutes les dépenses qu'ils pourraient faire étant réglées par cette Ville à la dite somme de 150 francs.

Le vallet de Ville aura son gage ancien, qui se monte à huictante neuf francs, pour tout et ne lui sera plus donné de récompense comme on a fait du passé, outre le dit gage.

Les taxeurs de pain et vin seront aussi payés comme d'ancienneté, savoir : à chacun 19 francs par année, y compris le droit de la cranneson. (1)

Tous lesquels articles ci-devant ont été réglés et arrêtés en l'Hôtel de Ville du dit Montbéliard, le dixième du mois de juillet de l'an 1700.

------

(1) Échute des fours banaux.

ANNEXE II

Règlement du 13 Décembre 1719

Les trois corps de la ville de Montbéliard, Neuf Bourgeois jurés, Dix-huit et Notables étant assemblés en l'Hôtel de Ville sont convenus des articles suivants :

1. — Que le sieur Maître-Bourgeois en chef lorsqu'il fera la régie se contentera de cent francs et de cinquante, lorsque les revenus seront amodiés et pour tous les émoluments qu'il tirait de la dite ville à la réserve du suif . . . . 100 francs.

2. — Le gage et les émoluments que le conforteur tirait de la dite ville est aussi réglé à seize livres pour tout à la réserve du suif. 16 liv.

3. — Le gage du baumestre et ses émoluments est aussi réglé à seize livres à la même réserve que dessus . . . . . . 16 livres.

4. — Le cler du papier tirera le même gage que le baumestre et aux conditions que dessus . . . . 16 livres.

5. — Le cler des décharges tirera lorsque les revenus ne seront pas amodiés la somme de seize livres, et lorsque les revenus seront amodiés, huit livres. . . . . 16 livres.

6. — Le taxeur de la boucherie tirera douze livres . . . . 12 livres.

7. — Le gage des autres Maîtres-Bourgeois qui n'ont point de charges est fixé à chacun huit livres . . . . 8 livres.

8. — Quant aux deux cents francs que les sieurs Maire et Neuf Bourgeois tiraient annuellement pour leurs bois tous il n'en sera plus rien payé à l'avenir jusqu'à un autre règlement.

9. — Pour ce qui regarde le bois qu'on donnait au sieur Maire, Ministre et Neuf Bourgeois on n'en donnera plus que pour l'affouage de la maison de ville et aux gués.

10. — Quant aux gages qu'on donnait annuellement aux sieurs Eborneurs on ne leur passera plus rien, mais lorsqu'ils seront employés extraordinairement ceux qui y vaqueront auront seize sols par jour.

11. — MM. les Dix-huit ne tireront non plus pour toutes les dépenses qu'ils pourront faire pendant l'année que la somme de quarante livres.

12. — Aux deux taxeurs de pain et de vin la somme de 16 livres lorsque la ville fera la régie avec le droit de la cranneson.

13. — Les banvars tireront pour leurs gages, chacun vingt livres.

14. — Les sieurs Neuf Bourgeois ne tireront non plus dors en avant ni calendrier, ni plume, ni papier.

15. — Ne sera non plus payé de bon ans aux gués, banvars, sergens, marguillers et autres.

16. — La dépense de la boisson du benaist est réglée à 8 livres.

17. — Les puits communs de la dite ville se videront aux communs frais des cortiers sans rien prétendre de la ville.

18. — La vile ne sera plus chargée de payer aucune gazette ni mercures.

19. — Tous les marchés qui se feront pour les réparations des bâtiments nécessaires à la ville et autres affaires la concernant seront exposés et criés au rabais sans réserve d'aucun vin et donnés à ceux qui feront la condition meilleure.

20. — Si les trois corps assemblés députent quelques uns d'eux pour travailler aux affaires de la ville il sera payé à ceux qui seront députés 12 sols chacun par journée ou commission.

21. — Le Maître-Bourgeois en chef ne tirera plus de droit pour ceux qui seront reçus au nombre des francs bourgeois.

22. — De même ne lui sera plus rien payé pour mettre en ordre les billets.

23. — Si doresnavant les revenus s'amodient. les vins retourneront au profit de la ville sans que personne en puisse prétendre aucune chose.

24. — Les Maîtres-Bourgeois en chef ne payeront qu'au sol la livre à chaque particulier que la ville doit.

25. — Le gage du valet de ville est réglé à 50 livres et toutes les trois années un habit sans prétendre autre chose.

26. — Il est aussi réservé que les sieurs Maîtres-Bourgeois en chef à l'avenir et pendant le temps énoncé ci-après, il ne leur sera passé aucun intérêt de leurs arrêts de compte, en cas il y en eût.

Laquelle délibération des dits trois corps de ville cy devant énoncée en 26 articles çi-dessus seront ci-après observés exactement et conformément à la pluralité des suffrages des dits corps de ville assemblés pour ce sujet.

Et pendant le temps de six années consécutives à commencer l'année prochaine 1720 le présent règlement ayant été fait eu égard aux grandes dettes de la ville et que par là on aura plus de facilité en foi de quoi la présente délibération a été insérée sur le présent livre des notaux et signée des dits trois corps de ville.

Fait en l'Hôtel de Ville de Montbéliard, le 13 décembre 1719.

ANNEXE III

FORMULE D'ARRÊTÉ EMPLOYÉE POUR LA NOMINATION DES MAIRES VERS 1720 (1).

Nous Président, Vice-Président, et Gens du Conseil de Régence à Montbéliard pour Son Altesse Sérénissime Monseigneur le Duc Régnant de Wurtemberg et Teck, etc., etc., savoir faisons : qu'aïant plu à la divine Providence de faire retourner à Sa dite A. S. la principauté du dit Montbéliard, le premier de ses soins aurait été de faire travailler à y mettre et rétablir toutes choses dans un bon ordre et un Etat capable de procurer à ses fidèles sujets de ce Païs tout le bonheur, le repos et la tranquilité possible, à quoi peut sans doute efficacement contribuer l'établissement de dignes officiers gens d'honneur et de probité ; c'est dans cette vue et en suivant les ordres et intentions gracieuses de Sa dite A. S. que Nous avons choisi et reçu honorable . . . . pour remplir la charge de Maire dans le village de . . . . aux honneurs, franchises et exemptions accoutumées et jusqu'au bon vouloir de Sa dite A. S.

(1) Voir à la fin de cette première partie la liste des maires de la ville nommés de 1801 à 1793.

dans la confiance qu'il s'en aquitera à son entière satisfaction et à celle des sujets, avec toute la fidélité et diligence requises, suivant le serment qu'il en prestera entre les mains du Procureur général et particulièrement par une exacte observation des articles suivants :

1. — Il sera fidèle et obéissant à Sa dite A. S. en s'employant à soutenir ses droits et ses autorités à les avancer de tout son pouvoir et à détourner de même son dommage et préjudice en toutes occasions auquel effet.

II. — Il prestera une prompte obéissance à tous les ordres et commandements qui lui seront donnés, soit par la dite A. S. immédiatement ou par ses Gouverneurs, Conseils et autres de ses officiers préposés pour cela.

III. — Il veillera avec soin à ce que les sujets compris sous sa mairie s'aquittent diligemment de leurs devoirs et dénoncent exactement tous les refusans, pour être punis et châtiés suivant l'exigence des cas.

IV. — Il contribuera de son mieux à ce qu'il y règne un bon ordre et l'harmonie nécessaire dans sa mairie sans scandale ni aucun désordre, qu'il aura soin de reprimer et faire cesser autant qu'il dépendra de lui et d'en porter aussitôt ses plaintes où il appartiendra.

V. — Dès le moment qu'il aura apris qu'il s'y sera fait quelque complot et qu'il s'y sera tramé quelque dessein contraire aux droits et autorités souveraines de Sa dite A. S. ou tenu des discours également criminels contre sa propre personne ou son gouvernement, il en fera incessamment son rapport fidèle au Procureur général.

VI. — Il l'avertira de même de tous les abus qu'il verra se commettre et pratiquer au préjudice des intérêts et revenus seigneuriaux de Sa dite A. S. des paturages indéhus, si les banvards négligent d'en faire plainte, des dégradations, chasses et pêches desfenduës, des querelles, battures et autres faits scandaleux sans égard ni ménagement aucun de personne.

VII. — Il aura soin de faire connaître sans perte de tems au Conseil, ou aux fiscaux tous les cas d'échuttes mainmortables, morts de chefs mariés ou non mariés qui devront droit de *Douvot* et où il y aura des pupils à pourvoir de tuteurs et curateurs et tous autres cas de pareille nature qui arriveront dans sa mairie et où Sa dite A. S. pouroit avoir quelque intérêt.

VIII. — Il tiendra la diligente main à ce que les biens et revenus de la communauté soient bien administrés et employés à son profit et avantages, sans souffrir qu'ils soient dissipés ni consumés inutilement par des boissons superflues et autres voyes illicites.

IX. — Prestera instamment son Ministère aux Receveurs des revenus séculiers et ecclésiastiques, pour le faire entrer et obliger les débiteurs par exécution et saisie de leurs effets lors que par eux il en sera requis et moyennant juste salaire pour éviter par là de plus grands frais aux sujets.

X. — Avertira diligemment le Prévot de ceux

qui commandés aux courvées en seront refusans, pour les faire châtier suivant l'exigence des cas.

XI. — Si quelque soldat de la garnison du château de S. A. S. à Montbéliard se trouvait dans quelque endroit de sa mairie sans en pouvoir produire de congé, ou ordre exprès, il l'arrêtera et en avertira aussitôt le commandant.

XII. — En un mot il se conduira et comportera dans l'exercice de cet employ, en tout et par tout comme il convient et appartient à un bon fidèle, zélé et obéissant serviteur et sujet envers son gracieux Maître et Souverain ; ordonnons en conséquence à tous les sujets en général compris sous sa mairie de le reconnaître en la dite qualité de Maire au dit lieu, de lui prester tout l'honneur et obéissance deuë, particulièrement pour l'aquit de sa charge envers Sa dite A. S. sans l'inquiéter, empêcher, ni molester aucunement dans les fonctions d'icelles, à peine d'en être sévèrement punis et châtiés, le mettant et recevant dès à présent sous la protection particulière de Sa dite A. S. à cet égard. En foy de quoi nous avons fait aposer aux présentes le scel ordinaire de la chancellerie de Sa dite A. S. et icelle, signer par le secrétaire. Données au Conseil à Montbéliard, le trentième de décembre 1723.

Par ordonnance.

X...,

Secrétaire,

CHAPITRE PREMIER

Pour commencer ce chapitre nous ne pouvons mieux faire que de reproduire le sonnet placé en tête de l'un des livres dits *des Notaux* et qui concerne la période allant de 1650 à 1751.

Sonnet s'adressant à tous ceulx ausquels il sera donné et permis de contempler le présent livre :

Vous qui considérez ce livre ainsy paré,
Sans qu'au dedans y ait que bien peu d'escriture
Ne vous esbahissez que n'ayez fait lecture
Du sujet qui le rend digne d'être doré,
Car lors vous cognoistrez qu'il doit estre honoré
Recognoissans qu'il sert comme de nourriture
Pour l'ordre conserver de l'élection pure
Qui des Bourgeois se fait du très haut inspiré,
De Montbéliard, monstrant combien sont profitables,
Les histoires des temps, et surtout délectables
Recréant les esprits de ceux qui ont désir
de cognoistre entre tous les Neuf, Dix-huit, Notables,
Qui sont et qui seront establis et louables
Gouverneurs, d'où viendra grand fruit avec plaisir.

MONTBÉLIARD

1650. Corps des Dix-huit élus
Saint-Jean 1649.

MM.

1. Simon Tuefferd, *maître*; 2. Nicolas du Bois, *lieutenant*; 3. Isaac Fallot; 4. Pierin Guidot, *trésorier*; 5. Jean Visol; 6. Pierre Couilleru; 7. Jean Prongey; 8. André Feschotte; 9. Jean Maigret; 10. Hector Faibure; 11. Jean Boissard; 12. Jule Friderich Tuefferd; 13. Pierre Lorillard; 14. Estienne Bohy; 15. Marc Du Bois; 16. Jean Dermineur; 17. Jean Perrin Gette; 18. Samuel Camus.

Corps des neuf Bourgeois jurés élus
Saint-Jean 1649

MM.

1. Nicolas d'Argent, *Maître - Bourgeois en chef*; 2. Gerçon Parrot; 3. Georges Euvrard; 4. Pierre Prongey; 5. Jacques Caresmentrand; 6. Jean-Georges Cless; 7. Jacques Morel; 8. Guyon Haye; 9. Daniel Bernard.

1651 (1) Corps des Dix-Huit élus
Saint-Jean 1650

MM,

1. Jean-Guillaume Berdot, *maître*; 2. Pierre

____

(1) « 14 août 1651. L'on a recommencé depuis les guerres à crier les heures durant la nuit. et l'on a ré-

Jodry, *lieutenant* ; 3.Henry Thiébault ; 4.André Feschotte, *trésorier* ; 5. Adam Comptejean ; 6. Jean-Pierre Berdot ; 7. Pierre Recepveur ; 8. Jules Friderich Tuefferd ; 9. Estienne Bohy ; 10. Marc Du Bois ; 11. Jean Dermineur ; 12.Jean Perrin Gette ; 13. Samuel Camus ; 14. Pierre Duvernoy ; 15. Jean Barel ; 16. Jacques Fayot ; 17. Laurentz Bintz ; 18. Jean-Jacques Simler.

CORPS DES NEUF BOURGEOIS JURÉS ÉLUS SAINT–JEAN 1650.

MM.

1. Georges Euvrard, *maître-bourgeois en chef* ; 2. Simon Tuefferd, *conforteur* ; 3. Nicolas Du Bois ; 4. Isaac Fallot ; 5. Huguon Darey ; 6. Jean Maistres ; 7. Daniel Bernard ; 8. Jean Prongey ; 9. Jean Boissard.

tabli les guets ordinaires ». Cette institution remontait au moyen âge.

Les hommes du guet étaient chargés, les uns d'annoncer les heures en patois, les autres de veiller à la sûreté et au repos publics, en faisant la nuit des rondes fréquentes dans les rues et sur les murs de la ville. Des rondes extraordinaires avaient lieu sur ces murs pendant la tenue des foires et aux jours généraux de justice, pour en interdire l'accès aux étrangers, et durant le service divin comme aux grandes fêtes de l'année. afin d'avoir égard au feu et à tous autres inconvénients.

Ephémérides de Duvernoy, page 306.

1652. Corps des Dix-Huit élus
Saint-Jean 1651.

MM.

1. Pierre Prongey, *maître ;* 2. Perin Guidot, *lieutenant ;* 3. Guyon Haye ; 4. Jean Duvernoy ; 5. Jacques Bouthenot ; 6. Alexandre Thurin ; 7. Bastian Duvernoy ; 8. Pierre Maigret ; 9. Jules-Friderich Tuefterd ; 10. Pierre Duvernoy ; 11. Jean Baril ; 12. Jacques Fayot ; 13. Lorentz Bintz ; 14. Jean-Jacques Simler ; 15. André Horry ; 16. Jean Curie ; 17. Léonard Parrot ; 18. Daniel Sertier.

Corps des neuf Bourgeois jurés élus.
Saint-Jean 1651.

MM.

1. Gerçon Parrot, *maître bourgeois en chef ;* 2. Georges Euvrard, *conforteur ;* 3. Jacques Caresmentrand ; 4. Jean-Guillaume Berdot ; 5. Daniel Bernard ; 6. Jean Prongey ; 7. Jean Boissard ; 8. Daniel Cucuel ; 9. Jean Goguel.

1653. Corps des dix-huit élus
Saint-Jean 1652

MM.

1. Henry Leconte, *maître ;* 2. Jean Duvernoy. *lieutenant ;* 3. Hugue Duvernoy ; 4. Claude Feschotte ; 5. Pierre Maigret ; 6. Jean Perrin Gette ; 7. Pierre Duvernoy, *chirurgien ;* 8. Jean-

Jacques Semler ; 9. Jean Curie ; 10. Leonard Parrot ; 11. David Sertie ; 12. Pierre Titot ; 13. Frédéric Tueffert ; 14. Jean Fourtot ; 15. Jacques Turrin ; 16. Ascaniq Elias Meyer ; 17. Jacques Barl ; 18. Marthe Meyer.

Corps des neuf Bourgeois Jurés élus
Saint-Jean 1652.

MM.

1. Georges Euvrard, *maître bourgeois en chef ;* 2. Gerçon Parrot, *conforteur en chef ;* 3. Simon Tueffert ; 4. Hugue Baré ; 5. Perrin Guidot ; 6. Jacques Morel ; 7. Daniel Cucuel ; 8. Jules Frédéric Tueffert ; 9. Jean Dermineur.

1654. Corps des dix-huit élus.
Saint-Jean 1653.

MM.

1. Isaac Fallot, *maître* (1) ; 2. Jacques Caresmentrand, *lieutenant* ; 3. Pierre Scharffenstein ; 4. Daniel Bernard ; 5. Jean Boissard ; 6. Hugue Duvernoy ; 7. Bastien Duvernoy ; 8. Pierre Maigret (2) ; 9. André Hory ; 10. Jean Curie ; 11. Friderich Tueffert ; 12. Jean Fourtot ; 13. Jacques Thurin ; 14. Jacques Baré ; 15. Marthin Maiyer ; 16. Jacques Parrot ; 17. Samuel Charrière ; 18. Jean Perdrizet.

(1) Décédé le dernier Avril 1654.
(2) Décédé le 25 Février 1654.

Corps des neuf Bourgeois Jurés élus
Saint-Jean 1653

MM.

1. Pierre Prongey, *maître-bourgeois en chef* ;
2. Georges Euvrard, *conforteur* ; 3. Henri Leconte ; 4. Jean-Guillaume Berdot ; 5. Jean-
Georges Cless ; 6. Jean Goguel ; 7. Jules-Friderich Tueffert ; 8. Marc du Bois ; 9. Pierre
Jodry.

1655. Corps des dix-huit élus.
Saint-Jean 1654.

MM.

1. Nicolas Dargent, *maitre* ; 2. Jean Duver-
noy, *lieutenant* ; 3. André Feschotte ; 4. Adam
Comptejean ; 5. Claude Feschotte ; 6. Estienne
Bohy ; 7. Marthe Mayer ; 8. Jacques Parrot ; 9.
Samuel Chanière, 10. Jean Perdrix ; 11. David
Carlin ; 12. Adam Chasti ; 13. Jacques Ves-
saulz ; 14. Abraham Comptejean ; 15. Anthoine
Pétrequin ; 16. Jacques Peletier ; 17. Jean Ber-
nard ; 18. Guillaume Martin.

Corps des neuf bourgeois Jurés élus.
Saint-Jean 1654.

MM.

1. Georges Euvrard, *maitre bourgeois en chef ;*
2. Pierre Prongey ; 3. Jacques Caresmentrand ;
4. Jean-Guillaume Berdot ; 5. Daniel Bernard ;
6. Jean Boissard ; 7. Marc du Bois ; 8. Pierre
Titot ; 9. Jean Monnier.

1656. Corps des dix-huit élus.
Saint-Jean 1655.

MM.

1. Bastiain Duvernoy, *maistre* ; 2. Jacques Parrot, *lieutenant* ; 3. Claude Gillot ; 4. Samuel Chanière ; 5. Jean Perdrizet ; 6. David Carlin ; 7. Adam Châstel ; 8. Jacques Tesiaux ; 9. Abraham Comtejean ; 10. Jacques Pelletier ; 11. Jean Bernard ; 12. Guillaume Martin ; 13. Jacques Dubois ; 14. Pierre Dupont ; 15. David Bernard ; 16. Jacques Ternier ; 17. Jean-Georges Duguet ; 18. Diény Toulte.

Corps des neuf bourgeois jurés élus
Saint-Jean 1655.

MM.

1. Nicolas Dargent, *maître bourgeois en chef* ; 2. Georges Euvrard ; 3. Henry Lecomte ; 4. Jean-Guillaume Berdot ; 5. Jean-Georges Clessler ; 6. Daniel Bernard ; 7. Pierre Titot ; 8. Claude Feschotte ; 9. Jean Perrin Cestre.

1657. Corps des dix-huit élus.
Saint-Jean 1656.

MM.

1. Pierre Scharpffenstein, *maistre* ; 2. Jean Goguel, *lieutenant* ; 3. Claude Couillerus ; 4. Samuel Camus ; 5. Samuel Charnière ; 6. David Carlin ; 7. Jacques Tissaul ; 8. Jacques Dubois ; 9. David Bernard ; 10. Jean-Georges Duguet ; 11. Diény Tulté ; 12. Pierre Chastel ; 13. Fri-

derich Tibaudt ; 14. Daniel Mégnin ; 15. Jean Charpiot ; 16. Jacques Meslières ; 17. Estienne Cucuel ; 18. Samuel Peletres.

CORPS DES NEUF BOURGEOIS JURÉS ÉLUS.
SAINT-JEAN 1656.

MM.

1. Pierre Prongé, *maître bourgeois en chef* ; 2. Nicolas Dargent, *conforteur* ; 3. Jean-Guillaume Berdot ; 4. Daniel Bernare ; 5. Jean Boissard ; 6. Jules-Fréderich Tueffert ; 7. Pierre Titot ; 8. Bastiain Duvernoy ; 9. Jean Perdrix.

1658. CORPS DES DIX-HUIT ÉLUS.
SAINT-JEAN 1657.

MM.

1. Jean Prongé, *maistre* ; 2. André Feschotte, *lieutenant* ; 3. Samuel Camus , 4. Jean Fourtot ; 5. Anthoine Pétrequin ; 6. Jean-Georges Ducat ; 7. Pierre Châtel ; 8. Fridericht Verenet ; 9. Daniel Mégnin ; 10. Jean Charpiot ; 11. Jacques Mélières ; 12. Estienne Cucuel ; 13. Samuel Peletier ; 14. Joseph Titot ; 15. Jean-Christoffe König ; 16. Mathias Brunner ; 17. Claude Iselin ; 18. Hugue Foy.

CORPS DES NEUF BOURGEOIS JURÉS ÉLUS.
SAINT-JEAN 1657.

MM.

1. Nicolas Dargent, *maître bourgeois en chef* ; 2. Pierre Prongey, *conforteur* ; 3. Jean-Georges

Cless ou Klesselle, *beaumeister* (1) ; 4. Pierre Schorffenstein ; 5. Jean Goguer ; 6. Marc Dubois ; 7. Pierre Titot ; 8. Jean-Pierre Berdot ; 9. David Carlin.

1659. CORPS DES DIX-HUIT ÉLUS.
SAINT-JEAN 1658.

MM.

1. Henry Conte, *maistre* ; 2. Jacque Carementrang, *lieutenant* ; 3. Perin Guido ; 4. Samuel Camu ; 5. David Partier : 6. Jean Fourtot ; 7. Jean Charpiot ; 8. Samuel Pelletier ; 9. Jean Christoff Kœnig ; 10. Mattis Brunner ; 11 Clade Heyfilm ; 12. Hugue Roy ; 13. George Euvrehard, le jeune ; 14. Jean Gastard ; 15. Claude Rolin ; 16. Hugue Charnière; 17. Albert Musnier ; 18. Estienne Parand.

CORPS DES NEUF BOURGEOIS JURÉS ÉLUS
SAINT-JEAN 1658.

M M

1 Jean-Georges Cless, *maitre bourgeois en chef;* 2. Nicolas Dargant, *conforteur* ; 3. Jacques Morell ; 4. Jean Prongey ; 5. Julien Fré-

---

(1) Désignation d'un beaumeister ou inspecteur des bâtiments pour plusieurs années.

Depuis suivant les remonstrances et instances de MM. les Dix-huits qu'il estait important pour le bien publicq et singulièrement pour éviter la déperdition du reste des matériaulx apartenant à la Ville qu'il fallait choisir et eslire un beaumeister perpétuel et à cet effet la dite charge ayant été conférée au maître bourgeois Jean-Georges Klesselle, qui l'a acceptée pour trois ans, auxquelles considérations l'on luy a accordé la somme de huit francs forts outre son gage ordinaire

déric Tuefer ; 5. Jean Perdrix ; 7. David Carlin ;
8. Pierre Duvernoy ; 9. Estienne Cucuelle.

1660. Corps des Dix-huit élus
Saint-Jean 1659.

MM.

1. Jean-Guillaume Berdot, *maître* ; 2. Simon
Jacquin, *lieutenant* ; 3. Claude Feschotte, *tréso-*
rier ; 4. Adam Contejean ; 5. Jacques Vessaulx ;
6. Guillaume Martin, 7. Claude Hinselin ; 8.
Hugue Roy ; 9. Georges Euvrard, *secrétaire* ;
10. Claude Volin ; 11. Hugues Charrière ; 12.
Albert Monnier ; 13. Estienne Farron ; 14.
Marc Ponnier ; 15. Pierre Cucuel ; 16. Jean Ca-
resmentrand ; 17. Kaspard Schaiffenhuet ; 18,
Jean Esmonot.

Corps des Neuf Bourgeois élus
Saint-Jean 1659.

MM.

1. Pierre Titot, *maître bourgeois en chef;* 2.
Jean-Georges Klesler, *conforteur;* 3. Hugues

qui se rapporte sur le gros compte, lesquels huit francs
seront rapportés ci après sur le petit compte. Le tout
ayant été fait par la participation des sieurs Dix-huits
en l'Hostel de Ville le 24 juin 1657. Par ordonnance
P. Titot. (Recueil des ordonnances, p. 177).

Klesselle exerça ces fonctions d'inspectenr de bâtiments jusqu'au 24 août 1683, date à laquelle il fut
nommé à la charge d'Eschargay de la Seigneurie, en
remplacement du sieur Jean Flammand, décédé.

Il fut remplacé dans l'emploi qu'il avait rempli suivant
le désir du magistrat, par le sieur Jean Morel, pottier
d'Estaing qui n'exercera que pendant la durée de son
mandat de membre du Magistrat. (Recueil des ordonnances, page 267).

Daré ; 5. Pierre Scharffenstein ; 5. Jean Morel;
6. Jacques Morel; 7. Julien Friderich Tueffert ;
8. Jean Fourtot ; 9. André Feschotte.

1661. CORPS DES DIX-HUIT ÉLUS
SAINT-JEAN 1660.

MM.

1. Jacques Caresmentrand, *maître* ; 2. Guyon
Haye, *lieutenant* ; 3. Claude Feschotte, *tréso-*
rier ; 4. Hugues Duvernoy ; 5. Adam Comptejean ; 6. David Certier ; 7. Abraham Comptejean (1) ; 8. Jean Charpiot ; 9. Jacques Meslier ;
10. Marc Ponnier ; 11. Pierre Cucuel ; 12. Kaspard Schaiffenhuet ; 13. Jean Esmonnot ; 14.
Jean-Nicolas Verner ; 15. Jean Fallot ; 16. Jean
Megnin ; 17. Marc Camus ; 18. Marc Fayot (2).

CORPS DES NEUF BOURGEOIS JURÉS ÉLUS
SAINT-JEAN 1660.

MM.

1. Jules Friderich Tueffert, *maître bourgeois*
en chef ; 2. Pierre Titot, *conforteur ;* 3. Jean-
Guillaume Berdot ; 4. Pierre Scharffenstein ; 5.
Daniel Bernard ; 6. Jean Perdrix ; 7. Pierre Duvernoy ; 8. Pierre Chastel ; 9. Jean Barrel.

1662. CORPS DES DIX-HUIT ÉLUS
SAINT-JEAN 1661 .

MM.

1. Perin Guidot, *maître* ; 2. Daniel Cucuel,

(1) Décédé en 1660.
(2) Décédé le 19 décembre 1660.

lieutenant ; 3. Guyon Haye ; 4 Marc Duboy, *trésorier ;* 5. Bastien Duvernoy ; 6. Jean-Pierre Berdot ; 7. Diény Tuetée : 8. Jacques Meslières ; 9. Jean Esmonnot ; 10. Jean Fallot, *secrétaire ;* 11. Jean Mégnin ; 12. Marc Camus ; 13. Louys Feschote ; 14. Jacques Delonay ; 15. Jean-Léonard Mallard ; 16. Samuel Bohy ; 17. Jacques Larchai ; 18. Jean-Georges Gol.

Corps des Neuf Bourgeois jurés élus Saint-Jean 1661.

MM.

1. Jean-Georges Cles, *maître bourgeois en chef ;* 2. Jules Frideric Tueffert, *conforteur ;* 3. Jean-Guillaume Berdot ; 4. Jean Maurel ; 5. Jacques Maurel ; 6. Jean Boissard , 7. Jean Goguel ; 8. Georges Euvrard ; 9. Marc Ponnier.

1663. Corps des Dix-huit élus Saint-Jean 1662.

MM.

1. Hugues Darre, *maître ;* 2. Daniel Bernard, *lieutenant ;* 3. Jean-Pierre Berdot, *trésorier ;* 4. Hugues Duvernoy ; 5. Samuel Camus ; 6. Jean-Christoff Kœnig ; 7. Jean Castard ; 8. Jean Carémentrand ; 9. Louis Fäschotte ; 10. Jacques Delosnay ; 11. Jean Léonhart Maillard ; 12. Jacques Larché ; 13. Jean-Georges Gauldet ; 14. George Maillard ; 15. David Beournir ; 16. Marc Vallet, dit Berre ; 17. Leonhart Speck ; 18. Daniel Busserel.

Corps des Neuf Bourgeois jurés élus Saint-Jean 1662.

MM.

1. Pierre Titot, *maître bourgeois en chef*; 2. Jean-Georges Cless ; 3. Hanry Leconte; 4. Jacques Carémentrand ; 5. Pierre Schoffer ; 6. Jean Perdrix ; 7. Marc Ponnier ; 8. Claude Eolin ; 9. David Bernard.

1664. Corps des Dix-huit élus Saint-Jean 1663.

MM.

1. Jean-Guillaume Berdot, *maître ;* 2. Jean Prongey, *lieutenant ;* 3. Jean Dermîneur, *trésorier ;* 4. Claude Feschotte, *taxeur ;* 5. Jean Perin Geth ; 6. Jean Fourtot ; 7. Dieny Tuetey ; 8. Jean Charpiot ; 9. Jean-Nicolas Verner ; 10. Georges Mailliard ; 11. David Burnier ; 12. Marc Vallet, dit Barre ; 13. Léonard Speck ; 14. Daniel Bussurel ; 15. Daniel Le Bault ; 16. Daniel Mailliard ; 17. Jean Dargent, *secrétaire* ; 18. Daniel Valitton.

Corps des Neuf Bourgeois jurés élus Saint-Jean 1663.

MM.

1. Nicolas Dargent, *maître bourgeois en chef ;* 2. Jules Friderich Tueffert, *conforteur* ; 3. Nicolas Dubois ; 4. Daniel Bernard ; 5. Jean-Pierre Berdot; 6. Estienne Cucuel ; 7. Georges Euvrard ; 8. Jean Fallot ; 9. Jean Castor.

1665. Corps des Dix-huit Élus
Saint-Jean 1664.

MM.

1. Perin Guidot, *maître* ; 2. Jean Goguel, *lieutenant* ; 3. Jean Perin Geth, *trésorier* ; 4. André Feschotte ; 5. Jean Duvernoy, *taxeur* ; 6. Samuel Charrière ; 7. Diény Tuetay ; 8. Jean Charpiot : 9. Daniel Le Bault, *secrétaire* ; 10. Daniel Mailliard ; 11. Daniel Valiton ; 12. Pierre Moigny ; 13. Abraham Le Bault ; 14. Jean Bouroux ; 15. Jeannot Guairet ; 16. Pierre Gros ; 17. Estienne Parent ; 18. Isaac Rossel.

Corps des Neuf Bourgeois élus
Saint-Jean 1664.

MM.

1. Pierre Prongay, *maître bourgeois en chef* ; 2. Nicolas Dargent, *conforteur* ; 3. Jean-Guillaume Berdot ; 4. Jean Perdrix ; 5. Estienne Cucuel ; 6. Georges Euvrard ; 7. Marc Ponnier ; 8. Jean Leonhard Mailliard ; 9. Samuel Pelletier.

1666. Corps des Dix-huit Élus
Saint-Jean 1665.

MM.

1. Marc Du Bois, *maître* ; 2. David Bernard, *lieutenant* ; 3. Jérémie Thiersault ; 4. David Certier ; 5. Anthoine Pétrequin, *trésorier* ; 6. Jean-Nicolas Verner, *secrétaire* ; 7. Daniel Maillard, *taxeur* ; 8. Pierre Mainghy ; 9.

Abraham Le Bault ; 10. Jean Bernard ; 11.
Johannis Guairet ; 12. Estienne Parent ; 13.
Isaac Rossel ; 14. Jean Curie ; 15. Jean Bohy ;
16. Simon Gogand ; 17. Daniel Valet, dit Berre ;
18. Jérémie Vernier.

Corps des Neuf Bourgeois Jurés élus

Saint-Jean 1665.

MM.

1. Nicolas Dargent, *maître bourgeois en chef* ;
2. Jean Georges Kless, *conforteur*; 3. Jules Friderich Tueffert ; 4. Hugues Darey ; 5. Pierre
Scharffter ; 6. Claude Feschotte ; 7. Jean-Léonard Maillard ; 8. Daniel Le Bault ; 9. Jacques
Delaunay.

1667. Corps des Dix-huit élus

Saint-Jean 1666

MM.

1. Jean Guillaume Berdot, *maître*; 2. Jean
Pierre Berdot, *lieutenant ;* 3. Pierre Chastel, *tré-
sorier ;* 4. Jean Bernard ; 5. Estienne Farrand ;
6. Pierre Cucuel ; 7. David Beurnier, *secrétaire ;*
8. Jean Gairel, dit Gosanner ; 9. Jean Curie ;
10. Jean Boys ; 11. Simon Gogand ; 12. Daniel
Vallet, dit Berri ; 13. Jérémie Vernier ; 14.
Claude Luciot ; 15. Friderich Grorenauld ; 16.
Léonard Vessaux ; 17. Joseph Vuillemey ; 18.
Pierre Mathiot.

Corps des neuf Bourgeois jurés élus
Saint-Jean 1666.

MM.

1. Jean Georges Clessel, *maître bourgeois en chef*; 2. Jean Morel ; 3. Jacques Morel ; 4. Daniel Bernard ; 5. Jean Fourtot ; 6. Daniel le Beau ; 7. Jacques Delaunay ; 8. Adam Chastel ; 9. Jean Charpiot.

1668. Corps des Dix-huit élus
Saint-Jean 1667.

MM.

1. Jule Friderich Tuefferd, *maître*; 2. Jean Pierre Berdot. *lieutenant*; 3. Claude Feschotte, *trésorier*; 4. Jean Perin Gette ; 5. Jean Duvernoy ; 6. Jean Bernard ; 7. Daniel Bussurel ; 8. Daniel Valiton ; 9. Pierre Gros ; 10. Simon Gogand ; 11. Claude Luciot; 12. Friderich Gros Vignauld ; 13 Léonard Wessaulx, *secrétaire*; 14. Joseph Vuillemey ; 15. Pierre Mathiot ; 16. David Verrenet ; 17. Jule Friderich Duvernoy ; 18. Gerçon Bourgeois.

Corps des neuf Bourgeois jurés élus
Saint-Jean 1667.

MM.

1. Nicolas d'Argent, *maître bourgeois en chef* (1); 2. Jean Georges Klesler, *conforteur*; 3. Pierre

(1) Le 26 avril 1667, a esté présenté le sieur Procureur Général Duvernoy pour maire à MM. les Bourgeois qui l'ont accepté avec agrément ; sa présentation fut faite

Titot ; 4. Daniel Bernard ; 5. Jean Perdrix ; 6.
Pierre Chastel ; 7. Daniel le Bault ; 8. Pierre
Maigny ; 9. Jean Christofle Konig.

1669. Corps des Dix-huit élus
Saint-Jean 1668.

MM.

1. Claude Feschotte, *maître* ; 2. Marc Ponnier,
lieutenant ; 3. Jean Charpiot, *trésorier* ; 4. Jean
Duvernoy ; 5. Jean Esmonnot ; 6. Marc Camus ;
7. Daniel Valliton ; 8. Jean Beurreux ; 9. Joseph
Vuillemey ; 10. David Wernert ; 11. Jule Friderich Duvernoy ; 12. Gerçon Bourgeois ; 13·
Nicolas Berdot ; 14. Jean Feschotte ; 15. Friderich Hainkell ; 16. Jacques Tuefferd, *secrétaire* ;
17. Jean Urbain Esmonnot ; 18. Jean Werpillot,
dit Pierrez.

Corps des neuf Bourgeois jurés élus
Saint-Jean 1668.

MM.

1. Jule Friderich Tuefferd, *maître bourgeois en
chef* ; 2. Pierre Titot, *conforteur* ; 3. Jean Guil-

par mon frère le Conseiller Perdrix. Le sieur Chalvé,
Procureur à Héricourt a esté mis par S. A. S. en la
place du Procureur Duvernoy, et en la place du sieur
Chalvé a succédé le sieur Nicolas Barbaud, lequel ayant
remercié son A. S. le sieur E. Ponnier, fils du sieur
Chatelain de Blamont, a esté mis en sa place le 29.

(Chronique de J. G. Perdrix par L. Wetzel, p. 29).

laume Berdot ; 4. George Euvrard ; 5. Jacques Delaunay; 6. Pierre Maingzy ; 7. Jean Christoffel Kœnig ; 8. Hugues Charrière ; 9. Marc Vallet, dit Berré.

1670. Corps des dix-huit élus
Saint-Jean 1669.

MM.

1. Jean Charpiot, *maître ;* 2. Claude Gillot, *lieutenant ;* 3. David Certier, *trésorier ;* 4. Jacques Meslière, *taxeur ;* 5. Jean Curie ; 6. Jean Bohy ; 7. Daniel Valet, dit Berre ; 8. Jérémie Vernier ; 9. Jule Friderich Duvernoy ; 10 Jean Feschotte ; 11. Friderich Haintzel ; 12. Jacques Tuefferd, *secrétaire* ; 13, Jean Urbain Esmonnot; 14. Daniel Horry ; 15. Jérémie Prongey ; 16. Daniel Bernard ; 17. Jacques Parrant ; 18. Pierre Duvernoy, tisserand.

Corps des neuf Bourgeois jurés élus
Saint-Jean 1669.

MM.

1. Pierre Titot, *maître bourgeois en chef ;* 2. Jule Friderich Tuefferd, *conforteur ;* 3. Claude Feschotte ; 4. George Euvrard ; 5. Jacques Delauney ; 6. Hugues Charrière ; 7. Marc Valet, dit Berre ; 8. Friderich Grosrenauld ; 9. Daniel Valiton.

1671. Corps des Dix-huit élus
Saint-Jean 1670.

MM.

1. Samuel Peletier, *maître ;* 2. Jean Christofle

Kœnigs, *lieutenant*; 3. Johannes Garrès, *trésorier*; 4. Daniel Valet, dit Berre, *taxeur* ; 5. Nicolas Berdot ; 6. Jean Urbain Esmonnot ; 7. David Horry ; 8. Jérémie Prongey, *sccrétaire*; 9. Daniel Bernard ; 10. Jacques Parent ; 11. Pierre Duvernoy, tisserand ; 12. André Feschotte ; 13. Adam Luciot; 14. Albert Georges ; 15. Henry Charpiot ; 16. David Morlot ; 17. Pierre Mouhot ; 18. Isaac Feschotte.

Corps des neuf Bourgeois jurés élus Saint-Jean 1670.

MM.

1. Pierre Prongey, *maître bourgeois en chef;* 2. Daniel Bernard, *conforteur;* 3. Claude Feschotte ; 4. Daniel Le Bault ; 5. Jean Charpiot ; 6. Friderich Grosrenauld ; 7. Daniel Valiton ; 8. Jacques Tuefferd; 9. Jule Frédéric Duvernoy·

1672. Corps des Dix-huit élus Saint-Jean 1671.

MM.

1. Jean Prongey, *maître ;* 2. Jean Gogué, *lieutenant ;* 3. Pierre Chastel, *trésorier ;* 4. Jacques Thurin ; 5. Jean Carémentrand ; 6. André Feschotte ; 7. Isaac Feschotte, *secrétaire ;* 8. Adam Luciot ; 9. Albert Georges ; 10. Henry Charpiot, *taxeur ;* 11. David Morlot ; 12. Pierre Mouhot; 13. Friderich Du Bois ; 14. Jean Christoffel, De la Motte ; 15. Jule Friderich Thiébault; 16 Pierre Bernard ; 17. Daniel Nardin ; 18. Léonard Plansson.

Corps des neuf Bourgeois jurés élus
Saint-Jean 1671.

MM.

1. Pierre Titot, *maître bourgeois en chef;* 2.
Pierre Prongey, *conforteur;* 3. Claude Feschotte;
4. George Euvrard ; 5. Daniel Le Bault; 6. Jean
Christoffel Konig; 7. Jule Friderich Duvernoy;
8. Jean Duvernoy ; 9. Estienne Parrand.

1673. Corps des Dix-huit élus
Saint-Jean 1672.

MM

1. Jacques Thurrin, *maître;* 2. Jean Dargent,
lieutenant; 3. Claude Luciot, *trésorier;* 4. Gerçon
Bourgeois ; 5. Friderich Duboy ; 6. Jean Christoffel De la Motte; 7. Jules Friderich Thiébault;
8. Pierre Bernard ; 9. Daniel Nardin ; 10. Léonard Plansson; 11. Jean Morel, fils de Jacques,
courroyeur; 12. Jean Horry; 13. David Fallot ;
14. Léopold George Graupier ; 15. Jean Nicolas
Goguel ; 16. Hugues Scheffenhüt ; 17. Jacques
Bertrand ; 18. David Mettetal.

Corps des neuf Bourgeois jurés élus
Saint-Jean 1672.

MM.

1. George Euvrard, *maître bourgeois en chef;*
2. Pierre Titot, *conforteur ;* 3. Daniel Bernard ;
4. Jean Prongey ; 5. Pierre Chastel ; 6. Jacques
Tuefferd ; 7. Estienne Farran; 8. Pierre Cucuel ;
9. Pierre Gros.

1674. Corps des dix-huit élus.

Saint-Jean 1673.

MM.

1. Claude Feschotte, *maître* ; 2. Jean Perin Geit, *lieutenant* ; 3. Jean Perdrix , *trésorier* ; 4. Jacques Delaunay ; 5. Jean Charpiot ; 6. Daniel Maillard ; 7. Jean Morel, fils de Jacques, corroyeur ; 8. David Fallot ; 9. Jean Horry ; 10. Jean Nicolas Goguel ; 11. Hugue Schaffengoutte ; 12. David Mettetal ; 13. Jean Guillaume Duvernoy ; 14. Pierre Cucuel ; 15. André Cucuel ; 16. Jean Beurnier, le vieux ; 17. Marc Schor ; 18. Thomas Curie.

Corps des neuf bourgeois jurés élus.

Saint-Jean 1673.

MM.

1. Pierre Titot, *maître bourgeois en chef* ; 2. George Euvrard, *conforteur* ; 3. Samuel Peletier ; 4. Daniel Le Bault ; 5. Pierre Maigny ; 6. Jean Christoff Kœnig ; 7. Jacques Tuefferd ; 8. Frederich Verenet ; 9. Daniel Bernard, le jeune.

1675. Corps des Dix-Huit élus

Saint-Jean 1674.

MM.

1. Jean Prongey, *maître* ; 2. Jacques Delaunay, *lieutenant* ; 3. Jean Charpiot, *trésorier* ; 4. Etienne Ferrand ; 5. Jacques Meslière, *taxeur* ; 6. Jean Morel, *secrétaire* ; 7. Jean Guillaume

Duvernoy ; 8. Pierre Cucuel ; 9. André Cucuel ;
10. Jean Beurnier, le vieux ; 11. Marc Schor ;
12. Thomas Cuenin ; 13. Nicolas Verner ; 14.
Pierre Scharffenstein, le jeune ; 15. Jean Beurnier, le jeune ; 16. Andrey Darey ; 17. Jean
Esmonnot (1); 18. Jean Jacques Duvernoy.

Corps des neuf bourgeois jurés élus.
Saint-Jean 1674.

MM.

1. Daniel Le Bault, *maître bourgeois en chef* ;
2. Pierre Titot, *conforteur* ; 3. Pierre Scharf-
festein ; 4. Claude Feschotte ; 5. Jean Perin
Geit ; 6. Marc Vallot ; 7. Jule Frederich Duvernoy ; 8. Léonard Vesseaux ; 9. Jérémie Prongey.

1675-76. Corps des dix-huit élus.
Saint-Jean 1675.

MM.

1. Daniel Bernard, le vieux, *maître* ; 2. Pierre
Chastel, *lieutenant* ; 3. Daniel Valiton, *trésorier;*
4. Isac Feschotte, taxeur ; 5. Nicolas Verner ;
6. Pierre Scharffenstein, le jeune, *secrétaire* ; 7.
Jean Beurnier, le jeune ; 8. Jean Jacques Du
Vernoy ; 9. Jacque Christoffe Dargent ; 10. Jean
Morel, le jeune, marchand ; 11. Pierre Le
Bault ; 12. Isaac Bouillon ; 13. David Thiersault;
14. Pierre Goguel ; 15. Jean Schor ; 16.
Nicolas Gauchet ; 17. Jean Jacques Mouhot ;
18. Albert Pameyer.

(1) Décédé le 17 août 1674.
(2) Décédé le 3 février 1675.

Corps des neuf Bourgeois jurés élus Saint-Jean 1675.

MM.

1. Jule Friderich Tueffert, *maître bourgeois en chef*; 2. Pierre Titot, *conforteur*; 3. George Euvrard; 4. Jean Morel (1); 5. Jean Prongey; 6. Friderich Grosrenauld; 7. Jérémie Prongey; 8. Léopold George Grangier; 9. Daniel Valet, dit Berre.

1676-1677. Corps des dix-huit élus.
Saint-Jean 1676.

MM.

1. Pierre Scharffenstein, le vieux, *maître*; 2. Julien Friderich Duvernoy , *lieutenant* ; 3

------

(1) Décédé le 10 octobre 1675.

7 novembre 1676. Les trois corps composant le magistrat de Montbéliard « attendu que puisqu'on ne les voulait plus souffrir dans la neutralité, laquelle ils ont observée jusqu'à présent, et que de deux maux fallait élire le moindre, n'estant point en estat de résister, moins d'espérer aucun secours, le péril estant tout évident, 22 prennent la résolution de traiter avec le maréchal du Luxembourg, commandant des armées du roi, « pour obtenir la protection de la France aux conditions les moins désavantageuses ». (Ephémérides de Duvernoy, page 425).

Le maréchal de Luxembourg avait établi son quartier général à Audincourt.

C'est le 25 septembre 1677 que fut achevée la construction de l'Eglise Saint-Martin. En 1784 on plaça dans ce temple la galerie ou tribune latérale. Il avait été inauguré le 18 novembre 1607. (Eph. de Duvernoy).

Jean Guillaume Duvernoy, *trésorier* ; 4. Pierre Le Bault, *taxeur* ; 5. Isaac Bouillon ; 6. David Thiersault, *secrétaire* ; 7. Jean Schor ; 8. Nicolas Gauchet ; 9. Jean Jacque Mouhot ; 10. Albert Pameyer ; 11. Pierre Feschotte ; 12. Gerçon Dermineur ; 13. Anthoyne Cucuel ; 14. Jean Cucuel ; 15. Jean Klessler ; 16. Jean Abram Sattler ; 17. Pierre Grosrenaud ; 18. Jean Rossel.

CORPS DES NEUF BOURGEOIS JURÉS ÉLUS SAINT-JEAN 1676.

MM.

1. Daniel Bernard, le vieux, *maître bourgeois en chef* ; 2. Jule Friderich Tuefferd, *conforteur* ; 3. Pierre Chastel ; 4. Samuel Pelletier ; 5. Jérémie Prongey ; 6. Léopold George Grangier ; 7. Daniel Vallet, dit Berre ; 8. Pierre Scharffenstein, le jeune ; 9. Jacques Christoffel Dargent.

1677-1678. CORPS DES DIX-HUIT ÉLUS SAINT-JEAN 1677

MM.

1. Jean Charpiot, *maître* ; 2. Charrier, *lieutenant* ; 3. Jean Duvernoy, *taxeur* ; 4. Hascanias, Heslias Meyer, *trésorier* ; 5. Johannes Guerey ; 6. Friderich Haintzel ; 7. Pierre Bernard ; 8. Jean Hory ; 9. Pierre le Bault ; 10. Pierre Feschotte, 11. Anthoine Cucuel ; 12. Jean Klessler ; 13. Jean Abraham Sattler, *secrétaire* ; 14. Jean Jaque Dubois ; 15. Marc Maigret ; 16. Nicolas Lorrillard ; 17. Pierre Vessault ; 18. Pierre Horand

Corps des neuf Bourgeois jurés élus.
Saint-Jean 1677.

MM.

1. Pierre Tittot, apotiq., *maître bourgeois en chef;* 2. Daniel Bernard, *conforteur;* 3. George Euvrard, *conforteur;* 4. Pierre Maigny; 5. Friderich Grosrenauld; 6. Jule Friderich Duvernoy; 7. Jérémie Prongey; 8. Jean Morel, potier d'étain; 9. Andréas Feschotte.

1679. (1) Corps des dix-huit élus
Saint-Jean 1678.

MM.

1. David Bernard, *maître;* 2. Léopold George Grangier, *lieutenant;* 3. Daniel Valet, dit Bare, *trésorier;* 4. Jean Curie; 5. Gerçon Bourgeois; 6. Friderich Haintzel, *taxeur;* 7. Pierre Bernard; 8. Hugue Schaffhnet; 9. Jean Jaques Dubois; 10. Marc Maigret; 11. Nicolas Laurillard; 12. Pierre Hurand, *secrétaire;* 13. Gerson Parot; 14. Elie Charpiot; 15. Jean Charrier; 16. Samuel Duvernoy; 17. Jean Rossel; 18. Daniel Dieudonné.

(1) 21 avril 1679. Le commandant français de Montbéliard fait mettre un corps de garde dans le bâtiment des halles. Le lendemain des commissaires spolient les archives qui y étaient déposées et en enlèvent neuf grandes caisses de papiers qui sont transportées à Besançon (Eph. p. 188).

CORPS DES NEUF BOURGEOIS JURÉS ÉLUS
SAINT-JEAN 1678.

MM.

1. George Euvrard, *maître bourgeois en chef ;*
2. Pierre Titot, *conforteur ;* 3. Marc Dubois; 4.
Hugue Charrière ; 5. Marc Vallet, dit Berre ; 6.
Jule Friderich Duvernoy ; 7. Jean Morel, potier
d'estain : 8. Isac Feschotte ; 9. Jaque Bertrand.

1680 (1). CORPS DES DIX-HUIT ÉLUS.
SAINT-JEAN 1679.

MM.

1. Daniel Bernard, le vieux, *maitre* ; 2. Jean
Perin Gette, *lieutenant* ; 3. Léonard Vesseaux,
trésorier ; 4. Jean-Urbain Emonnot ; 5. Jean
Hory ; 6. André Cucuel : 7. Marc Schor ; 8.
Pierre Hurand, *secrétaire* ; 9. Gerson Parot ;
10. Elie Charpiot, *taxeur* ; 11. Jean Charnières ;
12. Samuel Duvernoy ; 13. Daniel Dieudonné ;
14. Jean Feschottes ; 15. Friderich Hory ; 16.
Caspar Georges ; 17. Jacques Prongey ; 18.
Pierre Meyer.

(1) 6 novembre 1680. La bourgeoisie de Montbéliard
supplie le duc Frédéric-Charles de prendre la ville et
le pays sous sa protection, « et d'agir promptement,
selon sa grande sagesse, pour ne permettre que la
principauté tombe en commisé, ensuite de l'arrêt de
Besançon, en quoi la religion et l'état souffriraient une
perte irréparable. »

Ephémérides de Duvernoy, page 424.

Corps des neuf bourgeois-jurés élus.
Saint-Jean 1679.

MM.

1. Pierre Titot, *maitre-bourgeois en chef* ; 2. Jean Goguel, *conforteur* ; 3. Samuel Peletier, clerc des décharges ; 4. Friderich Grosrenault ; 5. Julle Friderich Duvernoy, *taxeur* ; 6. Jérémie Prongey, clerc du papier ; 7. Isaac Feschotte ; 8. Friderich Heintzel ; 9. Henry Charpiot.

1681. Corps des dix-huit élus.
Saint-Jean 1680.

MM.

1. Jean Prongey, *maistre* ; 2. Pierre Chastel, *lieutenant* ; 3. Daniel Vallet, dit Berre, *trésorier* ; 4. Jean-Urbain Emonnot ; 5. Léonard Plançon ; 6. Jean Hory ; 7. Thomas Cuenin ; 8. Hélie Charpiot, *taxeur* ; 9. Daniel Dieudonné ; 10. Jean Feschotte ; 11. Caspard Georges ; 12. Jacques Prongey, *secrétaire* ; 13. Pierre Meyer ; 14. Isaac Berdot ; 15 Mathieu Cucuel ; 16. Jean Contejean ; 17. Jacques Larché ; 18. Pierre Grorenaud.

Corps des neuf bourgeois jurés élus.
Saint-Jean 1680.

MM.

1. Pierre Titot, *maitre-bourgeois en chef* ; 2. Samuel Peletier, *conforteur* ; 3. Friderich Grorenaud ; 4. Jacques Tuefferd, clerc du papier ;

5. Julle-Friderith Duvernoy, clerc de la décharge ; 6. Fridich Heintzel ; 7. Henry Charpiot, *taxeur* ; 8. Pierre Feschotte ; 9. Jean-Abraham Sattler.

1682. Corps des dix-huit élus
Saint-Jean 1681

MM.

1. Daniel Bernard, *maitre* ; 2. Jean-Perrin Gett, *lieutenant* ; 3. David Certier, *trésorier* ; 4. Joseph Weïllemey ; 5. Jean-Nicolas Goguel ; 6. Jean-Jacques Duvernoy, *taxeur* ; 7. Samuel Du Vernoy ; 8. Jean Rossel (1) ; 9. Isaac Berdot, *secrétaire* ; 10. Mathieu Cucuel ; 11. Jean Contejean ; 12 Jacques Larcher ; 13. Pierre Grosrenaud ; 14. Marc Verenet ; 15. Jean Jacquin ; 16. Jean-Georges Perche ; 17. Jean-Georges Bernard ; 18. Perin Boigeol.

Corps des neuf bourgeois jurés élus.
Saint-Jean 1681.

MM.

1. Georges Euvrard, *maitre-bourgeois en chef* ; 2. Pierre Titot, *conforteur* ; 3. Marc Vallet, dit Berre ; 4. Jacques Tuefferd ; 5. Jérémie Prongey ; 6. Pierre Charffenstein ; 7. Jean Morel, potier d'estain ; 8. Jean-Guillaume Du Vernoy ; 9. Pierre Goguel.

(1) Décédé le 15 septembre 1681.

1683. Corps des dix-huit élus.
Saint-Jean 1682.

MM.

1. Jacques Delaunay, *maistre* ; 2. Friderich Hintzel, *lieutenant* ; 3. David Sertier ; 4. Jean Bohy, *trésorier* ; 5. Samuel Duvernoy ; 6. Mathieu Cucuel ; 7. Marc Verner ; 8 Jean Jacquin, *secrétaire* ; 9. Jean Georges Perchy ; 10. Jean-Georges Bernard, *taxeur* ; 11. Perrin Boigeol ; 12. Jean Fallot ; 13. Jean-Jacques Hory ; 14. Jean-Baptiste Bertrand ; 15. Jean-Jacques Surleau ; 16. Jean Meyer ; 17. Daniel Baisnier ; 18. Claude Boigeol.

Corps des neuf bourgeois jurés élus.
Saint-Jean 1682 ;

MM.

1. Jules-Friderich Duvernoy, *maitre-bourgeois en chef* ; 2. Jean-Georges Euvrard, *conforteur* ; 3. Friderich Grosregnault ; 4. Friderich Verner ; 5. Pierre Feschotte ; 6. Jean-Guillaume Duvernoy ; 7. Pierre Goguel ; 8. Jean Morel, *marchand* ; 9. Isaac Berdot.

1684. (1) Corps des dix-huit élus.
Saint-Jean 1683.

MM.

1. André Feschotte, *maistre* ; 2. Gerçon Bour-

(1) *Prix de la bourgeoisie en 1684 à Montbéliard.* — En l'hostel de ville de Montbéliard, le mardy troisième en juin 1684, la résolution prise par les sieurs neuf bourgeois jurés dix-huit et notables le jeudy seizième jour

geois, *lieutenant* ; 3. Daniel Nardin, *trésorier* ;
4. Thomas Cuenin ; 5. Pierre Le Bault ; 6. Mathieu Cuquel ; 7. Jacques Larcher ; 8. Perrin Boigeol ; 9. Jean Fallot, *taxeur* ; 10. Jean-Jacques Turin ; 11. Jean-Baptiste Bertrand ; 12. Jean Meyer, *secrétaire* ; 13. Daniel Bainier ; 14. Claude Boigeol ; 15. Jean-Abraham Chastel ; 16. Jean-Georges Prongey ; 17. Jean Rayot ; 18. Claude Ferrand.

CORPS DES NEUF BOURGEOIS JURÉS ÉLUS.
SAINT-JEAN 1683.

MM.

1. Georges Œuvrard, *maitre-bourgeois en chef;*

du mois d'avril 1662, portant que nul à l'avenir ne sera admis et reçu au nombre des francs bourgeois de la dite ville soit par les dix-neuf bourgeois ou dix-huit jurés que pour le prix et somme de cent cinquante francs forts, avec un scillot de cuir bouilly, en valeur de cinq francs forts payables contant, à peine d'en être comptables par ceux qui les recepvront à moindre prix a esté de nouveau confirmé pour le bien et avancement du public par les soubscripts, les iour, mois et an que dessus. Suivent les signatures.

(*Livre des notaux (1579-1763) page 7*.)

Par décision prise le 9 mai 1748, tous ceux qui voudront à la suite acquérir le droit de bourgeoisie dans cette ville seront tenus de payer content es mains du sieur maitre bourgeois qui exercera lors de la réception une somme de cinq cents livres, avec outre les droits ordinaires, et constateront qu'ils possèdent encore au delà une somme de mille livres, avec des attestations en bonne et due forme, de leurs vie, mœurs et qualités.

(*Livre des notaux (1579-1763) page 426*)

2. Jules-Friderich Duvernoy, *conforteur* ; 3. Jacques Tuefferd ; 4. Pierre Scharpffhtein ; 5. Jean Morel, le vieux, *beau meister* (1) ; 6. Pierre Feschotte ; 7. Isaac Berdot ; 8. Jean Feschotte : 9. André Darez.

1685. Corps des dix-huit élus.
Saint-Jean 1684.

MM.

1. Daniel Bernard, *maistre* ; 2. Jean Perin Gette, *lieutenant* ; 3. Jean Duvernoy, *trésorier ;* 4. Jehannos Gaird ; 5. David L'ardin, le jeune ; 6. Jean Burnier, *secrétaire ;* 7. Friderich Hory ; 8. Jean-Abraham Chadly, *taxeur* ; 9. Jean-Georges Prongey ; 10. Jean Rayot ; 11. Claude Ferrand ; 12. Louys Feschotte, le jeune ; 13. Georges Luciot ; 14. Benjamin Vurpillot ; 15. Jean-Cristophe Etienne ; 16. Aaron Melezé ; 17. Pierre Thourot ; 18. Jean-Friderich Masson.

Corps des neufs bourgeois jurés élus.
Saint-Jean 1684.

MM.

1. Pierre Titot, *maitre-bourgeois en chef* ; 2. Georges Euvrard, *conforteur* ; 3. Julien-Fride-

---

(1) A été nommé *beaumeister* ou *Inspecteur des bâtiments de la ville* le 24 août 1683, en remplacement de Klesselle Jean-Georges, démissionnaire. Le dernier avait conservé ces fonctions de juin 1668 au 24 août 1683. Jean Morel, pottier d'estaing ne fut nommé que jusqu'à l'expiration de son mandat, (Voir note page 37).

rich Duvernoy ; 4. Pierre Scharfenstaine ; 5.
Jean Morel, le vieux, *beaumeister* ; 6. Jean-Guil-
laume Duvernoy ; 7. Andrey Darey ; 8. Jean
Fallot ; 9. Gerçon Dermineur.

1686. Corps des dix-huit élus.

Saint-Jean 1685.

MM.

1. Marc Valet, dit Berre, *maistre* ; 2. André
Cucuel, *lieutenant* ; 3. Thomas Cuenin, *trésorier* ;
4. Marc Verenet ; 5. Louis Feschotte ; 6. Geor-
ges Luciot ; 7. Aaaron Melezé ; 8. Pierre Tourot ;
9. Georges Verenet ; 10. Jacques Berdot, *taxeur* ;
11. Joseph-Jérémie Duvernoy, *secretaire* ; 12.
Vernié Charpiot ; 13. Pierre Titot ; 14. Jean-
Georges Rossel ; 15. André-David Grey ; 16.
Pierre Michel ; 17. Jean-Friderich Richard ; 18.
Hans Philip Vankel.

Corps des neuf bourgeois jurés élus.

Saint-Jean 1685.

MM.

1. Julios-Friderich Duvernoy, *maitre bourgeois
en chef* ; 2. Pierre Titot, *conforteur* ; 3. Friderich
Grosrenaud ; 4. Jaque Tofferd ; 5. Friderich
Verenet ; 6. Pierre Feschotte ; 7. Pierre Goguel ;
8. Jean Horry ; 9. Johannos Beurnier.

1687. Corps des dix-huit élus.
Saint-Jean 1686 (1).

M M.

1. Claude Boijol, *maistre* ; 2. Jacques Berdot, *lieutenant* ; 3. Vernier Charpiot, *taxeur* ; 4. Jean-Georges Rossell, *trésorier* ; 5. Pierre Michel ; 6. Jean-Friderick Renhart ; 7. Jean-Léo-

(1) Nous, Les Gens du Conseil de Régence faisons scavoir que les Neuf Bourgeois et Notables de la ville de Montbéliard nous ayant remontré que l'élection des Neuf Bourgeois qui se devait faire le iour d'hier par les Dix-Huit, ayant esté suspendu uisques icy pour causes et en vertu de la résolution qui en aurait été prise en ce Conseil, il y pourrait arriver par ce moyen quelques désordres et inconvénients si la dite élection demeurait plus longtemps en suspens.

A ces causes et pour autres considérations, quoy que ce Conseil se vit en droit de continuer la dite surséance, l'on permet au dits Dix-Huit de procéder à la dite élection, à charge et condition que chacun d'eux prestera serment de ne bailler sa voix et suffrage à aucun de ceux qui pourroyent leur avoir fait des offres pour parvenir au nombre des Neuf Bourgeois par telles voyes indehues et contre l'honnesteté prescripte le tout sans préiudice des actions à intanter par le Procureur fiscal contre tous ceux généralement qui se trouveront avoir brigué, ordonnant au dit Procureur fiscal de tenir la main à l'exécution de la présente ordonnance.

Fait au Conseil, le 21 Juin 1686.

Signé par ordonnance, L. F. Perdrix, *secrétaire*.

Pour copie tirée de son vrai original par mon Procureur fiscal, ce 23 Juin 1686.

Signé : Perdrix

(Copie d'un document des archives de la ville).

Voir note suivante, année 1754, sur même objet.

nard Camus ; 8. Jean-Georges Beurnier, *secré-taire* ; 9. Jean-Christoph Vurpillot ; 10. Jacques Schor ; 11. Georges Fostel ; 12. Friderich Merot ; 13. Hugue Nardin ; 14. Jacques Christoph Depoutot ; 15. David François ; 16. Jean-Friderich Beurlin ; 17. Pierre de Villeneufue ; 18. Christoph-Bastien Wonlich.

Corps des neuf bourgeois jurés élus.
Saint-Jean 1686.

MM.

1. Georges Euvrard, *maitre-bourgeois en chef* ; 2. Jules-Friderich Duvernoy, *conforteur* ; 3. Daniel Vallet, dit Berre ; 4. Isaac Berdot ; 5. Jean Fallot ; 6. Jean Horry ; 7. Jean Beurnier, le Jeune ; 8. Elie Charpiot ; 9. Pierre Titot.

1688. Corps des dix-huit élus.
Saint-Jean 1687.

MM.

1. Jacques Delaunay, *maistre* ; 2. Samuel Duvernoy, *lieutenant* ; 3. Daniel Dieudonné, *trésorier* ; 4. Pierre Tourot ; 5. Jean-Léonard Camus, *taxeur* ; 6. Jean-Georges Beurnier, *secrétaire* 7. Jean-Christoph Vurpillot ; 8. Friderich Merot ; 9. Jacques-Cristoph Dépoutot ; 10. David François ; 11. Jean-Frideric Beurlin ; 12. Pierre de Villeneufue ; 13. Georges Charière ; 14. Pierre Mégnin ; 15. Pierre Laurillart ; 16. Frederich Melchior Titot ; 17. Pierre Curie ; 18. Jean-Georges Contejean.

Corps des neuf bourgeois jurés élus.
Saint-Jean 1687.

MM.

1. Jules-Friderich Duvernoy, *maitre-bourgeois en chef*; 2. Georges Euvrard, *conforteur* ; 3. Hugue Charrière; 4. Jean Morel, potier d'estain; 5. Jean-Guillaume Duvernoy ; 6. Elie Charpiot; 7. Pierre Titot ; 8. Joseph-Jérémie Duvernoy ; 9. Jean-George Rossel.

1689. Corps des dix-huit élus.

MM.

1. Marc Vallet, dit Berre, *maistre* ; 2. Thomas Cuenin, *lieutenant* ; 3. Hantz-Philippe Vankel, *trésorier* ; 4. Georges Fostel, *taxeur* ; 5. George Charrière; 6. Pierre Mégnin : 7. Pierre Lorillard ; 8. Jean-Georges Contejean ; 9. Jean Verenet, *secrétaire* ; 10. Jean Luciot ; 11. Jean-Georges Parrot ; 12. Pierre Barrel ; 13. Pierre Tuefferd, fils de feu honoré Pierre ; 14. Pierre Cucuel, fils de Pierre ; 15. David-Estienne Bernard ; 16. Pierre Thiersault ; 17. Pierre Gros, le Jeune ; 18. Jacque Receveur.

Corps des neuf bourgeois jurés élus.

MM.

1. Pierre Scharffenstein, *maitre bourgeois en chef*; 2. Samuel Pelletier; 3. Hugues Charrière 4. Daniel Vallet, dit Berre; 5. Pierre Feschotte ;

6. Jean Fallot ; 7. Elie Charpiot ; 8. Jacques Prongey ; 9. Jean-Jacques Surleau.

1690. Corps des dix-huit élus.

MM.

1. Marc Vallet, dit Berre, *maistre* ; 2. Jean-Guillaume Duvernoy, *lieutenant* ; 3. Jean Feschotte, *trésorier* ; 4. Pierre de Villeneufue ; 5. Jean Luciot ; 6. Jean-Georges Parrot ; 7. Pierre Tuefferd, fils de feu honoré Pierre, docteur ; 8. David-Estienne Bernard, *taxeur* ; 9. Jaques Recepveure ; 10. Hugue Luciot ; 11. Abraham Contejean ; 12. Pierre Bohy ; 13. Friderich Georges ; 14. Jean-David Meyer ; 15. Nicolas Parend ; 16. Jean-Christophe Boigeol ; 17. Friderich-Christophe-Melchior Barthol, *secrétaire* ; 18. Daniel Aubertin.

Corps des neuf bourgeois jurés élus.

MM.

1. Julius-Friderich Duvernoy, *maitre-bourgeois en chef* ; 2. Pierre Charffeinstein, *conforteur* ; 3 Jean Morel, le Jeune ; 4. Jean Fallot, clerc du papier ; 5. Joseph-Jérémie Duvernoy ; 6. Georges Rossel ; 7. Jean-Jaque Surleau ; 8. Pierre Meyer ; 9 Jean-Jacque Duvernoy.

1691. Corps des dix-huit élus.

MM.

1. Marc Vallet, dit Berre, *maistre* ; 2. Isaac

Berdot, *lieutenant* ; 3. Thomas Cuenin, *trésorier*; 4. Friderich Merrot ; 5. Pierre de Ville Neufue ; 6. Jean Luciot ; 7. Jacques Receveur ; 8. Hugue Luciot ; 9. Pierre Bohy ; 10. Friderich Georges, *taxeur* ; 11. Léonard Fallot, *secrétaire* ; 12. Estienne Luciot ; 13. Jérémie-Christophle Wild ; 14. Albert Jobert ; 15. Joseph Rouyie ; 16. Isaac Gauchet ; 17. Pierre Grogirard ; 18. Jean Martel.

CORPS DES NEUF BOURGEOIS JURÉS ÉLUS.

MM.

1. Friderich Grosrenold, *maitre-bourgeois en chef* ; 2. Jules-Friderich Duvernoy, *conforteur*; 3. Daniel Vallet, dit Berre ; 4. André Feschotte ; 5. Jean Fallot ; 6. Jacques Prongey ; 7. Pierre Mayer ; 8. Jean-Georges Bernard ; 9. Friderich-Christophle-Melchor Burto!.

1692. CORPS DES DIX-HUIT ÉLUS.

MM.

1. Jacques Delonet, *maistre* ; 2. Jean-Guillaume Duvernoy, *lieutenant* ; 3. Jean-Friderich Masson, *trésorier* ; 4. Friderich Merot ; 5. Pierre de Villeneuve ; 6. Hugue Luciot, *taxeur* ; 7. Daniel Aubertin ; 8. Léonard Fallot, *secrétaire* ; 9. Estienne Luciot ; 10. Jérémie-Christophle Wild ; 11. Albert Jobare ; 12. Joseph Rouyer ; 13. Isaac Gauchet ; 14. Pierre Grosgirard ; 15. Jacques-Nicolas Wild ; 16. Jean-Georges Boisdechaine ; 17. Nicolas Prongey ; 18. Pierre Peletier.

Corps des neuf bourgeois jurés élus.

MM.

1. Georges Euvrard, *maitre-bourgeois en chef*;
2. Pierre Scharffenstein, *conforteur*; 3. Pierre
Titot, *taxeur de la boucherie*; 4. Joseph-Jérémie
Duvernoy; 5. Georges Rossel, *beau maitre*;
6. Jacques Prongey; 7. Jean-Jacques Duvernoy;
8. Georges Luciot; 9. Abraham Contejean.

1693. Corps des dix-huit élus.

MM.

1. Jean-Jacques Surlaux, *maistre*; 2. Fride-
rich-Christofel-Melchior Barthol, *lieutenant*; 3.
Pierre Grosrenaud, *trésorier*; 4. Samuel Du-
vernoy, *secrétaire*; 5. George Fotel, *taxeur*;
6. Friderich Merot; 7. Jean Luciot; 8. Isaac
Gauchet; 9. Jacques Wild; 10. Jean-Georges
Boisdechaine; 11. Nicolas Prongé; 12. Nicolas
Cuquel; 13. Jean-Pierre Valiton; 14. Henri-
Estienne Tournier; 15. Jean-Georges Gien;
16. Georges Planson; 17. Samuel Curie; 18.
Jean-Melchior Kœnig.

Corps des neuf bourgeois jurés élus.

MM.

1. Jule-Friderich Duvernoy, *maitre-bourgeois
en chef*; 2. Pierre Goguel; 3. Jean Fallot; 4.
George Fallot; 5. Jacques Prongé; 6. Pierre
Meyer; 7. Georges Luciot; 8. Léonard Fallot;
9. Andres Cucuel.

L'élection de 1693, tant de Messieurs les Dix-Huit que de Messieurs les Neuf Bougeois n'a point été faite parce que les Bourgeois n'avaient pas satisfait à une répartition de 11000 francs, qui leur avait été imposée par ordre du roi.

1694-1695. Corps des dix-huit élus.

Saint-Jean 1694.

MM.

1. Jacques Delonay, *maistre* ; 2. Fridrich Haintzel, *lieutenant* ; 3. Louis Feschotte, *trésorier* ; 4. Pierre de Villeneufve ; 5. Pierre Tuefferd, *secrétaire* ; 6. Joseph Rouÿe, *taxeur* ; 7. Georges Plançon; 8. Samuel Curie; 9. Abraham-Léonard Huguenot, dit Lalance ; 10. Paul-Christophle Diény ; 11. Hugue Charrière, le Jeune ; 12. Pierre Bouillon ; 13. Jean-George Morlot ; 14. Guyon Foyot; 15. Daniel Pontoÿs ; 16. Jean-Fridrich Thomas ; 17. Jean-Christophle Walter ; 18. Thobie Drot.

Corps des neuf bourgeois jurés élus.

Saint-Jean 1694.

MM.

1. George Euvrard, *maître-bourgeois en chef* ; 2. Jean Morel, le vieux ; 3. Pierre Feschotte ; 4. Jean Horry ; 5. Pierre Titot ; 6. Joseph-Jérémie Duvernoy ; 7. Jacques Prongey ; 8. Jérémie-Christophle Wild ; 9. Jean-Georges Beurnier.

1695-1696 Corps des dix-huit élus.

MM.

1. Gerçon Bourgeois, *maistre* ; 2. Jean Conte-jean, *lieutenant* ; 3. Perrin Boigeol, *trésorier* ; 4. Pierre Boihy ; 5. Joseph Rouhier, *taxeur* ; 6. Abraham Huguenot, dit la Lance, *secrétaire* ; 7. Paul-Christofle Dieny ; 8. Guyon Foyot ; 9. Jean-Friderich Thomas ; 10. Jean-Christofle Walther ; 11. Thobie Drot, secrétaire-subrogé ; 12. Marc Maigret ; 13. Jean-George Vuillemey ; 14. Jean-Friderich Campagnat ; 15. Jaques Ise-lin ; 16. George Iselin ; 17. Christian Berguer ; 18. Paul Dohnanetz.

Corps des neuf bourgeois jurés élus

MM.

1. J.-George Rossel, *maistre-bourgeois en chef* ; 2. Friderich Heintzel, *conforteur* ; 3. Jean Morel, le Jeune ; 4. Jérémie-Joseph Duvernoy ; 5. Jean-Jacques Surleau ; 6. Jérémie Vuild ; 7. Jean-George Beurnier ; 8. Jaques Berdot ; 9. Jean-George Bois de Chesne.

1696-1697. Corps des dix-huit élus.

MM.

1. David François, *maistre* ; 2. Pierre Mignin. *lieutenant* ; 3. Jean Luciot, *trésorier* ; 4. Pierre Barel ; 5. Jaques Recepveur ; 6. Daniel Auber-tin ; 7. Joseph Rouyer, *taxeur* ; 8. Pierre Pele-tier, *secrétaire* ; 9. Marc Maigret ; 10. Jean-

Georges Wuillemey ; 11. Jacques Iselin ; 12. Georges Iselin ; 13. Paul Dohnanetz ; 14. Pierre-Daniel Bourelier ; 15. Anthoine Quailot ; 16. Jean Grosgirard ; 17. Pierre Thomas ; 18. Jean Mareschal.

CORPS DES NEUF BOURGEOIS JURÉS ÉLUS.

MM.

1. Julle-Friderich Duvernoy, *maitre-bourgeois en chef* ; 2. Jean-George Rossel, *conforteur* ; 3. Jean Morel, le Vieux ; 4. Jean Fallot ; 5. Pierre Titot ; 6. Pierre Meyer ; 7. Jacques Berdot ; 8. Jean Verenet ; 9. Jean-Friderich Richard.

1698. CORPS DES DIX-HUIT ÉLUS.

SAINT-JEAN-BAPTISTE 1697.

MM.

1. Pierre Scharffenstein, *maistre* ; 2. Samuel Peletier, *lieutenant* ; 3. Jacque Delaunay, *trésorier* ; 4. George Fostel, *secrétaire* ; 5. Jacque-Christophel Despoutot, *taxeur* ; 6. Jean-Friderich Campagnat ; 7. Christian Berguer ; 8. Pierre-Daniel Bourelier ; 9. Jean Grosgirard ; 10. Pierre Thomas ; 11. Jean Mareschal ; 12. Jérémie Tuefferd ; 13. Friderich Matthiot ; 14. Pierre Rossel ; 15. Jacque Planson ; 16. Pierre Girol ; 17. Jacque Maigrot ; 18. Friderich Courts.

Corps des neuf bourgeois jurés élus.
Saint-Jean-Baptiste 1697.

MM.

1. Jean-George Rossel, *maitre-bourgeois en chef* ; 2. Pierre Titot, *conforteur* ; 3. Joseph-Jérémie Duvernoy ; 4. Jean-Jacques Surleau ; 5. Pierre Meyer ; 6. Jean-Jacque Duvernoy ; 7. Jean-Friderich Richard ; 8. Jacque-Nicolas Wild ; 9. Jean-Georges Morlot.

1699. Corps des dix-huit élus.

Saint-Jean-Baptiste 1698.

MM.

1. Pierre Scharpfenstein, *maistre* ; 2. Andres Feschotte, *lieutenant* ; 3. Jean Verenet, *trésorier* ; 4. Hugue Nardin ; 5. David-Estienne Bernhard, *taxeur* ; 6. Jean-George Veuillemé ; 7. Pierre-Daniel Bourrelier ; 8. Friderich Mathiot ; 9. Pierre Rossel ; 10. Jacques Plançon ; 11. Pierre Gyrol ; 12. Friderich Courty ; 13. Elie Charpiot, le Jeune ; 14. David Laurillard, *secrétaire* ; 15. Jean-George Goguel ; 16. Samuel Esmonnot ; 17. Jean-Christoph Bertrand ; 18. Jean-George Paré.

Corps des neuf bourgeois jurés élus.
Saint-Jean-Baptiste 1698.

MM.

1. Jules-Friderich Duvernoy, *maitre-bourgeois en chef* ; 2. Jean Fallot, *conforteur* ; 3. Pierre Titot ; 4. Joseph-Jérémie Duvernoy ; 5. Jacques

Prongé ; 6. Jean-Jacques Surleau ; 7. Pierre
Meyer ; 8. Louys Feschotte ; 9. George Cha-
rierre.

CORPS DES DIX-HUIT ÉLUS
EN L'AN 1699.

MM

1. Jacques Tuefferd, *maistre* ; 2. Perin Boi-
geol, *lieutenant* ; 3. Pierre Michel, *trésorier* ; 4.
Jean-Georges Gein, *taxeur* ; 5. George Hyselin ;
6. Elie Charpiot, *secrétaire* ; 7. Jean-George
Goguez ; 8. Samuel Emonnot ; 9. Jean-George
Parel ; 10. Jean-George Morel, potier d'estain ;
11. Pierre Bagueçon ; 12. Jean-George Rayot ;
13. Jacques Caremantrant ; 14. Joseph-Jérémie
Meyer ; 15. George-Adaham Reess ; 16. Jean-
Jacques Demougot ; 17. Jacques-Cristophel
Casimier ; 18. Abraham Callame.

CORPS DES NEUF BOURGEOIS JURÉS ÉLUS
EN L'AN 1699.

MM.

1. Joseph-Jérémie Duvernoy, *maître-bourgeois
en chef* ; 2. Jule-Friderich Duvernoy, *conforteur* ;
3. Friderich-Cristophel-Melchior Barthol ; 4.
Jérémie Vuild ; 5. Jacques Berdot ; 6. Louys
Feschotte ; 7. George Charrière ; 8. Jean-Georges Weillemey ; 9. Friderich Merot.

1700. CORPS DES DIX-HUIT ÉLUS.

MM.

1. Pierre Feschotte, *maitre* ; 2. Jean-Jacques

Surleau, *lieutenant* ; 3. Jean-Jacques Duvernoy, *trésorier* ; 4. Jean-Georges Boisdechesne, *taxeur* ; 5. Jean-George Morlot, *secrétaire* ; 6. Pierre Gros, le Jeune ; 7. Jacques Receveur ; 8. Pierre Bohy ; 9. Pierre Thomas ; 10. Jean Marchal ; 11. Jacques Plançon ; 12. Jean-George Morel ; 13. George-Adam Rees ; 14. Jean Jacques Demoujot ; 15. Jacques-Christophe Casimier ; 16. Joseph Verner : 17. Jean-Abram Monnier ; 18. Pierre Cler.

Corps des neuf bourgeois jurés élus.

MM.

1. Pierre Titot, *maitre-bourgeois en chef* ; 2. Joseph-Jérémie Duvernoy, *conforteur* ; 3. Jean Fallot ; 4. Jean Burnier, le vieux ; 5. André Cucuel ; 6. Louys Feschotte ; 7. Friderihe Merrot ; 8. Hugue Charrier ; 9. Pierre Pelletier.

1701. Corps des dix-huit élus.

MM.

1. Nicolas Gauchet, *maistre* ; 2. Samuel Duvernoy, *lieutenant* ; 3. Pierre Thomas, *trésorier* ; 4. Pierre Bagnécon, *taxeur* ; 5. Jacques-Christoph Casimier ; 6. Joseph Werner : 7. Jean-Abrahem Monnier ; 8. Pierre Clerc ; 9. Jean-Joseph Fallot ; 10. Marc Mellier ; 11. Jean-George Charpiot ; 12. George-Jacob Laureillard ; 13. Nicolas Rossel ; 14. Jean Beurnier, le Jeune, *secrétaire* ; 15. David Gros ; 16. Jean-Caspar Ducat ; 17. Christoph Parrent ; 18. Jean-Pierre Boigeol.

Corps des neuf bourgeois jurés élus

MM.

1. Jean Fallot, *maitre-bourgeois en chef*; 2. Pierre Titot, *conforteur* ; 3. Jean-Georges Boisdechesne ; 4. Jean-Georges Mourtol , 5. Louis Feschotte; 6. George Charière ; 7. Jean-George Wuillemey ; 8. Joseph-Jérémie Meyer; 9. Perin Boigeol.

1702. Corps des dix-huit élus.

MM.

1. Samuel Pelletier, *maistre* ; 2. Jean-Jaque Duvernoy, *lieutenant* ; 3. Jean-George Bernard, *trésorier*; 4. Leonard Fallot, *taxeur*; 5. Jaque-Christophle Despoutot ; 6. Pierre Thomas ; 7. Jean-Joseph Fallot, *secrétaire*; 8. Marc Mellier; 9. Jean-George Charpiot ; 10. George-Jacob Laurillard; 11. Nicolas Rossel; 12. David Gros; 13. Christophle Parrens ; 14. Jean-Pierre Boigeol; 15. Joseph Morel; 16. George Laurillard; 17. Pierre-Estienne Cucuel ; 18. Jean-Jaque Martin.

Corps des neuf bourgeois jurés élus.

MM.

1. Julle-Fridrich Du Vernoy, *maître-bourgeois en chef* ; 2. Jean Fallot; 3. Jaque Prongey ; 4. Jaque Berdot; 5. Jaque Wild ; 6. Joseph-Jérémie Meyer; 7. Perrin Boigeol; 8. David Laurillard; 9. J.-George Gein.

Corps des neuf bourgeois jurés élus

MM.

1. Julle-Fridrich Du Vernoy, *maître-bourgeois en chef* ; 2. Jean Fallot ; 3. Jaque Prongey ; 4. Jaque Berdot ; 5. Jaque Wild ; 6. Joseph-Jérémie Meyer ; 7. Perrin Boigeol ; 8. David Laurillard ; 9. J.-George Gein.

1703. Corps des dix-huit élus.

MM.

1. Gerçon Dermineur, *maistre* ; 2. Jérémie-Christophle Vild, *lieutenant* ; 3. George Charière, *trésorier* ; 4. Gerçon Bourgeois, *taxeur* ; 5. Jaques Larchés ; 6. Jean-Christophle Vurpilliot ; 7. Georges Laurillard, *secrétaire* ; 8. Pierre-Estienne Cucuel ; 9. Jean-Jacques Marthin ; 10. Julius-Frideric Chastel ; 11 Pierre Scharffenstein, le Jeune ; 12. Pierre Cucuel ; 13. Joseph Beurnier ; 14. Christophle-Daniel Beurnier ; 15. Jaques Bertrand ; 16. Jean Grey ; 17. David Trottier ; 18. Jean-George Ettinger.

Corps des neuf bourgeois jurés élus.

MM.

1. Joseph–Jérémie Duvernoy, *maitre-bourgeois en chef* ; 2. Jule-Friderich Du Vernoy, *conforteur* ; 3. Pierre Titot, beau meister ; 4. Jean–Jaques Du Vernoy, *taxeur* ; 5. Léonard Fallot, *secrétaire* ; 6. Jaques-Nicolas Vild, cler des descharges ; 7. Hugue Charière ; 8. Jean–Abraham Chastel ; 9. George Fottel.

1704. CORPS DES DIX-HUIT ÉLUS.

MM.

1. Jacque Receveur, *maistre* ; 2. Pierre Boys, *lieutenant* ; 3. Jean-Friderick Campagna, *trésorier* ; 4. Pierre Thomas, *taxeur* ; 5 Pierre Bagueson, *secrétaire* ; 6. Julle Friderihc Châtel ; 7. Pierre Scharffenstein, le Jeune ; 8. Jean-George Edinger ; 9. David Trotie ; 10. Jean Hory, le Jeune ; 11. Jean-Christophle Hory ; 12. Marc-David Prongey ; 13. Jean-George Schaffenstein ; 14. Jean Flamand ; 15. Jean-Jacque Surleau, le Jeune ; 16. Jean-Christophle Rohr ; 17. Isaac Masson ; 18. Jean-George Vaugier.

CORPS DES NEUF BOURGEOIS JURÉS ÉLUS.

MM.

1. Jacque Berdot, *maitre-bourgeois en chef* : 2 Pierre Scharffenstein, *conforteur* ; 3. Jean Feschotte ; 4. Jean Hory, *beaumaitre* ; 5. Jacque Prongey, clerc des décharges ; 6. Jean-Jacque Surleau, *secrétaire* ; 7. Louis Feschotte, *taxeur* 8. Christophle-Daniel Burnier ; 9. Jean-Frisderich Masson.

1705. (1) CORPS DES DIX-HUIT ÉLUS
LE SAMEDI, 20 JUIN 1705.

MM.

1. Jean-George Boisdechesne, *maistre* ; 2. Joseph Weillemey, *lieutenant* ; 3. Jean Hory, le

____

(1) 27 avril 1706. Il passe successivement par la ville de Montbéliard, à compter de ce jour et jusqu'au 2 mai, 6 régiments de cavalerie française. Léopold Eberard

Jeune, *trésorier* ; 4. Jean-Christophle Hory, *taxeur* ; 5. Jean-George Scharffenstein, *secrétaire* ; 6. Jean Flament ; 7. Isac Masson ; 8. Jean-George Veaugier ; 9 Friderihc Morel ; 10. Jean Friderihc Morel ; 11. Pierre Werner ; 12. David Nicolas Boullion ; 13. Marc Lieure ; 14. Julle Friderihc Rayot ; 15. Jean Mouhot ; 16. Isac Matomont ; 17. Jean-Pierre Melet ; 18. Jean-Jacque Strobel.

Corps des neuf bourgeois jurés élus le samedi, 20 juin 1705.

MM.

1. Léonard Fallot, *maitre-bourgeois en chef* (1) ;

---

avait fait solliciter de la cour de France cet envoi de soldats pour exécuter le coup dEtat qu'il méditait contre la bourgeoisie depuis l'événement du 10 novembre 1705.

Ces troupes furent logées chez l'habitant où elles vécurent à discrétion ; leur entretien occasionna une dépense de plus de 15000 fr. A l'arrivée du premier des régiments, deux compagnies ayant été placées en bataille devant l'Hôtel-de-Ville, le procureur général Brischoux, vint de la part du prince enlever les titres les plus importants des archives, ainsi que les annexes et les bannières de la ville ; il s'était fait accompagner d'un serrurier et d'un grand nombre d'habitants de la campagne.

Si l'un de vous ose raisonner, dit-il, aux membres des magistrats assemblés, je lui ferai donner cent coups de bâton par des gens que j'ai là dehors. Il fait en même temps arrêter les deux premiers maitres-bourgeois, Léonard Fallot et Jacques Berdot, et cinq autres personnes étrangères au corps municipal.

(*Eph. p. 145*).

(1) Voir la note ci-dessus.

2. Jaque Berdot, *conforteur* (1) ; 3 Jean Hory ;
4. Jérémie-Christophle Wild ; 5. Jean-George
Morelot ; 6. Joseph-Jérémie Meyer ; 7. Jean
Friderihe Masson ; 8. Jean-George Morel ; 9.
Jean-Joseph Fallot.

1706. Corps des neuf bourgeois jurés élus
le 24 aout 1706.

MM.

1. Jule-Friderich Duvernoy, *maitre-bourgeois
eu chef* ; 2. Pierre Schaffenstein ; 3. Joseph-Jérémie Duvernoy ; 4. Pierre Titot ; 5. Jean Fallot ; 6. Pierre Feschotte ; 7. Gerçon Dermineur ;
8. Jean-Jacque Surleau ; 9. Pierre Grosrenaulx.

1707-1708

Les 27, 28, 29 et 30 avril 1706, il y a eu quelques difficultés entre S. A. S. Monseigneur Léopold Eberhard notre gracieux et très bénin
Prince et la bourgeoisie, lesquelles ont duré
jusques au premier du mois de janvier de l'an
1709, durant lequel temps il y a eu un interrè-
gne de sorte que par ordre de sa ditte A. S. il
fut procédé, le 24 août 1706, à une élection
de neuf bourgeois dont sa dite sérénissime se
réserva le droit de nomination laquelle a duré
jusques au premier janvier 1709, où il est intervenu, par la grâce de Dieu un traité amiable
de la date du dit jour, où la bourgeoisie a esté
restablie dans toutes ses anciennes franchises,

---

(1) Voir la note de la page 75.

libertés, immunités et louables coustumes, ainsi qu'il est plus amplement expliqué au dit traicté ensuite de quoi le mesme jour au matin, il fut procédé à une nouvelle élection comme du passé. Dieu veuille maintenir sa dite altesse, la Bourgeoisie et leur postérité, longuement dans cette bonne union comme aussi avec ses très illustres successeurs.

1709. Corps des dix-huit élus le 1ᵉʳ janvier 1709 (1).

MM.

1. Jean-George Boidechesne, *maire* ; 2. Louys

---

(1) 1709. — Jusqu'à cette époque les dix-huit et neuf maîtres bourgeois de cette ville étaient élus et commençaient l'exercice de leurs fonctions annuelles à chaque fête de Saint-Jean-Baptiste. Dès lors les élections municipales eurent lieu à la fin de l'année et la nouvelle magistrature entrait en charge le 1ᵉʳ janvier.

Le choix des dix-huit se faisait par tous les *chefs d'hôtels* de la commune distribuée en neuf *guets* ou quartiers, dénommés ainsi :

Le Bourg, la rue de l'Etuve, la Neuve-Rue ou rue des Granges, la rue Sur-l'Eau, Saint-Martin, la rue des Fèvres, Bourg-Vautier, la rue d'Aiguillon et la rue Derrière.

Les neuf Bourgeois, administrateurs de la justice et de la police en première instance dans la ville et son territoire, étaient élus par les dix-huit qui se réunissaient dans ce but en l'Hôtel-de-Ville, sous la présidence du procureur général.

Aux 16 et 17ᵉ siècles l'assemblée avait lieu dans le temple de Saint-Martin.

Le chef du magistrat, ou *maître bourgeois en chef* présidait les réunions de sa compagnie et régissait le domaine de la ville ; le second s'appelait *conforteur*, et

Feschotte, *lieutenant ;* 3. Christophle-Daniel Burnier, *trésorier ;* 4 Jean-Friderich Masson, *taxeur ;* 5. Pierre Wessaulx ; 6. Jacques-Christophle Despoutot ; 7. George Plançon, *secrétaire ;* 8. Jean Horry ; 9. Jean-George Vaugier : 10. Friderich Morel ; 11. Pierre Werner ; 12. David-Nicolas Bouillon ; 13. Marc Lièvre ; 14. Jules-Friderich Rayot ; 15. Jean-Jacques Strobel ; 16. Isaac Fallot ; 17. Isaac Feschotte ; 18. Jean Meyer, le jeune.

CORPS DES NEUF BOURGEOIS JURÉS ÉLUS
1ᵉʳ JANVIER 1709.

MM.

1. Joseph-Jérémie Duvernoy, *maître bourgeois en chef ;* 2. Jean Fallot, *conforteur ;* 3. Jean Morel ; 4. Jean Horry ; 5. Jérémie Wild ; 6. Jean-George Morlot ; 7. Joseph-Jérémie Meyer ; 8. Jules-Friderich Chastel : 9. Jean-George Schafferstein.

1710. CORPS DES DIX-HUIT ÉLUS
31 DÉCEMBRE 1709.

MM.

1. Jean-Joseph Fallot, *maistre ;* 2. Friderich Morel, *lieutenant ;* 3. Jean-Friderich Morel,

---

suppléait le premier en cas d'empéchement ; le troisième, désigné sous le nom de *baumestre*, avait l'inspection des bâtiments ; le quatrième, ou *clerc du papier*, était secrétaire du corps municipal ; le cinquième, ou *clerc des décharges*, contrôlait les recettes et les dépenses de la ville ; le sixième, *taxeur de la boucherie*, en surveillait la police ; enfin, les trois autres, sans fonctions spéciales, étaient appelés *novices.*

(Ephémérides du comté de Montbéliard, pages 2 et 3.)

trésorier ; 4. Pierre Verner, *taxeur* ; 5. Isaac Mathomon ; 6. Jean-Pierre Melet ; 7. Isaac Fallot, *secrétaire* ; 8. Isaac Feschotte ; 9. Jean Meyer, le jeune ; 10. Jérémie Duvernoy ; 11. Jacque Morlot ; 12. George Cucuel ; 13. Léopold-Friderich Veilliemey ; 14. Pierre Bertrand, le jeune ; 15. Pierre Surleau ; 16. Vernie Despoutot ; 17. Marc Bainier ; 18. Jacque Charlemagne.

Corps des neuf bourgeois jurés élus le 31 décembre 1709.

MM.

1. Jean Fallot, *maitre-bourgeois en chef* ; 2. Joseph-Jérémie Duvernoy, *conforteur* ; 3. Jean Horry ; 4. Jean-Jacque Surleau ; 5. Jacque-Nicolas Vild ; 6. Jean-George Morel ; 7. Jean-George Charffenstein ; 8. Marc-David Prongey ; 9. Jacque-Christophle Despoutot.

1711. Corps des dix-huit élus 31 décembre 1710 (1).

MM.

1. Antoine Quaillot, *maistre* ; 2. Jean Gros-

---

(1) 30 octobre 1711. — Plusieurs règlements émanés de l'autorité publique, avaient pour but de prévenir et de réprimer les brigues de certains bourgeois, qui, aspirant aux fonctions de la magistrature de Montbéliard, cherchaient à se procurer des suffrages par des voies illicites, et notamment à prix d'argent. La pièce suivante copiée sur l'original, démontre tout à la fois l'inefficacité des mesures plus sévères auxquelles on eut recours plus tard. « *Le souscrit confesse de devoir aux sieurs Jean Goguel et Georges Michel, la somme de quinze livres tournois, et promet leur payer à*

gyrard, *lieutenant* ; 3. Pierre Thomas, *trésorier* ;
4. David Gros, *taxeur* ; 5. Jean-Pierre Melett ;
6. Jérémie Duvernoy, *secrétaire* ; 7. Léopold
Woüillemay ; 8. Pierre Bertand ; 9. Pierre Surleau ; 10. Vernie Despouto ; 11. Jérémie Gruet.
12. Jérémie Prongé ; 13. Pierre Quaillot ; 14;
Jacque-Christophle Bertrand ; 15. Jean Goguel ;
16. Alexandre Charle ; 17. Pierre Mattomon ; 18.
Pierre Retté.

CORPS DES NEUF BOURGEOIS JURÉS ÉLUS
31 DÉCEMBRE 1710.
MM.

1. Joseph-Jérémie Duvernoy, *maitre bourgeois
en chef* ; 2. Jean-Jacque Surleau, *conforteur* ;
3. Louys Feschotte ; 4. David Lauriliard ; 5.
Abraham Chatell ; 6. Jean-George Scfiarffen-
stein ; 7. Jacque-Christophle Depouto ; 8. Isaac
Fallot ; 9. Pierre Scharfenstein.

1712. CORPS DES DIX-HUIT ÉLUS
LE 31 DÉCEMBRE 1711
MM.

1. Friderich-Christoph-Melchior Barthol,
maistre ; 2. Marc-David Prongey, *lieutenant* ; 3.
David-Nicolas Bouillon, *trésorier* ; 4. Jérémie
Prongey, *taxeur* ; 5. Pierre Quaillot ; 6. Jean
Goguel ; 7. Alexandre Charle ; 8. Jean Boisde-
cheine ; 9. Jean-Pierre Haye ; 10. Gaspard D'Ar-

---

*leurs premières réquisitions, moyennant m'établissant du
nombre de MM. les neuf bourgeois de la ville de Montbéliard.* En foi de quoi je me suis soussigné. Fait à
Montbéliard, le 30 décembre 1711, Jean-Frédéric Morel.

(Ephémérides de Duvernoy, page 502)

gent ; 11. Jacques Larcher ; 12. Jean Meyer, le vieux ; 13. Marc Grey ; 14. Jean-George Michel ; 15. Pierre Ferrand ; 16. David-Nicolas Richard, *secrétaire* ; 17. George Schom ; 18. Friderich-Melchior Malblanc.

CORPS DES NEUF BOURGEOIS-JURÉS ÉLUS LE 31 DÉCEMBRE 1711.

MM.

1. Jérémie-Christoph Wild, *maitre-bourgeois en chef* ; 2. Jean-George Boisdechêne, *conforteur* ; 3. Jean Verner ; 4. Louis Feschotte ; 5. George Charrière ; 6. Joseph-Jérémie Meyer ; 7. Isaac Fallot ; 8. Jérémie Duvernoy ; 9. George Lorillard.

1713. CORPS DES DIX-HUIT ÉLUS LE 31 DÉCEMBRE 1712

MM.

1. Jean Maréchal, *maistre* ; 2. George Cucuel, *lieutenant* ; 3. Jean Boisdechêne, *trésorier* ; 4. Marc Grey, *taxeur* ; 5. Jean-George Michel, *secrétaire* ; 6. Pierre Ferrand ; 7. David-Nicolas Richard ; 8. George Schom ; 9. Marc-David Prongé ; 10. Pierre-Etienne Curie ; 11. George Macler ; 12. Jacque-Christoph Dargent ; 13. Louy Larcher ; 14. Daniel Grosrenault; 15. Jacques Iselin ; 16. George-Friderich Mégnin ; 17. Simon Fossard ; 18. David Receveur.

CORPS DES NEUF BOURGEOIS JURÉS ÉLUS LE 31 DÉCEMBRE 1712.

MM.

1. Jean Verenet, *maistre-bourgeois en chef* ; 2.

Jérémie-Christoph Wild, *conforteur* ; 3. Jean-Boisdechesne ; 4. Louys Feschotte (1) ; George Charrière ; 6 Jean-Friderich Masson ; 7. George Laurillard ; 8. Jean Meyer, le vieux ; 9. Friderich-Melchior Malblanc.

1714. Corps des dix-huit élus
le 31 décembre 1713

MM.

1. Jean-Jacques Surleau, *maistre* : 2. Friderich-Christoph-Melchior Barthol, lieutenant ; 3. Marc Grey, *trésorier* ; 4. Pierre Ferrand, *taxeur* ; 5. Marc-David Pronguey, *secrétaire* ; 6. Pierre-Estienne Curie ; 7. Daniel Grosrenault ; 8. Jacques Iselin, perruquier ; 9. David Receveur ; 10. Jean-George Verenet ; 11. Jullius-Friderich Luciot ; 12. Jean-George Parrot ; 13. Friderich Duvernoy ; 14. Pierre-Abram Bernard ; 15. Jean-David Semeler ; 16. Pierre Grine ; 17. Jean-George Kümmich ; 18. Jean-George Migot.

Corps des neuf bourgeois jurés
élus le 31 décembre 1713

MM.

1. Joseph-Jérémie Duvernoy, *maitre-bourgeois en chef* ; 2. Jean Verenet, *conforteur ;* 3. Jacques-Nicolas Wild ; 4. George Charrière ; 5. Jean-Joseph Fallot ; 6. Jean-George Scharfenstein ; 7. Friderich-Melchior Malblanc ; 8. Jean-Friderich Morel ; 9. George Macler.

---

(1) Décédé le 21 mars 1713.

1715. Corps des dix-huit élus
le 31 décembre 1714.

MM.

1. Jean-George Boisdechêne, *maistre* ; 2. Pierre Bohy, *lieutenant* ; 3. George Goguel, *trésorier* ; 4. Jean Flamant, *taxeur* ; 5. George Vaugier ; 6. Vernier Dépoutot ; 7. Jacque Larcher ; 8 Louys Larcher ; 9. Jullius Luciot ; 10. Jean-George Parrot ; 11. Friderich Duvernoy ; *secrétaire* ; 12. Jean-David Sembler ; 13. Pierre Griène ; 14. Jean-Friderich Mettiot, coutelier ; 15. Jean Grosrenault ; 16. Jean-George Marchand : 17. Jean-George Chayot ; 18. Jean-George Kümmich.

Corps des neuf bourgeois jurés
élus le 31 décembre 1714.

MM.

1. Joseph-Jérémie Duvernoy, *maitre-bourgeois en chef* ; 2. George Charière, *conforteur* ; 3. Jean-Friderich Masson ; 4. Jacque-Christophle Dépoutot ; 5. Isaac Fallot ; 6. Georges Laurillard ; 7. Friderich-Melchior Malblanc ; 8. Jean-George Verenet ; 9. David-Nicolas Richard.

1716. Corps des dix-huit élus
le 31 décembre 1715

MM.

1. George Goguel, *maistre* ; 2. Jean Horry, *lieutenant* ; 3. Jean-Georges Vogier ; 4. Léopold Weillemé ; 5. Pierre Bertrand ; 6. Louys Lar-

chée ; 7. Jean-Frideric Matiot ; 8. Jean Grosrenaud ; 9. Jean-George Marchand ; 10. Jean-George Chayiot ; 11. Pierre Louys ; 12. Joseph-Jérémie Boissard ; 13. Samuel Duvernoy ; 14. George Tiersel ; 15. Jean-Jacques Goguel ; 16. Jean-Georges Rayot ; 17. Samuel Parant ; 18. George Cacun.

Corps des neuf bourgeois jurés élus le 31 décembre 1715

MM.

1. Pierre Titot, *maitre-bourgeois en chef* ; 2. Jean Horry, *conforteur* : 3. Jean-Jacques Surleau ; 5. George Charier ; 6. Friderich-Melchior Malblant ; 7. Jean-Georges Verenet ; 8. Jacques Christofle Dargent ; 9. Pierre Ferrand.

1717. Corps des dix-huit élus

MM.

1. Marc-David Prongey fils, *maistre* ; 2. Jean Horry, le jeune, *lieutenant* ; 3. Jacque Christophle Bertrand, *trésorier* ; 4. Louys Larcher, *taxeur* ; 5. Samuel Duvernoy, *secrétaire* ; 6. Jean-Jacque Goguel ; 7. Jean-George Rayot ; 8. Samuel Parend ; 9. Jacque Luciot ; 10. Jean-George Vurpillot ; 11. Pierre Jacquot ; 12. Jean-George Beurnier ; 13. Friderich Caresmentrend ; 14. David-Estienne Surleau ; 15. Jacque-Christople Demougeot ; 16. Hugue Nardin ; 17. David Pontoy ; 18. David-Estienne Trottie.

CORPS DES NEUF BOURGEOIS JURÉS
ÉLUS POUR 1717

MM.

1. Jean-Joseph Fallot, *maître-bourgeois en chef* ; 2. Jules-Fridrich Chattel, *conforteur* ; 3. George Laurillard ; 4. George Macler ; 5. Jean-George Vernet ; 6. Jacque-Christophle Dargent ; 7. Pierre Ferrand ; 8. Friderich Morel ; 9. Pierre Bertrend.

1718. CORPS DES DIX-HUIT ÉLUS
LE 31 DÉCEMBRE 1717

MM.

1. Pierre Peltier, *maistre* ; 2. Samuel Curie, *lieutenant* ; 3. Jean Horry, le jeune, *trésorier* ; 4. Jacques-Christophle Bertrend, *taxeur* ; 5. Louys Larcher ; 6. George Tiersault ; 7. Jean-Jacque Goguel ; 8. Jean-George Vurpillot ; 9. Pierre Jacquot ; 10. Friderich Caresmentrend ; 11. Jacque-Cristophle Demougeot ; 12. David Pontoy, *secrétaire* ; 13. David-Etienne Trottie ; 14. Jean-Friderich Charpiot ; 15. Léonard Scharfensteine ; 16. Jean Flamand le jeune ; 17. Perin Gauchet ; 18. Jean-Jacque Ferrand.

CORPS DES NEUF BOURGEOIS JURÉS
ÉLUS LE 31 DÉCEMBRE 1717

MM.

1. Isaac Fallot, *maitre-bourgeois en chef* ; 2. George Charrière, *conforteur* : 3. Jean-Georges Geins ; 4. Jule-Friderich Chattel ; 5. Pierre

Ferrand ; 6. Friderich Morel, chaudronnier ;
7. Pierre Bertrend ; 8. Marc-David Prongey ;
9. George Schom.

1719. (1) Corps des dix-huit élus le 31 décembre 1718.

MM.

1. Jean-George Boidechesne, *maistre* ; 2.
George Laurillard, *lieutenant* ; 3. Jean-George
Verenet, *trésorier* ; 4. Joseph-Jérémie Boissard,
taxeur ; 5. Jean-George Rayot, *secrétaire* ; 6.
Jean-Friderich Charpiot ; 7. Jean Flamen, le
Jeune ; 8. Perin Gauchet ; 9. Jean-Jacque
Ferrand ; 10. Charles-Christophle Verenet ; 11.
Jean Morel ; 12. Léonard Fallot ; 13. Jean-
Jacque Feschotte ; 14. Jean-George Bohy ; 15.
Abraham Peltier ; 16. Jean-Christophle Boigeol;
17. Pierre Jardot ; 18. Jean-Mechior Koch.

Corps des neuf bourgeois jurés élus le 31 décembre 1718.

MM.

1. Jean Verenet, *maître-bourgeois en chef* ; 2.
Isaac Fallot, *conforteur* ; 3. Jean-Georges Mor-

---

(1) Le 7 mars 1719. — Le magistrat prend une délibération pour l'établissement d'une grande route con-
duisant directement au village de Sochaux, à travers la
Vouaivre. Cette route fut terminée en 2 années. La
route de Sochaux à Exincourt avait été construite
en 1616.

lot ; 4. David Laurillard ; 5. Christophle-Daniel Burnier ; 6. Friderich Morel ; 7. Marc-David Prongey, patissier ; 8. Léonard Scharfenstein ; 9. George-Friderich Mégnin.

1720. Corps des dix-huit élus le 31 décembre 1719.

MM.

1. George Schom, *maistre* ; 2. Jean Pierre Haye, *lieutenant* ; 3. Louys Larcher, *trésorier* ; 4. George Cacun, *taxeur* ; 5. Jean Morel, *secrétaire* ; 6. Jean-Jacque Feschotte ; 7. Jean-George Bohy ; 8. Pierre Jardot ; 9. Jean-Melchior Koch ; 10. Jean-Jacque Parrot ; 11. Nicolas Titot ; 12. Jacque Christophle Morlot ; 13. Jean-George Duvernoy ; 14. David François; 15. Jean-Friderich Masson ; 16. George Migot ; 17. Pierre Mettetal ; 18. Daniel Rollin.

Corps des neuf bourgeois jurés élus le 31 décembre 1719.

MM.

1. Friderich-Melchior Malblanc, *maitre-bourgeois en chef*; 2. Jean-George Morel, *conforteur*; 3. Jean George Scharffenstein ; 4. Marc-David Prongey ; 5. David-Nicolas Richard ; 6. Léonard Scharffenstein ; 7. George-Friderich Mégnin ; 8. Charle-Christophle Verenet ; 9. Elie Charpiot.

1721. Corps des dix-huit élus
le 31 décembre 1720

MM.

1. Jean-George Morlot, *maistre* ; 2. Pierre Quaislot, *lieutenant* ; 3. Jean-Pierre Haye, *trésorier* ; 4. Louys Larcher ; 5. George Caquun, *secrétaire* ; 6. Jean-Jacque Parrot ; 7. Nicolas Titot ; 8. Jean-George Duvernoy, *taxeur* ; 9. David François ; 10. Jean-George Migot ; 11. Pierre Mettetal ; 12. Daniel Rollin ; 13. Hugue Bourrelier ; 14. Jean-George Gette ; 15. Jean-George George ; 16. David-Nicolas Gauchet : 17. Marc-Elie Juillerot ; 18. Jean-Jacques Richard.

Corps des neuf bourgeois jurés
élus le 31 décembre 1720

MM.

1. Isaac Fallot, *maitre-bourgeois en chef* ; 2. Marc-David Prongé ; 3. Pierre Scharfenstein ; 4. Marc-David Prongé ; 5. George Schom ; 6. Charle-Christophle Wernet ; 7. Elie Charpiot ; 8. Jean Boisdechesne ; 9. Jean-George Bohy.

1722. Corps des dix-huit élus
le 30 décembre 1721

MM.

1. Julle-Friderich Châtell, *maistre* ; 2. Isac Fechot, *lieutenant* ; 3. Louis Larcher, *trésorier* ; 4. Jean-David Femler, *taxeur* ; 5. Jean-Jacque Goguel, 6. Pierre Jacquot ; 7. Jean-Melchior

Koch ; 8. Jean-George Migot ; 9. Hugue Bour-
rellies ; 10. David-Nicolas Gauchet ; 11. Jean-
Urbain Willede ; 12. Marc Goguel ; 13. Jean-
Friderich Grosgirard ; 14. George-Friderich
Ebriliz ; 15. Marc-Elie Guilerot ; 16. Jean-
Jacques Richard ; 17. Jean-Moïse Dupuis.

Corps des neufs bourgeois jurés
élus le 30 décembre 1721

MM.

1. Jean-Joseph Falot, *maitre bourgeois en
chef* ; 2. Joseph-Jérémie Mayer ; 3. Pierre
Scharfentien ; 4. Jean-Friderich Maurele ; 5.
David-Nicolas Richard ; 6. Jean Boisdechesne ;
7. Jean-George Bohy ; 8. Jacques-Christophle
Morlot ; 9. Jean-George Duvernoy.

1723 (1). Corps des dix-huit élus
le 30 décembre 1722

MM.

1. Marc-David Prongey, *maitre* ; 2. Charles-
Christoph Verenet, *lieutenant*; 3. Jérémie Gruet,

---

(1) *Installation du maire Malblanc.* — Le 3 septembre
1723, *Monsieur le conseiller Cuvier* se transporta au poil
d'audience de la maison de ville s'adressant au magistrat de la dite ville leurs représentants que S. A. S.
Monseigneur Eberhard Louys, son maistre, avait reçu
et pourvu *Monsieur Friderich-Melchior Malblanc pour
son maire* comme *chef de la justice et de la police* de la
dite ville. Pour cet effet il nous fist une harrangue.
assé longue, et ordonna audit magistrat de la part de
son dit Maistre de le recognoistre en prédite qualitée

trésorier ; 4. Marc Grey, *taxeur ;* 5. Jacque-Christoph Demougeot ; 6. Hugue Nardin ; 7. Jean-George George ; 8. Jean-Urbain Wild, *secrétaire ;* 9. Jean-Friderich Grosgirard ; 10. Moyse Dupuy ; 11. Jean-Nicolas Charlemagne ; 12. Marc-David Prongey ; 13. Jean-Christoph Titot ; 14. Pierre Macler ; 15. Julius-Friderich Gauchet ; 16. Pierre-Abram Grosgirard ; 17. Anthoine Abruot ; 18. Charles-Christoph Martel.

CORPS DES NEUF BOURGEOIS JURÉS
ÉLUS LE 30 DÉCEMBRE 1722

MM.

1. Friderich-Melchior Malblanc, *maitre-bourgeois en chef ;* 2. Pierre Peletier, *conforteur ;* 3. Jean-George Scharffeinstein, *beau meister ;* 4. Marc-David Prongey fils, *secrétaire ;* 5. Friderich Morel, *taxeur ;* 6. Léonard Scharffeinstein ; 7. Jean-George Morlot ; 8. Jean-George Gette ; 9. Daniel Grosrenauld.

---

le dit magistrat l'acceptat de très grand cœur et fist ses humbles remerciements par la bouche du sieur Pierre Peletier en qualité de conforteur à S. S. S'adressant à mondit sieur le conseiller Cuvier des bontés particulières qu'il avait pour ladite bourgeoisie de leurs avoir donné un si digne homme pour estre leurs chefs de justice et en recognoissance, ledit magistrat fait des vœux et prière à Dieu pour la santé et heureux règne de sa dite A. S.

(*Livre des notaux* (1579-1763) page 212)

1724. Corps des dix-huit élus
le 31 décembre 1723.

MM.

1. Jean Boisdechaine, *maitre* ; 2. Jean Meyer, le jeune, *lieutenant* ; 3. Jérémie Gruet, *trésorier* ; 4. Jean-George Chayot ; 5. David-Estienne Erotie, *taxeur* ; 6. Jean-Jacques Parrot, *secrétaire* ; 7. Hugue Bourlie ; 8. Jean-Moyse Dupuy dit Obinger ; 9. Jean-Christophle Titot ; 10. Jullius-Friderich Gauchet ; 11. Pierre-Abraham Grosgirard ; 12. Charle-Christhophe Marthel ; 13. Pierre-Abraham Vuild ; 14. Jean Pechin ; 15. Jean Meyer, tanneur ; 16. David-Estienne Meroth ; 17. Estienne Menotte ; 18. Pierre Pickelman.

Corps des neuf bourgeois jurés
élus le 31 décembre 1723.

MM.

1. Jean Verenet, *maitre-bourgeois en chef* ; 2. Marc-David Prongey, *conforteur* ; 3. Friderich Morel, *baumaitre* ; 4. Pierre Bertrand, *taxeur* ; 5. Jean-George Duvernoy, *secrétaire* ; 6. Jean-George Gette ; 7. Daniel Grausrenault ; 8. Léonard Fallot ; 9. David Pontoy.

1725. Corps des dix-huit élus
le 31 décembre 1724.

MM.

1. Pierre Bohy, *maitre* ; 2. Friderich Duvernoy, *lieutenant* ; 3. George Camus, *trésorier* ; 5. Jean-Jacques Richard ; 5. Pierre-Abram Wild ; 6,

Jean Pechin ; 7 Jean Meyer, *taxeur* ; 8. David-Estienne Merot ; 9. Pierre Bichelman ; 10. Jean Feschotte : 11. George Huguenot, dit Lalance, *secrétaire* ; 12. Scipion Boisdechesne ; 13. Gaspard Parrot, chamoiseur ; 14. Jean-George Beurlin ; 15. Jean-George Thevenot ; 16. Charles-Christianna Berguer ; 17. George-Jacob Casimier ; 18. Jean-Louis Rebstock.

CORPS DES NEUF BOURGEOIS JURÉS ÉLUS LE 31 DÉCEMBRE 1724

MM.

1. Joseph-Jérémie Meyer, *maitre-bourgeois en chef* ; 2. Jean-Friderich Morel, *conforteur* ; 3. Pierre Ferrand ; 4. Pierre Bertrand ; 5. Jean-George Duvernoy, *beau maistre* ; 6. Léonard Fallot ; 7. David Pontoy, *secrétaire* ; 8. David-Estienne Surleau ; 9. Jean Meyer, le jeune.

1726. CORPS DES DIX-HUIT ÉLUS LE 31 DÉCEMBRE 1725

MM.

1. Pierre Scharsffenstein, *maitre* ; 2. Charle-Christoffle Verenet, *lieutenant* ; 3. Louis Larcher, *trésorier* ; 4. Jul-Friderich Luciot ; 5. Jean-George Migot ; 6. George Huguenot, dit Lalance, *secrétaire* ; 7. Scipion Boisdechesne ; 8. Gaspard Parrot, chamoiseur, *taxeur* ; 9. Jean-George Thevenot ; 10. Charle-Christian Berguer ; 11. George-Jacob Casimier ; 12. Jean-George Mégnin ; 13. Jean-George Goguel ; 14. Léopold Parrand ; 15. Pierre Duvernoy ; 16.

Jean-Gaspard Dessert ; 17. Léopold-Friderich Rayot ; 18. Jean-George Oberlin.

CORPS DES NEUF BOURGEOIS JURÉS
ÉLUS LE 31 DÉCEMBRE 1725

MM.

1. Jean-Friderich Morel, *maitre-bourgeois en chef* ; 2 Joseph-Jérémie Meyer, *conforteur* ; 3. Pierre Ferrand ; 4. Léonard Scharsffenstein; *beaumeister* ; 5. Jean-George Bohy ; 6. David Pontoy, *secrétaire* ; 7. David-Estienne Surleau ; 8. Jean Morel ; 9. Pierre Macler.

1727. CORPS DES DIX-HUIT ÉLUS
LE 31 DÉCEMBRE 1726

MM.

1. Jean-Melchior Koch, *maitre* ; 2. Jean-George Mégnin, *lieutenant* ; 3. Jean-George Goguel ; 4. Léopold Parrand ; 5. Pierre Duvernoy, *trésorier* ; 6. Jean-Gaspard Dessert ; 7. Léopold-Friderich Rayot ; 8. Jean-George Oberlin ; 9. Marc-David Morel ; 10. Jean-George Bernard, *taxeur* ; 11. Isaac Rayot ; 12. Jacque-Christofle Schor ; 13. David Dessert ; 14. Daniel-Friderich Martin ; 15 Jean-Christofle Kœnig ; 16. Pierre Dethielle ; 17. Jean-David Saler ; 18. Friderich Brisard.

CORPS DES NEUF BOURGEOIS JURÉS
ÉLUS LE 31 DÉCEMBRE 1726

MM.

1. Isaac Fallot, *maitre-bourgeois en chef* ; 2.

Jean-George Morel, *conforteur* ; 3. Pierre Scharfenstein, *beaumaistre* ; 4. Charle Christofle Vernet, *secrétaire* ; 5. Jean-George Bohy, *taxeur* ; 6. Jean Morel ; 7. Pierre Macler ; 8. Gaspard Parrot ; 9. Pierre-Abram Bernard.

1728. CORPS DES DIX-HUIT ÉLUS LE 31 DÉCEMBRE 1727.

MM.

1. Léonard Scharsfenstein, *maitre* ; 2. Jérémie Gruet, *lieutenant* ; 3. Pierre-Etienne Curie, *trésorier* ; 4. Jean-George Werpilliot ; 5. Pierre Jacot ; 6. Jacque-Christophe Demougeot, *taxeur* ; 7. Hugue Boureillier ; 8. Jean-Christophe Titot, *secrétaire* ; 9. Jean Meyer fils ; 10. Pierre Bitkelman ; 11. David Dessert ; 12. Danielle-Friderich Martin ; 13. Friderick Brissard ; 14. Estienne Pechin ; 15. Jacque Masson ; 16. Jean-Jacob Hiller ; 17. Jean-George Metzger ; 18. Jean Maire.

CORPS DES NEUF BOURGEOIS JURÉS ÉLUS LE 31 DÉCEMBRE 1727.

MM.

1. Pierre Scharfenstein, *maitre-bourgeois en chef* ; 2. Isaac Fallot, *conforteur* ; 3. George-Friderich Monin, *beau maitre* ; 4. Charles-Christophe Verenet, *secrétaire* ; 5. Jean-George Gette, *taxeur* ; 6. Pierre Macler (1) ; 7. Gaspard

---

(1) Décédé le 17 septembre 1728, remplacé par M. Jean-Louis Rebstock.

Parrot ; 8. George-Jacob Casimier ; 9. Jean-David Saller.

1729. Corps des dix-huit élus
le 31 décembre 1728.

MM.

1. Georges Duvernoy, *maître* ; 2. Jean-Pierre Melet, *lieutenant* ; 3. Vernie Dépoutot, *trésorier* ; 4. Pierre-Etienne Curie, *taxeur* ; 5. Pierre Jacquot ; 6. Hugue Bourlie ; 7. George Huguenot, dit Lalance ; 8. Jean-Gaspard Dessaire ; 9. Jean-George Bernard ; 10. Estienne Pechin ; 11. Jacques Masson ; 12. Jean-Jacques Hiler ; 13. Pierre-Esaye Huguenot, dit Lalance ; 14. Jean-George Luciot, *secrétaire* ; 15. Jean-George Rées ; 16. Jean-Chistoffle Receveur ; 17. Jean-George Doriat ; 18. Gérard-Nicolas Raisin.

Corps des neuf bourgeois jurés
élus le 31 décembre 1728.

MM.

1. George-Frédérich Mégnin, *maitre-bourgeois en chef* ; 2. Pierre Scharfensteine, *conforteur* ; 3. George Schomme, *beaumaistre* ; 4. Jean-George Gette, *secrétaire* ; 5. George-Jacob Casimier, *taxeur* ; 6. Jean-David Sahler ; 7. Jean-Louis Raibstok ; 8. Jean-Jacques Parrot, *novice* ; 9. Jean Meyer, *novice*.

1730. Corps des dix-huit élus
le 31 décembre 1729.

MM.

1. Jean Boisdechesne, *maistre* ; 2. Pierre Wer-

neur, *lieutenant* ; 3. Jean-Pierre Melet, *tréso-rier* ; 4. Wernier Dépoutot ; 5. Pierre-Etienne Curie, *taxeur* ; 6. Jean-George Chaiot ; 7. Moyse Dupuy, dit Obinqueur ; 8. Daniel-F. Martin ; 9. Estienne Pechin ; 10. Jean-George Mesekueur ; 11. Jean-Esaye Huguenot, dit Lalance ; 12. Jean-Christophe Receveur ; 13. Pierre-Joseph Chastel, *secrétaire* ; 14. Jean-George Le Conte ; 15. Léopold-Emmanuel Surleau ; 16. George-Louys Mégnin ; 17. Jean-Gaspard Cresmer ; 18. Benjamin Ruest.

CORPS DES NEUF BOURGEOIS JURÉS
ÉLUS LE 31 DÉCEMBRE 1729

MM.

1. Léonard Scharffenshein, *maître-bourgeois en chef* ; 2. George-Friderich Meguin, *confor-teur* ; 3. George Schom, *beaumaistre* ; 4. Charle-Christophe Werenet, *secrétaire* ; 5. Jaque-Christophe Mourlot ; 6. Pierre-Abraham Bernard ; 7. Jean-Jacque Parot ; 8. Marc-David Morel, *novice* ; 9. Jean-Flamand, *novice*.

1731. CORPS DES DIX-HUIT ÉLUS
LE 31 DÉCEMBRE 1730

MM.

1. Léonard Fallot, *maistre* ; 2. Jean Meyer le jeune, *lieutenant* ; 3. George-Jacob Casimier fils, *trésorier* ; 4. Jean Meyer fils, *taxeur* ; 5. Wernier Despoutot ; 6. Pierre-Estienne Curie ; 7. Jean Grosrenauld le vieux ; 8. Jean-George Chaiot ; 9. Jean Feschotte ; 10. Jean-Jacques

Hitter ; 11. Léopold-Emanuel Surleau ; 12. George-Louis Mégnin ; 13. Jean-Caspard Cramer, *secrétaire* ; 14. Benjamin Reuth ; 15. Jérémie West ; 16. Marc Rées ; 17. George-Jacob Dieudonné ; 18. Jean-George Palm.

CORPS DES NEUF BOURGEOIS JURÉS
ÉLUS LE 31 DÉCEMBRE 1730

MM.

1. David-Nicolas Rischard, *maitre-bourgeois en chef* ; 2. Léonard Scharffenstein, *conforteur* ; 3. Daniel Grosrenauld, *beaumaistre* ; 4. David-Estienne Surleau, *secrétaire* ; 5. Jean-Jasque Parrot Weinsticker ; 6. Marc-David Morelle, *taxeur* ; 7. Jean Flamant ; 8. Jasque-Christophe Demougeot, *novice* ; 9. Pierre de Thuille, *novice*.

1732. CORPS DES DIX-HUIT ÉLUS
LE 31 DÉCEMBRE 1731

MM.

1. George-Jacob Casimier, *maitre* ; 2. Jean-Pierre Melet, *lieutenant* ; 3. Jean-George Migot, *trésorier* ; 4. Pierre Mettetal ; 5. Pierre Piquelman, *taxeur* ; 6. Jean Feschotte ; 7. Jean-Jacques Hiller ; 8. Jérémie Wiest ; 9. Marc Réess ; 10. George-Jacob Dieudonné ; 11. Jean-George Palm ; 12. Jean-Friderich Morel ; 13. David Feschotte ; 14. Jean-Nicolas Macler ; 15. Wernier Fayot ; 16. Jean-Nicolas Thevenot ; 17. George-Louis Berguer ; 18. Jean-Jacques Joly.

Corps des neuf bourgeois jurés
élus le 31 décembre 1731.

MM.

1. Joseph-Jérémie Meyer, *maitre-bourgeois en chef* ; 2. David-Nicolas Richard, *conforteur* ; 3. Friderich Morel, *beaumaistre* : 4. Jean-George Boys, *secrétaire* ; 5. Jean-Jacques Parrot, *taxeur*; 6. Jacques-Christophel Demougot; 7. Pierre Duthiel, *novice* ; 8. Jean Grosrenauld, *novice* ; 9. Jean-Gaspard Cresmer, *novice*.

1733 (1). Corps des dix-huit élus
le 31 décembre 1732.

MM.

1. Wernier Despoutot, *maistre* ; 2. Pierre-Estienne Curie, *lieutenant* ; 3. Pierre Mettetal, *trésorier* ; 4. Jean Feschotte, *taxeur* ; 5. Jean-Chistoph Receveur ; 6. Jean-Friderich Morel,

---

(1) Le 23 juillet 1733, les 3 corps de ville furent assemblés au sujet du don gracieux que S. A. S. a fait à la ville du Temple de la Neuve-Ville (Temple du Faubourg) dans l'état où il se trouvait à cette époque. (*Livre des Notaux*, page 337).

23 juillet 1733. — Le magistrat décide l'acquisition de deux pompes à incendie, et la vente des gobelets en argent qui appartenaient à la ville, afin d'en payer le prix ; ces gobelets provenaient des dons que les maitres-bourgeois nouvellement élus étaient obligés de faire en entrant dans l'exercice de leurs fonctions.

En 1471, le magistrat avait fait acheter à Francfort 55 soillots de cuir bouilli, et façonner à Montbéliard 84 soilles de bois pour en faire usage en cas de feu.

(*Ephémérides* de Duvernoy, page 274).

secrétaire ; 7. David Feschotte ; 8. Jean-Nicolas Macler ; 9. Jean-Jacques Joly ; 10. Jean-George Morel ; 11. Pierre Emonot ; 12. Nicolas Meyer ; 13. Jean-Jacques Lion ; 14. Jean-George Gein ; 15. Jean-George Casimier ; 16. Pierre-Herman Bontzen ; 17. Jean-George Rettée ; 18. Pierre Jacquot.

Corps des neuf bourgeois jurés
élus le 31 décembre 1732.

MM.

1. George-Friderich Mégnin, *maître-bourgeois en chef* ; 2. Joseph-Jérémie Meyer, *conforteur* ; 3. Friderich Morel, *beau maistre* ; 4. George Schom ; 5. David Pontoy (1) ; 6. Jean-Gaspard Cremer, *secrétaire* ; 7. Jean Grorenauld ; 8. Vernier Fayot ; 9. David-Estienne Trotie.

1734. Corps des dix-huit élus
le 31 décembre 1733.

MM.

1. Jean-George Bohy, *maître* , 2. Jean-Jacques Parrot, *lieutenant* ; 3. Jean-Pierre Melet, *trésorier* ; 4. Marc Grey, *taxeur* ; 5. Moyse Obinguer, dit Dupuis ; 6. George-Louis Mégnin ; 7. Pierre Emonnot ; 8. Nicolas Meyer ; 9. Jean Jacques Lion ; 10. Jean-George Casimier ; 11. Pierre-Hermann Boutzen ; 12. Pierre-Jaccaud Boutenier ; 13. Jean-Friderich Morel, bonnetier ; 14. Joseph-Friderich Fallot, *secrétaire* ; 15. Geor-

(1) Décédé et remplacé par M. Jean-Nicolas,

ge-Frideric Meyer ; 16. Jean-George Schom ;
17. Michel Fritz ; 18. Simon La Garce.

CORPS DES NEUFS BOURGEOIS JURÉS
ÉLUS LE 31 DÉCEMBRE 1733

MM.

1. Jean-George Gette, *maitre-bourgeois en chef* ; 2 George-Friderich Mégnin, *conforteur* ; 3. Pierre-Abram Bernard, *baumaistre* ; 4. Marc-David Morel, *secrétaire* ; 5. Jaques-Cristofle Demougeot, *taxeur* ; 6. Wernier Fayot ; 7. Jean-Nicolas Macler ; 8. Pierre-Essaye Huguenot, dit Lalance ; 9. Léopold-Emanuel Surleau.

1735

Le 29 décembre 1734, M. Cote de Ransvel, le père, sub-délégué, de Monseigneur l'Intendant de Justice à Besançon fut au poêle d'audience, en la maison de ville, pour déclarer au magistrat présent que l'intention de Monseigneur l'Intendant était qu'on ne vaquerait point à une nouvelle élection pour l'année 1735, ensuite des ordres qu'il en avait reçu.

Le 31 décembre 1734, jour fixé pour l'élection annuelle, la décision de M. l'intendant Barthelemy de Vanolles rappelée ci-dessus fut publiée en la ville de Montbéliard.

Il est bon d'ajouter que le 10 avril 1734, les troupes du Roi de France avaient pris possesssion de la ville de Montbéliard et de tout le comté.

L'administration avait été confiée à l'Intendant de Franche-Comté

(CASTAN, *Histoire Municipale de Besançon*, 1898, page 274).

1736. CORPS DES DIX-HUIT ÉLUS
LE 31 DÉCEMBRE 1735

MM

1. Jean Boisdechesnes, *maitre* ; 2. Gerçon-

Friderich Morel, *lieutenant* ; 3. Isaac Fallot; fils de Jean-Joseph, *trésorier ;* 4. Isaac Fallot, fils d'Isaac ; 5. Jean-George Feschotte ; 6. Jul-Friderich Chastel ; 7. Charles-Christofle Parrot ; 8. Friderich Laurillard ; 9. Christofle Lecomte ; 10. Jean Beurnier ; 11. Jacques Goguel ; 12. Léonard Gros ; 13. Jean–Perin Vuillemey ; 14. Pierre-David Pelletier ; 15. Jean-Christofle Vurpillot ; 16. Pierre Ferrand ; 17. George Richardot, *secrétaire ;* 18. Jean-George Charlemagne.

Corps des neuf bourgeois jurés élus le 31 décembre 1735 (1)

MM.

1. Jean-Joseph Fallot, *maitre-bourgeois en chef* ; 2. Pierre Scharfenstein, *conforteur* ; 3.

---

(1). *Procès-verbal de prestation de serment des Neuf Maitre-Bourgeois élus pour la dite année 1736 :*

L'an mil sept cent trente-six, le premier jour du mois de Janvier, les Dix-Huit qui ont été choisis pour l'exercice de la présente année nous ont rapporté qu'ayant été assemblé ensuite de l'admission de leur prestation de serment de fidélité pour nommer les neuf Maitres-Bourgeois, ils auraient fait effectivement la nomination en la forme et manière suivante :

De la personne du sieur Jean-Joseph Fallot pour premier Maitre-Bourgeois ; du sieur Pierre Chaffrenstein, pour le second ;

Du sieur David-Nicolas Richard, pour le troisième ;

Du sieur Pierre Pelletier pour le quatrième ;

Du sieur Jacque-Christophle Mourlot, pour le cinquième ;

David-Nicolas Richard, *beaumaitre* ; 4. Pierre Pelletier, *taxeur* ; 5. Jacques-Christofle Morlot, *secrétaire* ; 6. David-Estienne Surleau ; 7. Gaspard Parrot ; 8. Jean--Friderich Morel ; 9. Jean-George Goguel.

1737. CORPS DES DIX-HUIT ÉLUS
LE 31 DÉCEMBRE 1736

MM.

1. George-Friderich Mégnin, *maitre* ; 2. Pier-

Du sieur David-Etienne Surleau, pour le sixième :

Du sieur Gaspard Parrot, pour le septième ;

Novices. — Du sieur Jean-Frédérich Morel ;

Et du sieur Jean-George Goguel ;

De laquelle nomination les dits sieurs dix-huit nous auraient remis un extrait signé Bois-de-Chêne, et le dit présent jour, environ les huit heures du matin, les dits sieurs neuf Maitres-Bourgeois nouvellement nommés pour l'exercice de la présente année nous auraient invité de nous transporter en la Chambre de l'Hotel de Ville pour y recevoir leur serment en pareil cas requis et accoutumé, à quoi ayant déféré en qualité de subdélégué de Monseigneur l'Intendant, nous avons dmis et admettons les dits sieurs neuf Maitres-Bourgeois à prêter le dit serment, en réservant néanmoins la confirmation de Monseigneur l'Intendant, conformément à son ordonnance du 21 décembre dernier.

Ce fait, les dits sieurs neuf Maitres Bourgeois ont levé la main au Ciel, chacun en particulier, et ont prêté le serment de fidélité envers le service du Roy, de régir et gouverner les biens de la ville en bons pères de famille, d'en rendre bon et fidèle compte et de veiller à ce qu'aucun bourgeois ne soit opprimé et à ce que les impositions soient justement et loyalement faites, à proportion des biens et facultés de chaque bourgeois moyennant quoy les dits sieurs neuf Maire Bertrand, *lieutenant* ; 3. ſean Meyer fils, *trésorier* ; 4. ſean-Melchior Koch, *taxeur* ; 5. George-Louis Berguer ; 6. Guerçon-Friderich Morel ; 7. Jean-George Feschotte, *secrétaire* ; 8. Friderich Lorillard ; 9. Cristofle Lecote ; 10. Jacque Goguel ; 11. Léonard Gros ; 12. Jean Weuillemè ; 13. Jean-George Charlemagne ; 14. Nicolas Couilleru ; 15. Jean Grosrenault ; 16. Jean-Pierre Melet ; 17. David-Nicolas Fainot ; 18. Pierre Mercier.

CORPS DES NEUF BOURGEOIS JURÉS
ÉLUS LE 31 DÉCEMBRE 1736

MM.

1. George Macler, *maitre-bourgeois en chef*

tres Bourgeois jouiront des privilèges, franchises et exemption à eux attribués, sans donation, leur déclarant que double leur sera expédié du présent procès-verbal pour leur servir ainsi qu'il appartiendra et se sont soussignés avec nous et Jean-Baptiste Blondeau que nous avons choisi pour greffier, Fait en la chambre de l'Hotel de Ville les an, jour et mois susdits.

Ont signé à la minute, Coste de Ranzevelle, Blondeau et les neuf Maitres Bourgeois.

Vu les procès-verbaux dont copie sont cy-dessus, ensemble.

L'avis du sieur Coste de Ranzevelle notre sub-délégué y dénommé. Nous, Intendant, avons agréé et approuvé, agréons et approuvons les élections et prestations de serment y mentionnées et ordonnons que notre présente ordonnance, sera renvoyée au dit sieur Coste pour rester au Greffe de la subdéléguation et sera transcrite au pied des expéditions qni seront par lui, remises de ses dits procès-verbaux.

Fait à Besançon, le 2 janvier 1736.

Signé : De Vanolles.

2. Jean-George Bohy, *conforteur* ; 3. Daniel Grosrenauld, *beau-maitre* ; 4. David-Estienne Surleaut, *secrétaire* ; 5. Gaspard Parrot, *taxeur* ; 6. Jean-Friderich Morel ; 7. Jean-George Goguel ; 8. Jean Beurnier ; 9. George-Friderich Meyer.

1738. CORPS DES DIX-HUIT ÉLUS
LE 31 DÉCEMBRE 1737

MM.

1. Marc-David Prongey, *maitre* ; 2. Léopold-Emanuel Surleau, *lieutenant* ; 3. Wernier Despoutot ; 4. Pierre-Estienne Curie ; 5. Jean-Melchior Coke ; 6. Pierre-Abraham Grosgirard ; 7. Jacque Goguel : 8. Pierre-David Peltier ; 9. Jean Grosrenauld, *secrétaire* ; 10. David-Nicolas Fetnot ; 11. Pierre Mercier ; 12. Pierre Dienit ; 13. David Fri.: Dubois ; 14. Jean-Nicolas Morel ; 15. Pierre-Joseph Bouillon ; 16. Léonard Morlot ; 17. George Vetzel ; 18. Pierre-Adam Rees.

CORPS DES NEUFS BOURGEOIS JURÉS
ÉLUS LE 31 DÉCEMBRE 1737.

MM.

1. Marc-David Morrel, *maitre-bourgeois en chef* ; 2. George Macler, *conforteur* ; 3. Daniel Grosrenauld, *beau maitre* ; 4. Jaques-Christophle Demougeot, *secrétaire* ; 5. David-Estienne Trottie, *taxeur* ; 6. Jean Beurnier ; 7. George-Friderich Meyer ; 8. Isaac Fallot, fils de Jean-Joseph ; 9. Isaac Fallot, fils d'Isaac.

1739. CORPS DES DIX-HUIT ÉLUS
LE 31 DÉCEMBRE 1738.

MM.

1. George-Jacob Casimier, **maitre** ; 2. Jean

Pechin, *lieutenant* ; 3. Jean-Jacques Hiller, *trésorier* ; 4. Jean-Pierre Melet fils, *taxeur* ; 5. Pierre Dieny ; 6. David-Friderich Dubois ; 7. Pierre-Joseph Bouillon ; 8. Léonard Morlot ; 9. Jean-George Vetzel ; 10. Pierre-Adam Reess ; 11. Francois Bichin ; 12. Isaac Lorillard ; 13. Jean Grosrenauld fils ; 14. Jérémie West fils ; 15. Jean-Jacques Surleau fils ; 16. Jean-Friderich Casimier ; 17. Desle Debury, *novices* ; 18. Jean Surleau, *secrétaire*.

Corps des neuf bourgeois jurés
élus le 31 décembre 1738.

MM.

1. David-Estienne Surleau, *maitre-bourgeois en chef* ; 2. Marc-David Morel, *conforteur* ; 3. Jean-George Bohy, *baumestre* ; 4. Gaspard Parrot, *secrétaire* ; 5. Jean Grosrenaud, *taxeur* ; 6. Isaac Fallot, fils de Joseph ; 7. Isaac Fallot, fils d'Isaac ; 8. Jean-Friderich Morel ; 9. Charles-Christian Berguer.

1740. Corps des dix-huit élus
le 31 décembre 1739

MM.

1. Jean-George Migot, *maitre* ; 2. Jean-George Palm, *lieutenant* ; 3. Nicolas Meyer, *trésorier* ; 4. Jean Grosrenaud, le jeune, *taxeur* ; 5. Isaac Lorillard ; 6. Jean Grosrenaud fils ; 7. Jérémie West fils ; 8. Jean-Friderich Casimier ; 9. Desle Debury ; 10. Jean Surleau, *secrétaire* ; 11. Joseph Morel ; 12. Jules-Friderich Weillemey ;

13. Jean Rossel ; 14. Daniel Curie ; 15. Jean-Jacques Fainot ; 16. Jérémie-Christofle Blanchot ; 17. Jean Rigoullot ; 18. Nicolas Blaser.

CORPS DES NEUF BOURGEOIS JURÉS

ÉLUS LE 31 DÉCEMBRE 1739.

MM.

1. Léonard Scharffenstein, *maitre-bourgeois en chef* ; 2. Jean-George Bohy, *conforteur* ; 3. Jacques-Christofle Morlot, *secrétaire* ; 4. George-Jacob Casimier, *beaumeistre* ; 5. David-Estienne Trottier, *taxeur* ; 6. Jean-Friderich Morel ; 7. Charles-Christiane Berguer ; 8. Jean-Nicolas Morel, 9. Jean-George Schom, *nouveaux*.

1741. CORPS DES DIX-HUIT ÉLUS

LE 31 DÉCEMBRE 1740.

MM.

1. Pierre Scharffenstein, *ancien-chef maistre* ; 2. Marc-David Morel, *ancien-chef lieutenant* ; 3. George Schom, notable, *trésorier* ; 4. Jean-Jacques Lion, *taxeur de la boucherie* ; 5. Pierre Ferrand, *secrétaire* ; 6. François Begin ; 7. Desle Debury ; 8. Jean-Christofle Rossel ; 9. Daniel-Friderich Curie ; 10. Jean-Jacques Fainot ; 11. Jean Rigoulot ; 12. Nicolas Blaser ; 13. Léonard-Friderich Verenet ; 14. Jean-George Fallot ; 15. Jean-George Charpiot ; 16. Jean-George Scharffenstein ; 17. Charles-Samuel Duvernoy ; 18. Jean-George Estevenard,

Corps des neuf bourgeois jurés
élus le 31 décembre 1740.

MM.

1. George-Friderich Mégnin, *maitre-bourgeois en chef*; 2. Léonard Scharffenstein, *conforteur*; 3. Jaques-Christofle Morlot, *beau meister*; 4. Jean-George Goguel, *secrétaire*; 5. Isaac Fallot, fils d'Isaac, *taxeur*; 6. Jean-Nicolas Morel; 7. Jean-George Schom; 8. Joseph Morel, 9. Jérémie-Christofle Blanchet, *nouveaux*.

1742. Corps des dix-huit élus
le 30 décembre 1741.

MM.

1. Jacques-Christofle Demougeot, *notable-maitre*; 2. Léopold Emanuel Surleau, *notable-lieutenant*; 3. Jean-Friderich Morel, *notable-trésorier*; 4. Wernier Despoutot, *taxeur de la boucherie*; 5. Jean-Jacques Goguel; 6. Nicolas Meyer; 7. Friderich Laurillard; 8. Pierre Ferrand, *secrétaire*; 9. Jean-Pierre Melet fils; 10. Léonard Morlot; 11. Jean-Friderich Casimier; 12. Jean Surleau; 13. Jean Rigoullot; 14. Jean-Georges Scharffenstein; 15. Charles-Samuel Duvernoy; 16. Jean-Jaques Morel; 17. David-Nicolas Morel; 18. Abram Bouïllon.

Corps des neuf bourgeois jurés
élus le 30 décembre 1741.

MM.

1. Joseph-Jérémie Meyer, *maitre-bourgeois*

en chef ; 2. Marc-David Morel, *conforteur* ; 3. David-Estienne Surleau, *baumeister* ; 4. Jean-George Goguel, *secrétaire* ; 5. George-Friderich Meyer, *taxeur* ; 6. Joseph Morel ; 7. Jérémie-Christofle Blanchot (1) ; 8. Joseph-Friderich Fallot ; 9. Jean-George Feschotte.

1743. Corps des dix-huit élus le 31 décembre 1742.

MM.

1. George-Friderich Mégnin, *maitre* ; 2. Jacque-Christophle Morlot ; 3. Isaac Feschotte ; 4. Hugue Bourlier ; 5. Jean-Pierre Melet fils ; 6. David-Nicolas Fainot ; 7. Pierre Mercier ; 8. Pierre-Adam Réess ; 9. Jean-Fridrich Casimir , 10. Del Debury ; 11. Jule-Fridrich Weillemey ; 12. Fridrich Mégnin ; 13. Jean-George Duvernoy ; 14. Jacques-Christophle Parrot ; 15. Pierre-Etienne Curie ; 16. Jean-George Laurillard ; 17. Jacque Marconnet ; 18. Jean-George Ziegler.

Corps des neuf bourgeois jurés élus le 31 décembre 1742.

MM.

1. Léonard Scharffenstein, *maitre-bourgeois en chef* ; 2. Joseph-Jérémie Meyer, *conforteur* : 3. David-Etienne Surleau, *beau meistre* ; 4. Gas-

---

(1) Décédé en 1742 et remplacé le 8 octobre 1742 par M. Jean-Jacques Surleau fils.

pard Parrot, *secrétaire* ; 5. George-Jacob Casimir, *taxeur* ; 6. Joseph-Fridrich Fallot ; 7. Jean-George Feschotte ; 8. Léonard-Fridrich Verenet ; 9. Jean-George Fallot.

1744. CORPS DES DIX-HUIT ÉLUS LE 31 DÉCEMBRE 1743.

MM.

1. Jean-Melchior Koc, *maitre* ; 2. George-Loys Mégnin, *lieutenant* ; 3. Jean-George Casimier, *trésorier* ; 4. Pierre-Erman Bonsen, *taxeur* ; 5. Pierre-Joseph Bouillon, *secrétaire* ; 6. Léonard Morlot ; 7. Jean Rigoulot ; 8. Charles-Samuel Duvernoit ; 9. Jacques-Christophle Parrot ; 10. Jean-George Lorillard ; 11. Jean-George Siegler ; 12. Philippe-Fridrich Verenet ; 13. Léonard Faillard ; 14. Daniel-Friderich Feschote ; 15. Pierre Tuffert ; 16. Jean-Friderich Bohy ; 17. Jean-Léonard Brandt ; 18. Jean Guillaume Edelman.

CORPS DES NEUF BOURGEOIS JURÉS ÉLUS LE 31 DÉCEMBRE 1743.

MM.

1. Marc-David Morel, *maitre-bourgeois en chef* ; 2. Léonard Scharffenstein, *conforteur* ; 3. David-Etienne Surleaux, *beau maistre* ; 4. Jean-George Feschote, *secrétaire* ; 5. Léonard-Friderich Verenet ; 6. Jean-Friderich Fallot ; 7. Julle-Friderich Chatel ; 8. Jean-Urbain Wild ; 9. Jean-George Leconte.

1745. Corps des dix-huit élus
le 31 décembre 1744

MM

1. Georges-Jacob Casimier, *maistre* ; 2. Jean-Georges Schom, *lieutenant* ; 3. Joseph Morel, *trésorier* ; 4. Jean-Jacques Richard, *taxeur* ; 5. Jean-George Thevenot ; 6. Jean-George Wetzel ; 7. Jean Grosrenaud fils ; 8. Jean-Frideric Bohi ; 9. Jean-Christoffle Gruet ; 10. Joseph-Frédéric Titot, *secrétaire* ; 11. Jean-George Bohi ; 12. Pierre Coullerus ; 13. Jean-George Larche ; 14. David-Nicolas Abraiot ; 15. Jean-Louis Monnier ; 16. Jean-George Beurlin ; 17. Charles-Christoffle Schom ; 18. Louis Jaccot, *novices*.

Corps des neuf bourgeois jurés
élus le 31 décembre 1744

MM.

1. George Macler, *maître-bourgeois en chef* ; 2. Marc-David Morel, *conforteur* ; 3. David-Estienne Surleau, *beaumaistre* ; 4. Jean Grosrenaud, le vieux, *secretaire* ; 5. Charles-Christian Berguer, *taxeur* ; 6. Jules-Frédéric Chatel ; 7. Jean-George Lecomte ; 8. David-Nicolas Morel ; 9. Jacques Goguel, *novices*.

1746. Corps des dix-huit élus
le 31 décembre 1745.

MM.

1. Jean-Nicolas Macler, *maitre* ; 2. Isaac Fallot, fils d'Isaac, *lieutenant* ; 3. Jean-Melchior Koch, *trésorier* ; 4. Jean-Jacques Richard, *taxeur* ;

5. Jean-Georges Thevenot ; 6. Jean-Jacques Hiller ; 7. Julles-Friderich Wuillemey ; 8. Charles-Samuel Duvernoy ; 9. Friderich-Melchior Gruet ; 10. Jean-Henry Duvernoy ; 11. Jean-Georges Matthiot ; 12 Jean-Joseph Gros. 13. George-Urbain Rayot, *secrétaire* ; 14. Joseph-Jérémie Mégnin ; 15. Jean-Georges Migot fils ; 16. Julles-Friderich Peugeot ; 17. Jean-Georges-Friderich Cardinal ; 18. Pierre Paur, *novices*.

CORPS DES NEUF BOURGEOIS JURÉS ÉLUS LE 31 DÉCEMBRE 1745.

MM.

1. George-Friderich Mégnin, *maitre-bourgeois en chef* ; 2. Marc-David Morel, *conforteur* ; 3. Gaspard Parrot, *baumeister ;* 4. George-Frideric Meyer, *secrétaire* ; 5. Jean-Urbain Wild, *taxeur ;* 6. David-Nicolas Morel ; 7. Jacques Goguel ; 8. Philippe-Friderich Verenet ; 9. Jean Grosrenauld fils, *novices*.

1747. CORPS DES DIX-HUIT ÉLUS LE 31 DÉCEMBRE 1746

MM.

1. Isaac Fallot, fils de Joseph, *maitre ;* 2. Jean Georges Obrelin, *lieutenant ;* 3. Georges-Louis Mégnin, *trésorier ;* 4. Jean-Guillaume Edelmann ; 5. Friderich Mégnin, *taxeur ;* 6. Jean-George Bohy ; 7. Jean-Christoffle Gruet ; 8. Jean-George Larché ; 9. Charle-Christoffle Schom ; 10. Jean-Joseph Gros ; 11. Jean-George Migot fils ; 12. Julles-Friderich Peugeot ; 13. Pierre Paur ; 14. Jean-Léonard Beurnier, *secrétaire ;* 15. Marc

Molinier ; 16. Friderich François ; 17. Jean-Léonard Ebrely ; 18. Friderich-Nicolas Paur, *novices.*

CORPS DES NEUF BOURGEOIS JURÉS
ÉLUS LE 31 DÉCEMBRE 1746

MM.

1. Gaspard Parrot, *maitre-bourgeois en chef* ; 2. George-Friderich Mignin, *conforteur* ; 3. Isaac Fallot, fils d'Isaac, *baumeistre* ; 4. Joseph-Friderich Fallot, *secrétaire* ; 5. Jean-Urbain Wild, *taxeur* ; 6. Philippe-Friderich Verenet ; 7. Jean Grosrenault fils ; 8. Christofle Lecomte ; 9. George-Urbain Rayot, *novices.*

1748 (1). CORPS DES DIX-HUIT ÉLUS
LE 31 DÉCEMBRE 1747

MM.

1. Jean-Nicolas Morel, *maitre* ; 2. Jean-Mel-

---

(1) *Décision des corps de ville au sujet des diverses redevances à payer par les habitants de la ville.*

L'an mil sept cent quarante-huit même l'avant mydy du neuvième iour du mois de may, messieurs les Dix-huits notables de la ville de Montbéliar ont été assemblés extraordinairement à l'effet de délibérer sur les dispositions à eux faites de la part du magistrat par Monsieur le Maistre-Bourgeois en chef David-Nicolas Richard, à ce que pour empêcher que la ville ne se peuple à l'avenir de suïets qui par l'endroit de leur pauvreté ne puissent en supporter les charges et même ne tombent aussitôt dans la triste nécessité d'avoir aussitôt recour aux charités publiques et particulières pour pouvoir subsister, comme la triste expérience ne le prouve, hélas, que trop. Après avoir pris en considération les dites

chior Koch, *lieutenant* ; 3. Hugues Bourlier.
4. George-Louis Mégnin, *taxeur ;* 5. Friderich

---

propositions et les avoir examinées sérieusement il a
été résolu d'observer à l'avenir à la réception tant des
bourgeois que des habitants francs et met les conditions qui suivent et pour quelles ayent d'autant, plus
de vigueur et de force les dits trois corps l'ont voulu
signer de leurs propres mains.

I. — Prix de réception à la bourgeoisie.

Premièrement que tous ceux qui voudront à la suite
acquérir le droit de bourgeoisie dans cette ville, seront
tenus de payer content es-meins du sieur maitre-bourgeois qui exercera, lors de leur réception, une somme
de cinq cent livres avec outre les droits ordinaires et
constateront qu'ils possèdent encore au-dela, une somme de mille livres, avec des attestations en bonne et
déuë forme de leur vie, mœurs et qualité. (1)

II. — Prix de réception des habitants francs.

En second lieu les habitants francs qui seront reçus
à la suite payeront pour leurs réceptions, la somme de
soixante livres et annuellement celle de vingt six livres
un sol quatre deniers pour habitation et quardans
seronc aussi conster qu'ils possèdent en propre une
somme de cinq cent livres en produisant aussi des
attestations de leurs vie, mœurs et qualités.

III. — Charges des bourgeois forains.

En troisième lieux, que tous ceux d'entre les bourgeois forains qui voudront venir résider en cette ville
prouveront clairement qu'ils ont payé ou leur devan-
cier, leur non résidence, au moins dès vingt années à
conter dès le iour qu'ils voudront y venir résider.

IV. — Prix de réception des habitants sujets.

Pour le quatrième, que tous ceux qui seront reçu à la
suite au nombre des habitants sujets payeront la

---

(1) « En 1684, ce droit n'était que de 150 francs, avec un soillot de
« cuir bouilly, d'une valeur de 5 francs (Voir note ci-devant) »,

Lorillard, *secrétaire* ; 6. Léonard Gros ; 7. Jean-Friderich Casimier ; 8. Jean-Jacques Feunot ; 9. Jean-Georges Scharffenstein ; 10. Friderich Mégnin ; 11. Daniel-Friderich Feschotte ; 12. Jean-Léonard Eberly ; 13. Charles-Christian Gruet ; 14. Jean-Jacques Parrot, chirurgien ; 15. Pierre-Jean Verner ; 16. George-Friderich Tuefferd ; 17. Eberhard-Louis Gauthier : 18. Jean-Pierre Pettmann.

---

somme de soixante livres pour leurs droits de réception et annuellement quatre livres un sol quatre deniers pour habitation et quard'ans et prouveront aussi qu'ils possèdent outre les soixantes livres cy-dessus une somme de quatre cents livres, étant d'ailleurs accompagnés de bonne et déüe attestation.

V. — Interdiction aux habitants sujets d'exercer aucun art ou négoce, si ce n'est pour les bourgeois.

En cinquième lieux que les dits habitants suïets ne pourront pour leur propre conte entreprendre aucun négoce, ny travailler d'aucune profession, mais bien pour les bourgeois qui voudront leur donner du travail.

(*Il y a lieu de remarquer ici comment s'appliquait à cette époque, la liberté du droit au travail.*

VI. — Redevance à payer par les mêmes pour profiter des paquis communaux.

Pour le sixieme, que les dits habitants suïets qui vaudront garder du bétail et profiter des paquits communaux seront tenus de payer au sieur maitre bourgeois en chef règnant pour le profit de la dite ville deux livres par chaque grosse bête et vint sols pour les petites et cela par chaque année.

(Suivent les signatures des Membres, du Magistrat, du Corps des Dix-Huit et du Corps des Notables alors en exercice).

Livre des Notaux. (1579-1763), page 426 et 427.

Corps des neuf bourgeois jurés
élus le 31 décembre 1747

MM.

1. David-Nicolas Richard, *maitre-bourgeois en chef*; 2. Marc-David Morel, *conforteur*; 3. Gaspard Parrot, *beaumaistre*; 4. Léopold-Emanuel Surleau. *secrétaire*; 5. Léonard-Friderich Vernet, *taxeur*; 6. Jean-Christoph Le Conte; 7. George-Urbain Rayot; 8. Jean-Friderich Bohy; 9. Jean-Léonard Beurnier, *novices*.

1749. Corps des dix-huit élus
le 31 décembre 1748.

MM

1. Philippe-Frideric Vernet, *maitre*; 2. Georges-Louis Mignien, *lieutenant*; 3. Léonard Gros, *trésorier*; 4. Charles-Samuel Duvernois, *taxeur*; 5. Jean-George Etevenard; 6. Jean-Georges Boys; 7. Jean-Louis Monnie; 8. Charles-Christofle Choumer; 9. Jean-Henri Duvernois; 10. Jean-George Curie; 11. Pierre-David Curie; 12. Gerçon-Friderich Duvernois; 13. Jacque-Christofle Vurpillot; 14. Georges-Louis Munnie; 15. Estienne-Samuel Dupuy; 16. David-Nicolas Charlemagne, *secrétaire*; 17. Jean-Georges Maire; 18. Jean-George Alison.

Corps des neuf bourgeois jurés
élus le 31 décembre 1748

MM.

1. Marc-David Morel, *maitre-bourgeois en chef*; 2 Isac Fallot, fils de Jean-Joseph, *conforteur*; 3. Jean-George Choume, *beaumaistre*;

4. Léonard-Friderich Vernet, *secrétaire* ; 5. Jean-Urbain Vilr, *taxeur* ; 6. Jean-Friderich Bohy ; 7. Jean-Léonard Beurnier ; 8. Jean-Jacque Parrot, chirurgien ; 9. Jean -George Rothée.

1750. Corps des dix-huit élus le 31 décembre 1749.

MM.

1. Jean-Frideric Morelle, *maitre* ; 2. Jean Graureneaux, fils de Jean, *lieutenant* ; 3. Pierre-Adam Resse, *trésorier* ; 4. Jean-George Etevenard, *taxeur* ; 5. Jean-George Duvernois ; 6. Léonard Failliard ; 7. Jean-George Larcher ; 8. Jean-Louis Monnie ; 9. Charles-Christion Grüet ; 10. Ehrard-Louis Gauthier ; 11. Jacques-Christophle Vurpillot ; 12. Jean-George Maire ; 13. Jean-George Alison ; 14. Jean-Jaques Ponnier, *secrétaire* ; 15. Jean-Jaques Boigeol ; 16. Frideric Masson ; 17. Pierre Cacun ; 18. Ferdinand Rechaker.

Corps des neuf bourgeois jurés élus le 31 décembre 1749

MM.

1. Pierre-Abram Bernard, *maître-bourgeois en chef* ; 2. Jean Meyer, *conforteur* ; 3. Jean-George Chom, *beaumaitre* ; 4. David-Nicolas Morelle, *secrétaire* ; 5 Philippe-Frideric Vernet, *taxeur* ; 6. Jean-Jacques Parot ; 7. Jean-George Retté ; 8. Pierre-Joseph Bouillon ; 9. Etienne-Samuel Dupuy.

1751. Corps des dix-huit élus
le 31 decembre 1750

MM.

1. Wernier Fayot, *maitre* ; 2. Joseph Morel. *lieutenant* ; 3. Abraham Pelletier, *trésorier* ; 4. Jean-George Wetzel, *taxeur* ; 5. Jacques Morel ; 6. Jacques Marconnet ; 7. Jean Guillaume Edelmann ; 8. David-Nicolas Abriot ; 9. Jean-Léonard Eberly ; 10. Eberhard-Louis Gautier ; 11. Jean-George Curie ; 12. Léonard Fallot ; 13. Jean-Georges Lods ; 14. Jean Pechin fils ; 15 Abraham Wurpillot ; 16. L. C. Richard, *secrétaire* ; 17. Joseph-Fridérich Thevenot ; 18· Pierre Mégnin.

Corps des neuf bourgeois jurés élus
le 31 décembre 1750.

MM.

1. Caspard Parrot, *maitre-bourgeois en chef* ; 2. Pierre-Abraham Bernard, *conforteur* ; 3. Jean Meyer, *beaumaitre* ; 4. Jean-Friderich Morel, *secrétaire* ; 5. David-Nicolas Morel, *taxeur* ; 6. Pierre Joseph Bouillon ; 7. Etienne-Samuel Dupuis ; 8. Pierre-David Pelletier ; 9. Jean-Jacques Boigeol.

Le second livre des notaux que nous avons compulsé pour continuer ce travail, commence par le préambule suivant :

Aux lecteurs présents et futurs, salut.

Il n'y a rien de quoi un magistrat qui a véritablement à cœur les intérêts de sa patrie, doivent tant donner de soins qu'à former des hommes capables après lui de remplir dignement la place, car l'administration des affaires publiques est à mon avis quelque chose de si épineux et en même temps de si important, que je puis, sans crainte de me tromper, assurer qu'il n'est dans la vie, aucun état où des hommes entendus, sages et expérimentés soient si nécessaires, c'est de la bonne ou mauvaise conduite des magistrats que dépend le bonheur ou le malheur des peuples entiers.

C'est ce qu'ont remarqué les anciens magistrats grecs et romains dont la mémoire est encore aujourd'hui en admiration, à tous ceux qui ont tant soit peu étudié leur histoire. Eux-mêmes étaient les précepteurs ou pédagogues des jeunes gens qui se destinaient à l'Etat, et leur attachement pour le bien public, s'étendait jusqu'au temps où, eux-mêmes ne pourraient plus donner de vives voix leurs leçons salutaires. Ils les ont laissé par écrit, et persuadés comme ils étaient qu'il ne pouvait y en avoir de meilleur que leurs exemples, ils ont eu soin de laisser à ceux qui devaient venir après eux, une histoire détaillée et circonstanciée de ce qui s'était passé sous leur gouvernement de plus important, de la façon dont ils se sont conduits dans toutes les occurances et du succès de leurs entreprises dans ce qui concernait en particulier le soutien des droits de leur patrie.

Des jeunes gens entrant dans le maniement des affaires avec des secours pareils et joignant leur propre expérience et leur réflexion à celle de ceux qui les avaient précédé, se mettaient par là plus en état de bien gouverner que ceux-ci ne l'avaient été, quelques mérites qu'ils aient eu d'ailleurs.

Après cela j'ose dire que non-seulement il est très utile, mais encore nécessaire de transmettre à notre postérité des annales ou mémoires de ce qui se passe chaque année de plus remarquable dans nôtre petit Etat, et de la manière dont on se comporte dans les affaires aussi bien que de la réussite qu'elles ont.

C'est aussi dans cette intention que Messieurs les Neuf Bourgeois ont remis au Corps des Dix Huit le présent livre, dans lequel doivent à la suite être rapportés tous ces différents traits, aussi bien que les noms de ceux qui seront appelés à l'élection, par suite et continuation du livre appelé le Livre Doré qui a fini l'année passé.

Fasse le ciel qu'au lieu de ceux rapportés dans ledit livre, celui-ci ne puisse être rempli que de faits glorieux à S. A. S., avantageux à la patrie et que ceux qui seront appelés à l'élection des Magistrats n'aient d'autre but que de mettre en place des hommes d'une probité et d'une capacité reconnues et dont les actions soient de vrais modéles à suivre de sagesse et d'équité.

Fait à Montbéliard même, au poële des dix-huit, le 28 décembre 1752.

1752. Corps des dix-huit élus
le 31 décembre 1751.
MM.

1. Léopold-Emanuel Surleau, *maitre*; 2. Isaac Laurillard, *lieutenant*; 3. Charles-Samuel Duveinoy, *trésorier*; 4. Pierre Couleru, *taxeur*; 5. Frederih François, *secrétaire*; 6. Jacques-Christophle Vurpillot; 7. Georges-Louis Monnier; 8. Jean-Georges Alison; 9. Frederich Masson; 10. Ferdinand Reichacker; 11. Pierre-Frederich Parrot; 12. David-Nicolas Scharffenstein; 13. Marc-David Duvernoy; 14. Georges Veest; 15. Jean-Jacques Melezé; 16. Jean-Georges Breuleu; 17. Jean-Georges Coulomb; 18. Jacob-Frederich Kappler.

Corps des neuf bourgeois jurés
élus le 31 décembre 1751.
MM.

1. Marc-David Morel, *maitre-bourgeois en chef*; 2. Gaspard Parrot, *conforteur*; 3. Jean-Georges Fallot, *beau maître*; 4. David-Nicolas Morel, *secrétaire*; 5. Philippe-Frederich Verenet, *taxeur*; 6. Jean-Christophe Leconte; 7. Pierre-David Pelletïer; 8. George-Frédéric Tueffert; 9. Jean-Henry Duvernoy, *nouveaux*.

1753. Corps des dix-huit élus
le 31 décembre 1752.

MM.

1. Jean Grosrenaud fils, *maitre* ; 2. David Dessert, *lieutenant* ; 3. Jean-Friderich Casimier, *trésorier* ; 4. Abram Boullion, *taxeur* ; 5. Jean-Louis Monnier ; 6. Marc Moulinier ; 7. Friderich, Nicolas Paur ; 8. Jean-Pierre Verner ; 9. George-Louis Monnier ; 10. Jean-Jacques Ponnier, *secrétaire* ; 11. Jean Pechein, fils ; 12. Joseph-Fréderich Thevenot ; 13. Pierre Mégnin ; 14. George Viest ; 15. Jacob-Fréderich Kapler ; 16. George-David Morlot ; 17. Leonard Kœnig ; 18. Pierre Diény, *nouveaux*.

Corps des neuf bourgeois jurés
élus le 31 décembre 1752.

MM.

1. Gaspard Parrot, *maitre-bourgeois en chef* ; 2. George-Jacob Casimier, *conforteur* ; 3. Léopold-Emmanuel Surleau, *beau maistre* ; 4. Philippe-Friderich Vernet, *secrétaire* ; 5. Pierre-Joseph Boullion ; 6. George-Fréderich Tueffert, *taxeur* ; 7. Jean-Henry Duvernoy ; 8. Jean-George Bohy ; 9. Charles-Christofle Schom, *nouveaux*.

1754. Corps des dix-huit élus
le 31 décembre 1753.

MM.

1. Jean-Jacques Parrot, *maitre* ; 2. Etienne-Samuel Duprey, *lieutenant* ; 3. Simon Lagarce,

trésorier : 4. Jules-Frédéric Vuillemey, *taxeur* ; 5. Jacques Marconet (1) ; 6. Jean-George Larchée ; 7. Jean-George Curie ; 8. Jacques-Christofle Vurpillot ; 9. George-Louis Monnier ; 10. Jean Pechin, fils ; 11. Pierre-Frédéric Parrot ; 12. Jean-George Coulomb ; 13. Abraham Gruet, *doyen des nouveaux* ; 14. George-Nicolas Macler ; 15. Louis Dessert (2) ; 16. Frederic-Christoffle Richard. *secrétaire* ; 17. Pierre Brandt ; 18. Jean-Philippe Andesesse.

CORPS DES NEUF BOURGEOIS JURÉS
ÉLUS LE 31 DÉCEMBRE 1753.

MM.

1. Léopold-Emanuël Surleau, *maitre bourgeois en chef* ; 2. Gaspard Parrot, *conforteur* ; 3. Jean-George Goguel, *beau maitre* ; 4. Pierre-Joseph Bouillon, *secrétaire* ; 5. Jean-Jacques Boigeol, *taxeur* ; 6. Jean-George Bohye ; 7. Charles-Ghristoffle Schom ; 8. David-Nicolas Scharffenstein ; 9. Joseph-Frederic Thevenot. *nouveaux*.

1755. CORPS DES DIX-HUIT ÉLUS
LE 31 DÉCEMBRE 1754 (3).

MM.

1. George-Frederich Tuefferd, *maitre* ; 2.

---

(1) Décédé le 21 mai 1754.

(2) A quitté le corps pendant l'année.

(3) Le maire de la commune à cette époque était M. Jeanmaire. P. M. Il paraît avoir exercé ces fonctions pendant une longue durée

Jean-George Oberlin, *lieutenant* ; 3. Jean-George Metzger, *trésorier* ; 4. Pierre-Hermann Bonzen, *taxeur* ; 5. Jean Léonard Brandt ; 6. Jean-Christoffle Gruet ; 7. Jean-George Matiot ; 8. Jean-Joseph Gros ; 9. Jules-Fréderich Peugeot ; 10. Pierre Paur ; 11. Jacques-Christoffle Vurpillot ; 12. Marc-David Duvernoy ; 13. Abraham Gruet ; 14. Pierre-Gaspard Wild, *doyen des nouveaux* ; 15. Jean-Léonard Morlot ; 16. Charles-Fréderich Quailot, *secrétaire* ; 17. George-Christofle Valiton ; 18. Daniel Keller.

CORPS DES NEUF BOURGEOIS JURÉS
ÉLUS LE 31 DÉCEMBRE 1754 (1).

MM.

1. Joseph Morel, *maître-bourgeois en chef* ;

---

(1) Son altesse serenissime ayant, par un gracieux rescrit du dix-huit septembre dernier, déclaré que son intention étoit, que les réglemens et ordonnarces du Conseil contre les Brigues qui se font annuellement à l'occasion de l'Election du Magistrat fussent non seulement observés, mais même étendus au point, que tous ceux desquels il sera prouvé qu'en sétant servi de ce moyen defendu, il soient parvenus à la magistrature soit par des présens, soit par quelque autre voye équivalente, seront depoüillés de l'Emploi de Magistrat et, comme sujets inhabiles, exclus de toute autre Election, le Procureur Général aura soin en conséquence de tenir la main à l'Exécution des ordres de S. A. S. fait en Conseil le 15 decembre 1755.

Signé *R. D. Gemingen, De Faber.*

La Copie ci-dessus a été tirée de l'Expédition qui repose aux Archives, et y est conforme de mot à mot. A Montbéliard le 18 février 1756. Signe par Ordonnance Georgii Secrétaire.

2. Léopold-Emmuel Surleau, *conforteur* ; 3. Isaac Fallot, fils d'Isaac, *beau maitre* ; 4. David-Nicolas Morel, *secrétaire* ; 5. Jean-Jacques Parrot, *taxeur* ; 6. David-Nicolas Scharffenstein ; 7. Joseph-Frederich Thevenot ; 8. Pierre Tuefferd ; 9. Frederich-Christoffle Richard, *nouveaux*.

1756. Corps des dix-huit élus
le 31 décembre 1755.

MM.

1. Marc-David Prongey, *maitre* ; 2. Jean-Christofle Leconte, *lieutenant* ; 3. Jean-George Bohy, *trésorier* ; 4. Jean-George Thevenot, *taxeur* ; 5. Léonard Gros ; 6. Pierre Ferrand, *secrétaire* ; 7. Jean-George Larcher ; 8. Eberhard-Loüys Gauthier ; 9. Pierre-David Curie ; 10. Pierre Mégnin ; 11. André-David Berdot ; 12. Caspard Parrot ; 13. Joseph-Henry Titot : 14. Jean-Pierre Macler ; 15. Pierre-Charles Rayot ; 16. Jean-Jacques Surleau ; 17. Jean-Pierre Prevost ; 18 George Lods, *nouveaux*.

Corps des neuf bourgeois jurés
élus le 31 décembre 1755.

MM.

1. Georges-Urbain Rayot, *maitre-bourgeois en chef* ; 2. Joseph Morel, *conforteur* ; Isaac Fallot, fils de Joseph, *baumeistre* ; 4. Pierre-Joseph Bouillon ; 5. Pierre-David Peletier ; 6. Pierre Tuefferd ; 7. Frederich-Christofle Richard, *secrétaire* ; 8. Jean-George Verenet ; 9. Georges-Nicolas Macler, *nouveaux*.

1757. Corps des dix-huit élus
le 31 décembre 1756.

MM.

1. Jean-George Fallot, *maitre*; 2. Jean Grosrenaud, *lieutenant*; 3. Jean-George Bohy, *trésorier*; 4. Jean-George Mettguer, *taxeur*; 5. Simon Lagarce; 6. Jean-Léonard Bran; 7. Jean-Christofle Gruet; 8. Jules-Frederich Peugeot; 9. Charles-Christianne Gruet; 10. Gerçon-Frédérich Duvernoy; 11. Frederich Masson; 12. Jean-Georges Lods; 13. Joseph-Henry Titot, procureur; 14. George Lods; 15. Isaac Feschotte, procureur, *nouveau*; 16. George-Urbain Rossel, *nouveau*; 17. Georges-Frederich Rebstock, *nouveau*; 18. Philippe-Conrad Burguy, *nouveau*.

Corps des neuf bourgeois jurés élus
le 31 décembre 1756

MM.

1. Isaac fils d'Isaac Fallot, *maitre bourgeois en chef*; 2. George-Urbain Rayot, *conforteur*; 3. Jean-George Schom, *beaumeister*; 4. Etienne-Samuel Dupuy, *secrétaire*; 5. George-Frederich Tueferd, *taxeur*: 6. Jean-George Verenet; 7. George-Nicolas Macler; 8. Jean-George Duvernoy, *nouveau*; 9. Pierre-Caspard Wild, *nouveau*.

1758. Corps des dix-huit élus
le 31 décembre 1757.

MM.

1. Jean-Jaques Boigeol, *maitre de la commune*;

2. Jean-Christofle Rossel, chartier, *lieutenant* ;
3. Léonard Saillard, tisserand, *trésorier* ; 4.
Charles-Christian Gruet, cordier, *taxeur* ; 5.
Ferdinand Recbacker, serrurier ; 6. Léonard
Fallot, perruquier (1) ; 7. Jean-George Lods,
charron ; 8. Pierre Mégnin, coutelier ; 9. Marc-
David du Vernoy, chamoyeur ; 10. Jean-
Léonard Morlot, boucher ; 11. Charles-Frédé-
rich Quailot, procureur et substitut du procureur général ; 12. Daniel Keller, tisserand ; 13.
Jaques-Frédérich Ferrand, marchand, secrétaire ; 14. George-Friderich Morel, pâtissier,
doyen des nouveaux ; 15. Jaques-Christofle
Marconnet, tisserand ; 16. George-Louis Berguer, cordier ; 17. Jean-George Doriot, bonnetier ; 18. Jean-Georges Jacot, boutonnier.

CORPS DES NEUF BOURGEOIS JURÉS
ÉLUS LE 31 DÉCEMBRE 1757.

MM.

1. Jean-Jaques Parrot, *maitre bourgeois en
chef* ; 2. Isaac, fils d'Isaac Fallot, *conforteur* ;
3. Charles-Christian Berger, *beaumestre* ; 4.
David-Nicolas Morel, *secrétaire* ; 5. Pierre-David
Pelletier, *taxeur* ; 6. Jean-George Duvernoy ;
7. Pierre-Caspard Wild ; 8. George-Urbain
Rossel, *nouveau* ; 9. Jean-Jacques Surleau, *nouveau.*

---

(1) M. Charle-Christian Berger, étant décédé le 8
février 1758, les huit membres du magistrat ont procédé à l'élection d'une autre personne. Le sieur Léonard
Fallot, perruquier, qui était du nombre des 18 a été
élu du dit magistrat.

1759. Corps des dix-huit élus
le 31 décembre 1758

MM.

1. Georges-Jacob Casimier, *maitre de la commune* ; 2. Jules-Frédéric Vuilmé, *lieutenant* ; 3. Charles-Samuel Duvernoy, *trésorier* ; 4. Jean-Christofle Gruet, *taxeur* ; 5. David-Nicolas Abriot, tisserand : 6. Louis Jaquot, boulanger; 7. Jean-Pierre Verner, ouvrier en fer blanc ; 8. Jacob-Fridéric Kappler, boucher ; 9. Abram Gruet, serrurier ; 10. Jean-Pierre Prevot, vigneron ; 11. Jaques-Frédéric Ferrand, *secrétaire* ; 12. André-David Dubois, doyen des nouveaux; 13. Jean-George Fechot fils, teinturier ; 14. Jean-George Mégnin, praticien ; 15. Louis Desserd, chapellier ; 16. Pierre-Melchior Kœnig, marchand ; 17. Jacob Muller, cordonnier ; 18. Nicolas Ienné, boucher.

Corps des neuf bourgeois jurés
élus le 31 décembre 1758.

MM.

1. Jean-George Fallot, *maitre bourgeois en chef*; 2. Jean-Jacques Parrot, *conforteur* ; 3. Jaques Goguel, *beaumestre* ; 4. Jean Grosrenold, *secrétaire* ; 5. George-Urbain Rossel, *taxeur* ; 6. Jean-Jaques Surleau ; 7. Léonard Fallot ; 8. George-Fridéric Morel, *nouveau* ; 9. Jean-George Doriot, *nouveau,*

1760. Corps des dix-huit élus
le 31 décembre 1759
MM.

1. Jean-George Feschote, *maitre* : 2. Georges-Nicolas Macleur, *lieutenant* ; 3. Charles-Samuel Duvernoy, *trésorier* ; 4. Jean-Guilliaume Edelmane, *taxeur* ; 5. Jean-Pierre Petman ; 6. Marc-David Duvernoy ; 7. Pierre-Charles Rayot ; 8. Jacques-Christophle Marconet ; 9. André-David Dubois ; 10. Louis Dessert ; 11. Pierre-Joseph Morlot, *nouveau* ; 12. Christophle Cucuel, *nouveau* ; 13. Jacques Macleur, *nouveau* ; 14. George-Frid Bernard, *secrétaire, nouveau* ; 15. Jean-Georges Pechin, *nouveau* ; 16. Jacques Schor, *nouveau* ; 17. Elie Durot, *nouveau* ; 18. Isâc François, *nouveau*.

Corps des neuf bourgeois jurés
élus le 31 décembre 1759
MM.

1. Pierre-Abraham Bernard, *maitre bourgeois en chef* ; 2. Léopold-Emmanuel Surleau, *conforteur* ; 3. Jean-George Fallot, *beaumaitre* ; 4. Jean Meyer, *secrétaire* ; 5. Pierre-David Peletier, *taxeur* ; 6. George-Frédéric Morel ; 7. Jean-George Doriot ; 8. Jean-George Feschote fils, *nouveau* ; 9. Jacob-Frédéric Kappeler, *nouveau*.

1761. Corps des dix-huit élus
le 31 décembre 1760.
MM.

1. Jean-Henry Duvernoy, *maitre* ; 2. David-

Nicolas Scharffenstein, *lieutenant* ; 3. Isaac
Laurillard, *trésorier* ; 4. Jean-Frédéric Casimier, *taxeur* ; 5. Charles-Samuel Duvernoy ;
6. Jean-Pierre Werner ; 7. Jean-Pierre Pettmann ; 8. Ferdinand Reischacher ; 9. Abraham
Gruet ; 10. Léonard Kœnig ; 11. George Lods ;
12. Elie Durot ; 13. Jean-Frédéric Charpiot,
nouveau ; 14. Frédéric-Christophle Coulerus,
nouveau ; 15 Jean-Abraham Rossel, fils d'Urbain, *nouveau* ; 16. Isaac Rossel, *nouveau* ; 17.
Jaques Christophle Rossel, *nouveau* ; 18. George-
Samuel Sahler, *secrétaire, nouveau*.

CORPS DES NEUF BOURGEOIS JURÉS
ÉLUS LE 31 DÉCEMBRE 1760.

MM.

1. Léopold-Emmanuel Surleau, *maitre bour-
geois en chef* ; 2. Pierre-Abraham Bernard, *con-
forteur* ; 3. Jaques Parrot, *beaumaitre* ; 4. Jean-
George Verenet, *secrétaire* ; 5. Pierre-Gaspard
Wild, *taxeur* ; 6. Jean-George Feschotte ; 7.
Jacob-Frédéric Kapler ; 8. George-Frédéric
Bernard, *nouveau* ; 9. George-Louis Berguer,
nouveau.

1762. CORPS DES DIX-HUIT ÉLUS
LE 31 DÉCEMBRE 1761.

MM.

1. George-Urbain Rossel, *maitre* ; 2. Léonard
Gros, *lieutenant* ; 3. Jean-Jaque Fennot, *tréso-
rier* ; 4. Jean-Léonard Brand, *taxeur* ; 5. Jean-
Christople Gruet ; 6. Gerçon Frederic Duver-
noy ; 7. Abram Verpillot ; 8. George-Christophle
Valiton ; 9. Christophle-Frédéric Cucuel ; 10.

Jaques Schor ; 11. Isaac-François ; 12. Pierre-Frédéric Feschotte, *nouveau* ; 13. George-David Couleru, *nouveau* ; 14. Marc-David Couleru, *nouveau* ; 15. Jean-Frédéric Macler, *nouveau* ; 16. Jean-George Mathomon, *nouveau* ; 17. Jean-Nicolas Marthel, *nouveau* ; 18. Louis-Christophle Konig, *secrétaire*, *nouveau*.

CORPS DES NEUF BOURGEOIS JURÉS
ÉLUS LE 31 DÉCEMBRE 1761.

MM.

1. Jean-Jaque Parot, *maitre-bourgeois en chef ;* 2. Léopold-Emanuel Surleau, *conforteur* ; 3. Jean Meyer, beaumaitre ; 4. Jean Grosrenaud, *secrétaire ;* 5. Pierre-Gaspard Vild, *taxeur* ; 6. Georges-Frédéric Bernard ; 7. Georges-Louis Berguer ; 8. Jean-Abram Rossel ; 9. G.-S. Sahler.

1763. CORPS DES DIX-HUIT ÉLUS
LE 31 DÉCEMBRE 1762.

MM.

1. Jean-Christoffle Gruet, *maitre ;* 2. Pierre-David Curie, *lieutenant* ; 3. Friderich Masson, *trésorier* ; 4. Jean-Georges Lods, *taxeur ;* 5. Jean-George Coulom ; 6. Jean-Pierre Prevot ; 7. Isaac François ; 8. Pierre-Friderich Faichotte ; 9. George-David Couleru ; 10. Marc-David Couleru ; 11. Jean-Nicolas Marthel ; 12. Joseph-Léonard Fallot, doyen ; 13. David Mourlot ; 14. Jaque-Christoffle Goguel ; 15. Jaque-Friderich Goguel ; 16. Jaque-Friderich Gros ; 17.

Christoffle Valter ; 18. Charles-Christoffle Berguer, *secrétaire* ; 19. Georges-Frideric Fayot ; 20. Jaque-Friderich Marthel.

CORPS DES NEUF BOURGEOIS JURÉS
ÉLUS LE 31 DÉCEMBRE 1762

MM

1. Joseph Morel, *maître-bourgeois en chef* ; 2. George-Urbain Rayot, *conforteur* ; 3. Jean-Jaque Parrot, *baumaitre* ; 4. Jaque Goguel, *secrétaire* ; 5. Pierre Tuefferd, *taxeur* ; 6. Jean-Abram Rossel ; 7. George-Samuel Sahler ; 8. Jaque-Friderich Ferrand ; 9. Louis-Christoffle Konig, *nouveaux*.

1764. CORPS DES DIX-HUIT ÉLUS
LE 31 DÉCEMBRE 1763.

MM.

1. Léopold-Emanuel Surleau, *maitre* ; 2. Isaac Fallot, fils d'Isaac, *lieutenant* ; 3. Jacques-Frédéric Kappler, *trésorier* ; 4 Léonard Gros, *taxeur* ; 5. Jean-Frédéric Casimier ; 6. Jean-Jaques Fennot ; 7. Jean-George Curie ; 8. Jean-Georges Lods ; 9. Jean-Léonard Morlot ; 10. Pierre-Charles Rayot ; 11. Isaac Rossel ; 12. Elie Charpiot, doyen ; 13. Joseph Goguel ; 14. Pierre-Frédéric Meyer, *secrétaire* ; 15. Jean-George Meyer ; 16. George-Louis Roy ; 17. Pierre Pechin ; 18. Léopold-Henry Hittel, *nouveaux*.

CORPS DES NEUF BOURGEOIS-JURÉS ÉLUS
LE 31 DÉCEMBRE 1763.

MM.

1. **Jean-Jaques Parrot, *maitre-bourgeois en***

chef ; 2. Joseph Morel, *conforteur ;* 3. Joseph-Frédéric Fallot, *baumaitre* ; 4. David-Nicolas Morel, *secrétaire ;* 5. Pierre-David Pelletier, *taxeur ;* 6. Jacques-Frédéric Ferrand ; 7. Louis-Christophle Kœnig : 8. George-Fredéric Fayot 9. Charles-Christophle Bergueur, *nouveaux.*

1765. Corps des dix—huit élus
le 31 décembre 1764

MM.

1. Isaac Fallot, fils d'Isaac, *maitre ;* 2. George-Jacob Casimier, *lieutenant* ; 3. Jean Meyer. *trésorier* ; 4. Vernie Fayot, *taxeur* ; 5. Jaques Goguel ; 6. Pierre-Gaspard Wild, *secrétaire* ; 7. Jean-Léonard Brand ; 8. George-Christophle Valliton ; 9. Jean-George Jacob : 10. Jean-Georges Meyer ; 11. Jacques-Christophle Morel, *doyen* ; 12. Gérard-Nicolas Morlot ; 13. George-Frideric Curie ; 14. Joseph-Friderich Morlot : 15. George-Frideric Duvernoy ; 16. Marc Bertrand ; 17. Jean-Christophle Séguer ; 18. Charles-Christian Patin, *nouveaux.*

Corps des neuf bourgeois jurés
élus le 31 décembre 1764

MM.

1. Joseph-Frideric Fallot, *maitre-bourgeois en chef* ; 2. Jean Grosrenaud, *conforteur ;* 3. Pierre-David Peltier, *baumaitre* ; 4. David-Nicolas Scharfenstein, *secrétaire* ; 5. Jean-George Verenet, *taxeur* ; 6. George-Frideric Fayot ; 7. Charles-Christophle Berguer ; 8. Jaques-Fride-

ric Meyer ; 9. Jaques-Frideric Goguel, *nouveaux*.

1766. CORPS DES DIX-HUIT ÉLUS
LE 31 DÉCEMBRE 1765.

MM.

1 George-Jacob Casimier, *maitre* ; 2. Jean-George Schom, *lieutenant* ; 3. Jacque-Friderich Ferrand, *trésorier* ; 4. Jean-Christofle Gruet, *taxeur* ; 5. Ferdinand Reschaker ; 6. George-Christofle Valiton ; 7. Jacque Schor ; 8. Jean-Friderich Scharpiot ; 9. Abram Couleru ; 10. Marc-David Couleru ; 11. George-Friderich Curie ; 12. Marc Bertrand ; 13. Jean-Christofle Séguer ; 14. George-Friderich Goguel, *secrétaire* ; 15. Léopold-Friderich Duvernoy ; 16. Pierre Ferrand ; 17. Joseph Dessert ; 18. Friderich Walter, *nouveaux*.

CORPS DES NEUF BOURGEOIS JURÉS
ÉLUS LE 31 DÉCEMBRE 1765

MM.

1. George-Urbain Rayot, *maitre-bourgeois en chef* ; 2. Joseph-Friderich Fallot, *conforteur ;* 3. Etienne-Samuel Dupuy, *baumeistre ;* 4. Pierre Tuefferd, *taxeur* ; 5. Pierre-Gaspard Wild, *secrétaire* ; 6. Jacques-Frideric Goguel ; 7. Pierre-Frideric Meyer ; 8. Joseph-Léonard Fallot ; 9. George-Friderich Duvernoy, *nouveaux*.

1767. CORPS DES DIX-HUIT ÉLUS
LE 31 DÉCEMBRE 1766

MM.

1. Jean-George Duvernoy, *maitre* ; 2. Jean-

George Faischotte fils, *lieutenant* ; 3. Jacob-Friderich Kapler, *trésorier* ; 4. Louis-Christoffle Konig, *taxeur* ; 5. Charles-Christoffle Berguer, *secrétaire* ; 6. Jean-Louis Monnier ; 7. Jean-George Curie ; 8. Jean Pechin ; 9. Jean-George Jacot ; 10. Elie Durot ; 11. Isaac Rossel ; 12. Marc-David Couleru ; 13. Elie Charpiot ; 14. Joseph Dessert ; 15. Jaques-Friderich Fallot ; 16. Pierre-David Couleru ; 17. Léonard-Friderich Bouillon ; 18. Isaac Gros.

Corps des neuf bourgeois jurés élus le 31 décembre 1766

MM.

1. Léopold-Emanuel Surleau, *maitre-bourgeois en chef ;* 2. George-Urbain Rayot, *confortaur* ; 3. George-Friderich Tueffert, *baumaitre ;* 4. George-Urbain Rossel, *secrétaire* ; 5. Jaques-Friderich Ferrand, *taxeur* ; 6. Léonard-Friderich Fallot ; 7. George-Frideric Duvernoy ; 8. Jaques-Christoffle Morel ; 9. Jean-George Meyer, *nouveaux.*

1768. Corps des dix-huit élus le 31 décembre 1767

MM.

1. Pierre-David Pelletier, *maitre* ; 2. Jean-George Duvernoy, *lieutenant* ; 3. Jean-Léonard Brand, *trésorier* ; 4. Jean-Guillaume Edelmann, *taxeur ;* 5. Jean-Pierre Pettmann ; 6. Marc-David Duvernoy ; 7. Jaques-Frédéric Marthel ; 8. Charles-Christian Palm ; 9. Pierre Mouhot ; 10. Joseph-Jérémie Lalance, *secrétaire* ; 11.

Isaac Fallot, fils de Jean-Georges ; 12. David-Frédéric Fallot ; 13. Jean-George Larché ; 14. Abram Vetzel ; 15. George-Frédéric Reys ; 16. Gaspard Fotel ; 17. Eberhard-Christoffle Blanchot ; 18. Henri Zurer.

CORPS DES NEUF BOURGEOIS JURÉS
ÉLUS LE 31 DÉCEMBRE 1767.

MM.

1. George-Frédéric Tueffert, *maître-bourgeois en chef* ; 2. Léopold-Emmanuel Surleau, *conforteur* ; 3. Jean-George Schom, *beaumaître* ; 4. Jaques-Frédéric Ferrand, *secrétaire* ; 5. Charles-Cristoffle Berguer, *taxeur* ; 6. Jaques-Cristoffle Morel ; 7. Jean-George Meyer; 8. Jaques-Frédéric Fallot ; 9. Pierre Ferrand, *nouveaux*.

1769. CORPS DES DIX-HUIT ÉLUS
LE 31 DÉCEMBRE 1768

MM.

1. Jean Meyer, *maître*; 2. Jaques Schor, *lieutenant* ; 3. David Morlot, *trésorier* ; 4. George-Frédéric Curie, *taxeur* ; 5. Léopold-Frédéric Duvernoy ; 6. Eberhard-Cristoffle Blanchot, *secrétaire* ; 7. Pierre-Cristoffle Gruet, *doyen* ; 8. Frédéric Fallot, fils d'Isaac ; 9. Charles-Cristoffle Morel ; 10. Eberhard-Louis Curie ; 11. George-Frédéric Bouillon ; 12. Pierre-Adam Rées ; 13. Léopold-Emmanuel Liomin ; 14. David-Nicolas Dessert ; 15. David Nicolas Fainot ; 16 Jaques Cacun ; 17. Jean-George Duperret ; 18. Isaac-Christoffle Fallot, . .

Corps des neuf bourgeois jurés
élus le 31 décembre 1768.

MM.

1. Jean-George Meyer, *maître-bourgeois en chef* ; 2. George-Frédéric Tuefferd, *conforteur* ; 3. Pierre-David Pelletier, *beaumaître* ; 4. George Frédéric Fayot, *secrétaire* ; 5. George-Frédéric Duvernoy, *taxeur* ; 6. Jaques-Frédéric Fallot ; 7. Pierre Ferrand ; 8. Isaac, fils de Jean-George Fallot ; 9. Abram Vetzel.

1770. Corps des dix-huit élus
le 31 décembre 1769

MM.

1. George.Jacob Casimier, *maître* ; 2. Jean-Henry Duvernoy, *lieutenant* ; 3. Pierre-Frédéric Meyer, *trésorier* ; 4. Eberhard-Louis Gautier, *taxeur* ; 5. Jaques-Christhoffle Werpillot, *secrétaire* ; 6. Philippe-Conrad Burguy ; 7. Gérard-Nicolas Morlot ; 8. Joseph-Frédéric Morlot ; 9. Jaques Cacun ; 10. Pierre-Cristophe Werner, *doyen* ; 11. Pierre-Joseph Mégnin ; 12. Léonard-Frédéric Larcher ; 13 Marc-David Ferrand ; 14. Pierre-Frédéric Liomin ; 15. Daniel-Cristophe Abriot ; 16. Jean-George Chambar ; 17. Cristophe-Frédéric Anthesen ; 18. George-Philippe Breith.

Corps des neuf bourgeois jurés
élus le 31 décembre 1769

MM.

1. Pierre-Caspard Wild, *maître-bourgeois en chef* ; 2. Jean-George Meyer, *conforteur* ; 3.

Etienne-Samuel Dupuix, *baumaitre* ; 4. David-Nicolas Scharffenstein, (1) *secrétaire* ; 5. Joseph Léonard Fallot, *taxeur* ; 6. Isaac, fils de Jean-George Fallot ; 7. Abraham Vetzel ; 8. Frédéric Fallot, fils d'Isaac ; 9. George-Frédéric Bouillon, *nouveaux*.

1771. Corps des dix-huit élus.
le 31 décembre 1770.

MM.

1 George,Frédéric Tuefferd, *maitre* ; 2. George-Jacob Casimier. *lieutenant* ; 3. Charles-Cristophle Berguer, *trésorier* ; 4. Jean-Cristophe Gruet, *taxeur* ; 5. Gerson-Frédéric Duvernoy ; 6. Marc-David Duvernoy ; 7. Léonard Mourelot ; 8. Jean-George Pechin ; 9. Jean-Frédéric Charpiot ; 10. Pierre Pechin ; 11. Jean-George Larché ; 12. Pierre-David Couleru ; 13. Pierre-Frédéric Liomin ; 14. Jean-George Chambar ; 15. Isaac Surlaux ; 16. Jean-Nicolas Biber ; 17. Isaac Donzel ; 18. Pierre-Louis Maitrot.

Corps des neuf bourgeois jurés
élus le 31 décembre 1770

MM.

1. Léopold-Emmanuel Surlaux, *maitre-bourgeois en chef* ; 2. Pierre-Gaspard Wild, *conforteur* ; 3. George-Frédéric Fayot, *baumaitre* ; 4. Jaques-Cristophle Morel, *secrétaire* ; 5. Fré-

---

(1) M. Scharffenstein étant décédé au commencement de l'année 1770, Messieurs du magistrat ont choisi en son lieu et place M. George-Frédéric Goguel et comme *secrétaire* M. Joseph-Léonard Fallot.

déric Fallot fils d'Isaac ; 6. George-Frédéric
Boulion ; 7. George-Frédéric Goguel ; 8. Marc-
David Ferrand ; 9. Jaques-Frédéric Marthel.

1772 CORPS DES DIX-HUIT ÉLUS
ÉLUS LE 31 DÉCEMBRE 1771

MM.

1. Jean-George Feschotte, fils, *maître* ; 2.
Joseph-Léonard Fallot, *lieutenant* ; 3. Pierre
Ferrand, *trésorier* ; 4. Philippe-Conrad Burguy,
taxeur ; 5. Jean-George Pechin, *secrétaire* ; 6.
Elie Durot ; 7. Jaques-Cristofle Goguel ; 8. Ja-
ques Cacun ; 9. Pierre-Louys Maitrot ; 10. Jean
Joseph Fallot, *doyen* ; 11. Charles-Frédéric
Bourlier ; 12. Pierre Parrot ; 13. George-Frédé-
rich Morlot ; 14. George-Frédérich Rayot ; 15.
David Tonnot ; 16. Jean-George Dorian ; 17.
Léopold-Frédéric Zuner ; 18. Jean-Jaques Pabst.

CORPS DES NEUF BOURGEOIS JURÉS ÉLUS
LE 31 DÉCEMBRE 1771

MM.

1. George-Urbain Rayot, *maître-bourgeois en
chef* ; 2. Jean-George Meyer, *conforteur* : 3. Jean
Grosrenaud, *baumaître* ; 4 Pierre-David Peltier,
secrétaire ; 5. Isaac, fils de Jean-George Fallot,
taxeur ; 6. Marc-David Ferrand ; 7 Jaques-
Frédérich Marthel ; 8. Joseph-Jérémie Lalance ;
9. Pierre-Joseph Mégnin, *nouveaux*.

1773. CORPS DES DIX-HUIT ÉLUS
LE 31 DÉCEMBRE 1772

MM.

1. Jaque-Frédérich Fallot, *maître* ; 2. Frédé-

ric Fallot, fils d'Isaac, *lieutenant* ; 3. George-Frédéric Bouillion, *trésorier* ; 4. Jean-Léonard Brand ; 5. Jaques Verpillot ; 6. Philippe-Conrad Burgui, *taxeur* ; 7. Jean-Frédérich Charpiot ; 8. Marc-David Couleru ; 9. George-Frédérich Curie ; 10. Charles-Christian Palm ; 11. Pierre-Adam Rées ; 12 Jaques Cacun ; 13 George-Frédérich Fallot, *doyen*; 14. George-Frédérich Morel, *secrétaire* ; 15. Léopold-Frédéric Parrot. 16. Jean-George Chvannear ; 17. Jean-Jaques Werner ; 18. Pierre Maitrot.

CORPS DES NEUF BOURGEOIS JURÉS ÉLUS
LE 31 DÉCEMBRE 1772

MM.

1. Pierre Ferrand, *maître bourgeois en chef* ; 2. George-Urbain Rayot, *conforteur* ; 3. George-Jacob Casimier ; 4. Etienne-Samuel Dupuis, *beaumaître*; 5. Jaques-Frédéric Marthel, *secrétaire* ; 6. Joseph-Jérémie Lalance, *taxeur* ; 7. Pierre-Joseph Mégnin ; 8. Jean-Joseph Fallot ; 9. Charles-Cristophle Morel, *nouveaux*.

1774. CORPS DES DIX-HUIT ÉLUS (1)
LE 31 DÉCEMBRE 1773

MM.

1. Jean-George Meyer, *maître* ; 2. George-

---

(1) 7 novembre 1627. — Le conseil de Montbéliard institue des matrones ou sages-femmes jurées dans chaque communauté du comté et des seigueuries. Des règlements postérieurs déterminèrent leurs devoirs, leurs salaires; et en 1774 une école d'accouchement qui

Frédéric Duvernoy, *lieutenant* ; 3. Jean-Jaques Faynot, *trésorier* ; 4. Jean-Léonard Brand ; 5. Jean-George Curie : 6. Philippe Conrad Burguy, *taxeur-commis* ; 7. Frédéric Vatter ; 8. Isaac-Cristophle Fallot, *secrétaire* ; 9. Pierre Louis Maitrot ; 10. Charles-Frédéric Bourlier ; 11. Jaques-Frédéric Dubois, *doyen* ; 12. Léopold Frédéric Leconte ; 13. Léopold-Frédéric Leconte, le jeune ; 14. Jean-Nicolas Pameyer ; 15. Frédéric-Nicolas François, fils ; 16. George-Frédéric Duperet ; 17. George-Frédéric Prohamer ; 18. George-Frédéric Diemer.

CORPS DES NEUF BOURGEOIS-JURÉS ÉLUS
LE 31 DÉCEMBRE 1773.

MM.

1. Pierre-Joseph Mégnin, *maitre-bourgeois en chef ;* 2. Pierre Ferrand, *couforteur* ; 3. Pierre Tuefferd, *beaumaître* ; 4. Jaques-Frédéric Ferrand, *secrétaire ;* 5. George-Frédéric Fayot, *taxeur* ; 6. Jean-Joseph Fallot ; 7. Charles-Christofle Morel ; 8. Georges-Frédéric Fallot ; 9. Léopold-Frédéric Duvernoy, *nouveaux.*

1775 (1). CORPS DES DIX-HUIT ÉLUS
LE 31 DÉCEMBRE 1774.

MM.

1. Isaac Fallot, fils de Jean-George, *maitre ;*

----

a subsisté jusqu'en 1793, fut établie dans la ville de Montbéliard.

(*Ephémérides* de Duvernoy, page 425)

(1) Maire : M. Frederich-Melchior Jeanmaire.

2. Frédéric Fallot, fils d'Isaac, *lieutenant* ; 3. Jacques-Frédéric Marthel, *trésorier* ; 4. Jean Pechin, *taxeur* ; 5. Marc-David Couleru ; 6. Charles-Christan Palm ; 7. Pierre-David Couleru ; 8. Eberhard-Louis Curie ; 9. Isaac Donzel ; 10. David Tourot ; 11. Léopold-Frédéric Parrot ; 12. Jean-Georges Schwanhart ; 13. George-Frederic Duperret ; 14. Fredéric-Melchor Gruet, *doyen* ; 15. Pierre-Frédéric Tuefferd ; 16. Léonard-Frédéric Beurnier, *secrétaire* ; 17. Pierre-Abraham Vurpillot ; 18. Jean Meyer.

CORPS DES NEUF BOURGEOIS-JURÉS ÉLUS LE 31 DÉCEMBRE 1774

MM.

1. Léopold-Emanuel Surleau, *maitre-bourgeois en chef* ; 2. Pierre-Joseph Megnin, *conforteur* ; 3. Jean Grosrenaul, *beaumaitre* ; 4. George-Frédérich Bernard, *secrétaire* , 5. Abraham Wetzel, *taxeur* ; 6. George-Frederich Fallot ; 7. Léopold-Frédérich Duvernoy ; 8. Pierre-Christophle Gruet ; 9. Frédérich-Christophle Couleru, *nouveaux*.

1776. CORPS DES DIX-HUIT ÉLUS LE 30 DÉCEMBRE 1775

MM.

1. Joseph-Frederic Thevenot, *maitre de la commune* ; 2. George-Frederic Duvernoy, *lieutenant* ; 3. Jaques-Christofle Morel, *trésorier* ; 4. George-Frederich Bouillon, *taxeur* ; 5. André-David Dubois, *secrétaire* ; 6. George-Louis Richardot ; 7. David-Nicolas Desser ; 8. Jaques

Cacun ; 9. Isaac Donzel ; 10. Pierre-Louis Maitrot ; 11. David Thourot ; 12. Leopold-Frederic Leconte, le jeune ; 13. Leonard-Frederic Verenet, *doyen* ; 14. George-Frederic Leconte ; 15. Charles-Samuel Couleru ; 16. George-Esaye Meyer ; 17. George-Urbain Griene ; 18. George-Louis Biber.

Corps des neuf bourgeois-jurés élus le 30 décembre 1775

MM.

1. George-Urbain Rayot, *maitre-bourgeois en chef* ; 2. Leopold-Emanuel Surleau, *conforteur* ; 3. Philippe-Frederic Verenet, *baumaitre* ; 4. Jean-George Feschotte, *secrétaire* ; 5. George-Frederic Fayot, *taxeur* ; 6. Pierre-Christofle Gruet ; 7. Frederic-Christofle Couleru ; 8. Isaac-Christofle Fallot ; 9. Léonard-Frederic Beurnier, *nouveaux*.

1777. Corps des dix-huit élus le 30 décembre 1776

MM.

1. Jean-Jacques Surleau, *maitre de la commune* ; 2. Georges-Frédéric Morel, *lieutenant* ; 3. Frederic Masson, *trésorier* ; 4. Pierre Mouhot, *taxeur* ; 5. Georges-Louis Richardot, *secrétaire* ; 6. Leonard-Frederic Bouillon ; 7. Frederic-Nicolas François fils ; 8. George-Frederich Probamer ; 9. Jean Meyer ; 10. George-Frederic Leconte ; 11. Charles-Christofle Grüet, *doyen* ; 12. George-David Barbier ; 13. Georges-Frederic Thevenot ; 14. Frederic-Nicolas Rettée ;

15. Pierre-Frederic Dorian ; 16. Jean Zürer ; 17. Jean-Joseph Sontheimer ; 18. Henry Pfister.

Corps des neuf bourgeois-jurés élus

le 30 décembre 1776

MM.

1. Pierre-Frederic Meyer, *maitre-bourgeois en chef* ; 2. George-Urbain Rayot, *conforteur* : 3. Joseph-Frederic Thevenot, *beaumaitre* ; 4. Jacques-Frederic Ferrand, *secrétaire* ; 5. Abram Wetzel, *taxeur* ; 6. Isaac Christofle Fallot ; 7. Leonard-Frederic Burnier ; 8. Leonard-Frederic Verenet ; 9. Jean-Nicolas Pameyer, *nouveaux*.

1778. Corps des dix-huit élus

le 30 décembre 1777

MM.

1. Georges-Friderich Fallot, *maitre de la commune* ; 2. George Lods, tailleur d'habits, *lieutenant* : 3. Isaac François, *trésorier* ; 4. Jean-Fridérich Charpiot, *taxeur* ; 5. Jaques-Christophle Goguel, *secrétaire* ; 6. Daniel-Christophle Abriot ; 7. Jean-George Chambart ; 8. George-Friderich Rayot ; 9. Jacques-Friderich Dubois ; 10. Henry Pfister ; 11. Marc-David Morel, *doyen* ; 12. Pierre Fallot, l'aîné ; 13. Jean-Christophle Bertrand ; 14. Jaques-Christophle Dupuy ; 15. Georges-Friderich Calame ; 16. Jean-Michel Frey : 17. Jaques-Friderich Rau ; 18. Henry Flubacker.

Corps des neuf bourgeois-jurés élus (1)
le 30 décembre 1777

MM.

1. Georges-Samuel Sahler, *maitre-bourgeois en chef* ; 2. Pierre-Frederic Meyer, *conforteur* ; 3. Etienne-Samuel Dupuy, *baumètre* ; 4. Jean-Jaques Surleau, *secrétaire* ; 5. Abraham Wetzel, *taxeur* ; 6 Leonard-Friderich Vernet ; 7 Jean-Nicolas Pameyer ; 8. Léopold-Frideric Leconte ; 9. George-Isaïe Meyer, *nouveaux*.

1779. Corps des dix-huit élus
le 31 décembre 1778

MM.

1. Georges-Urbain Rossel, *maitre* ; 2 Jean-Abram Rossel, *lieutenant* ; 3. Isaac-Christoffle Fallot, *trésorier* : 4. Jean-Georges Jacot, *taxeur* ;

---

(1) 13 novembre 1778. — Le magistrat de Montbéliard tient sa première séance dans le nouvel hôtel-de-ville, dont la construction avait coûté plus de quatre-vingt mille livres ; les plans en étaient dus à un ingénieur français nommé La Guépiere. Dans l'intervalle, cette compagnie s'assemblait à l'hôpital.

(*Ephémérides* de Duvernoy, page 436).

La première pierre de cet édifice avait été posée par le magistrat, à l'angle au midi, celle de l'angle opposé ne fut placée que le 12 septembre suivant en présence du Gouverneur de la principauté, des jeunes princes, fils du duc Frédéric-Eugène, du magistrat et du ministère ecclésiastique de la ville ; cette cérémonie fut accompagnée de beaucoup de solennités.

(*Ephémérides* de Duvernoy, page 191).

5. Jaques Schor, *secrétaire* ; 6. Marc-David Coulleru ; 7. Jaques Cacun ; 8. Daniel-Christoffle Abriot ; 9. Charles-Frideric Bourelier ; 10. Léopold-Frideric Parrot ; 11. Frideric-Nicolas Rettey ; 12. Henri Flubacker ; 13. Pierre-Frideric Goguel, *doyen* ; 14. George-Frideric Duvernoy ; 15. Pierre-Frideric Meyer, procureur ; 16. Henry-Christoffle Kilg ; 17. Christoffle-Henry Edelmann ; 18. Jean-Urbain Morlot.

CORPS DES NEUF BOURGEOIS JURÉS
ÉLUS LE 31 DÉCEMBRE 1778
MM.

1. George Samuel Sahler, *maitre-bourgeois en chef* ; 2. Jean-Georges Feschotte, *conforteur* ; 3. George-Frideric Fayot, *beaumaitre* ; 4. Frideric Fallot, fils d'Isaac, *secrétaire* ; 5. Jaques Frideric Marthel, *taxeur* ; 6. Léopold-Frideric Leconte ; 7. George-Esaye Meyer ; 8. Marc-David Morel ; 9. Pierre Fallot, l'ainé, *nouveaux*.

1780. CORPS DES DIX-HUIT ÉLUS
LE 31 DÉCEMBRE 1779.

MM.

1. Jean-Frédéric Charpiot, bonnetier, *maitre ;* 2. Frédéric Curie, charpentier, *lieutenant ;* 3. David-Nicolas Dessert, *trésorier ;* 4. Charles-Fréderic Bourelier, *taxeur ;* 5. Jean-Jaques Verner, vitrier, *secrétaire ;* 6. Georges-Frédéric Duperret, tisserand ; 7. Pierre-Frederic Meyer, procureur ; 8. Léopold-Frédéric Verenet, cabaretier ; 9. Pierre-Abraham Boisdechesne, fai-

seur de bas au métier ; 10. Jean-François Carementrend, charron ; 11. Jaques-Fréderic Ferrand fils, marchand, *secrétaire* ; 12. Charles-Alexandre Charles, faiseur de bas au métier ; 13. Jean-Léonard Melot ; 14. Pierre Peugeot, tisserand ; 15. Charles-Christophle Rettée, cordonnier ; 16. Fréderic Burguy fils, perruquier ; 17. Jean-George Bressard, faiseur de bas au métier ; 18. Fréderic Tardant, tisserand.

CORPS DES NEUF BOURGEOIS JURÉS
ÉLUS LE 31 DÉCEMBRE 1779.

MM.

1. Jean-George Meyer, *maitre-bourgeois en chef* ; 2. Philippe-Fredéric Verenet, *conforteur* ; 3. Pierre Tuefferd, *beaumaitre* ; 4. Jacques-Frédéric Ferrand, *secrétaire* ; 5. George-Fréderic Fayot, *taxeur ;* 6. Marc-David Morel ; 7. Pierre Fallot l'ainé ; 8. Pierre-Fréderic Goguel ; 9. George-Fréderic Duvernoy, *nouveaux.*

1781. CORPS DES DIX-HUIT ÉLUS
LE 31 DÉCEMBRE 1780.

MM.

1. Pierre-Fréderic Meyer, *maitre* ; 2. Louis-Christophle Konig, *lieutenant* ; 3. Fréderic Fallot, fils d'Isaac, *trésorier* ; 4. Léopold-Frédéric Duvernoy, *taxeur ;* 5. Jean-George Duperet, *secrétaire* ; 6. Jaques-Christophle Bertrand ; 7. Jean-François Carémentrand ; 8. Charles-Alexandre Charles ; 9. Jean-Léonard Melet ; 10. Jean-George Bressard ; 11. Pierre-Joseph Gros, *doyen* ; 12. Jean-George Nardin ; 13. Jean-

Fréderic Seguer ; 14. Jean-George Prevost; 15
Jean-Pierre Biber ; 16. Jean-Philippe Schmidt ;
17. Christophle Grotzinger ; 18. Simon Ablitzer.

CORPS DES NEUF BOURGEOIS JURÉS
ÉLUS LE 31 DÉCEMBRE 1780.

MM.

1. George-Fréderic Duvernoy, *maitre-bour-
geois en chef* ; 2. Jean-George Meyer, *conforteur* ;
3. George-Fréderic Fayot, *baumaitre*; 4. Léonard-
Fréderic Verenet, *secrétaire* ; 5. Marc-David
Morel, *taxeur* ; 6. Pierre-Fréderic Goguel ; 7.
George-Fréderic Duvernoy; 8. Joseph-Fréderic.
Morlot ; 9. Jaques-Fréderic Ferrand fils, *nou-
veaux.*

1782. CORPS DES DIX-HUIT ÉLUS
LE 31 DÉCEMBRE 1781.

MM.

1. Marc-David Ferrand, *maitre* ; 2. Joseph-
Fréderic Mailhet, *lieutenant* ; 3. Pierre-Christophle Gruet, *trésorier* ; 4. Pierre-Fréderic
Feschotte, *taxeur* ; 5. Jaques-Christophle Goguel, *secrétaire*; 6. Léonard-Fréderic Bouillon ;
7. Charles-Fréderic Bourlier ; 8. George-Louis
Biber ; 9. Henry Floubacker ; 10. Christophle-
Henry Edelmann ; 11. Fréderic Tardant ; 12.
Pierre-Joseph Gros ; 13. Jean Fréderic Séguer ;
14. Christophle Grolzinger ; 15. Pierre-Henry
Du Vernoy, *doyen*; 16. Jean-George Morlot ;
17. Charles-Christophle Valiton ; 18. Jean-Frédéric Cacun.

CORPS DES NEUF BOURGEOIS JURÉS
ÉLUS LE 31 DÉCEMBRE 1781.

MM.

1. Jean-Georges Meyer, *maitre-bourgeois en chef*; 2. George-Frédéric Du Vernoy, *conforteur* ; 3. Jean Grosrenaud, *beau maistre* ; 4. Jean-George Feschotte, *secrétaire* ; 5. George-Frédéric Fayot, *taxeur* ; 6. Joseph-Frédéric Morlot ; 7. Jacque-Frédéric Ferrand fils ; 8. Léopold-Frédéric Verenet ; 9. Jean–Pierre Biber, *nouveaux*.

1783. CORPS DES DIX-HUIT ÉLUS
LE 31 DÉCEMBRE 1782.

MM.

1. Pierre-Caspard Wild, *maitre* ; 2. Abraham Wetzel, *lieutenant* ; 3. Jean-Joseph Fallot, *trésorier* ; 4. Léopold-Frédéric Duvernoy, *taxeur* ; 5. George-Frédéric Duvernoy, *secrétaire* ; 6. Ferdinand Reichacker ; 7. Jean-George Jacot; 8. Charles-Christian Palm ; 9. David Tourot ; 10. George-Frédéric Duperret ; 11. Pierre-Frédéric Meyer, procureur et greffier adjoint ; 12. Jean-George Nardin ; 13. Charles–Christophle Waliton ; 14. Jean–Frédéric Cacun ; 15. Pierre-Antoine Curie, *doyen* ; 16. George-Frederic Thevenot ; 17. Pierre-Frédéric Fainot ; 18. Jean-Frédéric Locker.

CORPS DES NEUF BOURGEOIS JURÉS
ÉLUS LE 31 DÉCEMBRE 1782

MM.

1. Joseph-Frédéric Morlot, *maître-bourgeois en*

chef ; 2. Jean-George Meyer, *conforteur* ; 3. Jaques-Frédéric Marthel, *beau maitre* ; 4. George-Esaïe Meyer, *secrétaire* ; 5. Pierre-Frédéric Goguel, *taxeur* ; 6. Léopold-Frédéric Verenet ; 7. Jean-Pierre Biber ; 8. Pierre-Henry Duvernoy ; 9. David-Frédéric Fallot, *nouveaux*.

1784. CORPS DES DIX-HUIT ÉLUS
LE 31 DÉCEMBRE 1783.

MM.

1. Georges-Frédéric Duvernoy, horloger, *maitre* ; 2. Leonard-Frédéric Bouillon, *lieutenant* ; 3. Jaques Cacun, *trésorier* ; 4. Frédéric Tardent, *taxeur* ; 5. Charles-Christophe Rettcy. *secrétaire* ; 6. Jean-George Prevot ; 7. George-Frédéric Theuvenot ; 8. George-Frédéric Morel fils, *doyen* ; 9. Frédéric-Charles Leconte ; 10. Pierre-Frédéric Duvernoy, le jeune ; 11. Jean-George Mettetal ; 12. Jean-Nicolas Millètre ; 13. Charles-Frédéric Jeanmaire ; 14. Henry Zurer ; 15. Jean Gottlob Eck ; 16. Mathieu Roth ; 17. Jean-Paul Jender ; 18. Jean-Melchior Fauser.

CORPS DES NEUF BOURGEOIS JURÉS
ÉLUS LE 31 DÉCEMBRE 1783

MM.

1. Jacque-Christophe Morel, *maitre-bourgeois en chef* ; 2. Joseph-Frédéric Morlot, *conforteur* ; 3. George-Frédéric Fayot, *beau maistre* ; 4. George-Frédéric Bouillon, *secrétaire* ; 5. Léopold-Frédéric Leconte ; 6. Pierre-Frédéric Goguel ; 7. Pierre-Henry Duvernoy ; 8. Geor-

ge-Frédéric Morel ; 9. Léopold-Frédéric Leconte, le jeune, *nouveaux*.

1785. Corps des dix-huit élus
le 31 décembre 1784.

MM.

1. Jaques-Frédéric Goguel, fabricant, *maitre* ; 2. Joseph-Jérémie Lalance, *lieutenant* ; 3. George-Frédéric Fallot, *trésorier* ; 4. Léopold-Frédéric Duvernoy, *taxeur* ; 5. George-Frédéric Duvernoy, *secrétaire* ; 6. Jaques-Frédéric Ferrand fils ; 7. Léonard-Frédéric Bouillon ; 8. Jean-George Schwanhard ; 9. Jean-George Prevot ; 10. George-Frédéric Thevenot ; 11. Jean-Nicolas Mielleter ; 12. Henry Zurer ; 13. Jean-Paul Jender ; 14. George-Frédéric Rossel, *doyen* ; 15. Jean-George Duvernoy ; 16. David-Frédéric Bernard ; 17. Léopold-Frédéric Bonzen ; 18. Jaques-Barthelemi Sender.

Corps des neuf bourgeois jurés
élus le 31 décembre 1784.

MM.

1. Jean-George Meyer, *maître-bourgeois en chef* ; 2. Pierre Ferrand, *conforteur* ; 3. Jaques-Christoffle Morel, *beau maître* ; 4. Jaques-Frédéric Ferrand, *secrétaire* ; 5. George-Frédéric Bouillon, *taxeur* ; 6. George-Frédéric Morel ; 7. Léopold-Frédéric Leconte, le jeune ; 8. Pierre-Frédéric Duvernoy, le jeune ; 9. George-Louis Richardot, *nouveaux*.

1786. Corps des dix-huit élus (1)
le 31 décembre 1785

MM.

1. George-Frédéric Duvernoy. *maître* ; 2.

---

(1) *Elections des Maitre Bourgeois.* — *Usages.* — *Suppression de l'usage de reconduire le maître-bourgeois en chef et les deux novices chez eux où était une collation très dispendieuse et conversion en un repas donné le jour où le magistrat et les dix-huit se rendaient en corps à l'église du faubourg.*

« Le corps des dix-huit en exercice en l'année 1786, devait transmettre à ses successeurs la réforme qu'ils ont opérée d'un ancien usage que leurs devanciers blâmaient, avec juste raison, déjà depuis longtemps, et qu'aucun d'eux n'avait encore eu la force d'abolir. Tel était le préjugé en faveur des anciennes coutumes, nous ne dirons pas de *louables* coutumes, parce que celle-ci ne méritait assurément pas d'être mise de ce nombre. »

Il est d'un usage constant, dont l'origine est aussi ancien que celui des élections annuelles qui se pratiquent parmi nous, que les Dix-huit étaient outre sept personnes qu'ils choisissent dans le corps des Notables, deux autres qu'ils prennent dans le nombre des Dix-huit Notables et ces neuf personnes composent le corps du Magistrat. »

« Ces deux derniers, que l'on appelle vulgairement Novices ou Maîtres-bourgeois nouveaux sont invités le premier jour de l'an de la part des Dix-huit à souper avec eux, ainsi que le Maitre-bourgeois en chef, s'il est également nouveau. Ce repas qu'ils donnent au chef de la ville, et a deux autres Membres du Magistrat, est toujours un repas somptueux et servi avec profusion et délicatesse. Le vin que l'on y boit, blanc et rouge, est ordinairement bien choisi ; une compagnie aussi nombreuse, composée de personnes de toutes les classes de bourgeois, peut-elle manquer de se bien amuser à une aussi bonne table, et chacun n'a-t-il pas la faculté de se satis-

Leonard Fallot, perruquier, *lieutenant* ; 3.
Pierre-Frédéric Goguel, *trésorier* ; 4. Charles-
Christophe Bourlier, *taxeur* ; 5. Georges-Frédé-

---

faire, soit pour le boire, soit pour le manger, en tablant depuis sept heures jusqu'à onze heures, minuit et quelquefois plus tard, certainement personne ne le supposera. Cependant l'usage que nous tenions de l'antiquité la plus reculée et qui a été observé jusqu'à cette année, était que sortant de table, le corps des Dix-huit en entier reconduisit Messieurs les Maitres-bourgeois chez eux, au reste en commençant par le chef. On trouvait chez ces Messieurs une table garnie de patisseries, de sucreries, de fruits, de vins, de liqueurs, de café, de thé, etc., et une nouvelle compagnie composée de parents et amis de la maison, avec lesquels il fallait faire de nouveau la fête, et recommencer de plus belle à trinquer ; tant peu que l'on se soit arrêté chez un chacun de ces Messieurs, la nuit s'écoulait, et le jour commençait à paraître. »

« Qui ne dira avec nous qu'un usage pareil méritait d'être réprouvé et aboli, certainement chacun qui aime sincèrement ses amis, qui fait quelque cas de sa santé, et qui respecte le bon ordre et la police, ne pourra en disconvenir. Le corps des Dix-huit pour parvenir à ce but salutaire, prévint Messieurs les Maitres-bourgeois en les invitant à souper, afin de leur éviter les frais de l'apprêt, qu'on ne leur ferait pas la conduite après souper comme il était d'usage, ces Messieurs qui reconnaissaient l'abus de cette conduite de cérémonie approuvèrent beaucoup ce plan et convinrent qu'il serait à souhaiter qu'il fut suivi par nos successeurs et c'est dans la pensée de les y porter que nous en donnons le détail. »

« Quelqu'un pourrait penser que le motif de l'approbation de ces Messieurs étaient dicté par l'intérêt particulier, mais pour mettre un frein à la médisance, et

ric Rayot, *secrétaire* ; 6. George-Frédéric Leconte, fabricant de bas ; 7. Henry-Christophe Kilg, boulanger ; 8. Daniel-Frédéric Burguy, perruquier ; 9. Christophle Krentzinger, boucher ; 10. Simon Ablitzer, menuisier ; 11. George-Frédéric Morel fils, boulanger ; 12. Charles-Christophe Grent, *doyen* ; 13. Joseph-Frédéric Beurnier, marchand ; 14. Léopold-Eberhard Ferrand, menuisier ; 15. George-Frédéric West, perruquier ; 16. George-Frédéric Schor, tisse-

---

donner essort aux sentiments de reconnaissance qui nous animent, nous dirons ici, quoiqu'ils aient approuvé et consenti à la suppression de cet usage, ils lui en substitueront un autre non moins dispendieux, mais beaucoup plus en place, voici comment. »

« Chacun sait que le second dimanche de l'année les deux corps de ville en exercice vont en cérémonie prendre possession de leurs places dans l'Eglise du faubourg, *appartenant à la ville*, et qu'en sortant de l'Eglise ces deux corps se dispersaient en tirant chacun chez soi. »

« Cette année, la chose s'est passée d'une manière beaucoup plus digne d'une cérémonie pareille ; sortant de l'Eglise, ils s'en retournèrent dans le même ordre qu'ils étaient venus en l'Hôtel-de-Ville et notamment au poil des Dix-huit, où Messieurs les Maîtres-bourgeois nouveaux avaient fait servir un diner, auquel ils invitèrent Messieurs leurs Collègues avec les Dix-huit.

• C'est ainsi qu'un évènement en a occasionné un autre non moins remarquable, puisqu'il ne s'est peut-être jamais vu que le Magistrat revêtu ait mangé chez les Dix-huit.

(Extrait du Livre des Notaux).

rand ; 17. Pierre-Frédéric Schom, bonnetier ;
18. Jean-George Carray, menuisier.

Corps des neuf bourgeois jurés

élus le 31 décembre 1785.

MM.

1. George-Frédéric Bouillon, *maitre-bourgeois
en chef* ; 2. Jean-George Meyer, *conforteur* ; 3.
Pierre Tuefferd, *baumaitre* (1) ; 4. George-Frédéric Morel, taxeur ; 5. Jean-George Feschotte,
secrétaire ; 6. Pierre-Frédéric Duvernoy, le
jeune ; 7. George-Louis Richardot ; 8. Pierre-Abram Boisdechaine ; 9. Pierre-Frédéric Dorian, *nouveaux*.

1787. Corps des dix-huit élus

le 30 décembre 1786

MM.

1. Marc-David Ferrand, *maitre* ; 2. Leonard-Frédéric Verrenet, *lieutenant* ; 3. George-Frédéric Duvernoy, *trésorier* ; 4. Leopold-Frédéric
Verrenet, *taxeur* ; 5. Pierre-Henry Duvernoy,
secrétaire ; 6. Léopold-Frédéric Leconte, le
jeune ; 7. Marc-David Couleru ; 8. Charles-Christiane Palm ; 9. Charles-Frédéric Bourlier ;
10. Jean-George Schwanhard ; 11. George-Frédéric Leconte, cadet ; 12. Jean-George
Prevost ; 13. George-Frédéric Racine ; 14.
Charles-Christophle Gruet ; 15. Léopold-Eberhard Ferrand ; 16· David-Nicolas Châtel,

---

(1) Décédé le 24 novembre 1786, a été remplacé en
cette qualité par M. Jean-George Duvernoy, horloger,
élu le 28 novembre par le Magistrat.

doyen ; 17. Pierre-Nicolas Couleru ; 18. Charles-Frédéric Vurpillot.

CORPS DES NEUF BOURGEOIS JURÉS
ÉLUS LE 30 DÉCEMBRE 1786

MM.

1. Jean-George Meyer, *maitre-bourgeois en chef ;* 2. George-Frédéric Bouillon, *conforteur* ; 3. Jaques-Frédéric Goguel, *beaumaitre* ; 4. Abram Wetzel, *secrétaire* ; 5. Pierre-Abram Boisdechaîne, *taxeur* ; 6. Pierre-Frédéric Dorian ; 7. Jean-George Duvernoy ; 8. Frédéric-Charles Leconte ; 9. Pierre Schom, *nouveaux.*

1788. CORPS DES DIX-HUIT ÉLUS
LE 30 DÉCEMBRE 1787

MM.

1. George-Frideric Morel, *maitre* ; 2. Jean-George Feschotte, *lieutenant* ; 3. Marc-David Morel, *trésorier ;* 4. Léonard-Frideric Bouillon, *taxeur* ; 5. George-Frideric Calame ; 6. Jean-François Carémentrend ; 7. Jean-George Nardin ; 8. Jean-George Prevot ; 9. Simon Ablizer ; 10. Jean Gottlob Eck ; 11. George-Frideric Rossel ; 12. George-Frideric Schor ; 13. Jean-George Carray ; 14. Charles-Frideric Wurpilliot ; 15. George-Frideri Morel, *doyen* ; 16. George-Frideric Tuefferd, *comis-secrétaire ;* 17. Pierre-Christophle Ferrand ; 18. George-Frideric-Charles Diemer ; 19. Pierre-Henry Gondelfinger.

Corps des neuf bourgeois jurés
élus le 30 décembre 1787
MM.

1. Jaques-Christophle Morel, *maitre-bourgeois en chef* ; 2. Jaques-Frideric Goguel, *conforteur* ; 3. Joseph–Jérémie Lalance, *beaumaitre* ; 4 Pierre-Frideric Goguel, *secrétaire* ; 5. Pierre-Frideric Dorian, *taxeur* ; 6. Jean-George Duvernoy ; 7. Pierre Schom ; 8. George-Frideric Morel fils ; 9. Christophle-Henry Edelman.

1789 Corps des dix-huit élus
le 30 décembre 1788

MM,

1. George-Frederic Reess, *maitre* ; 2. Daniel-Christophle Abriot, *lieutenant* ; 3. Isaac Surleau, *trésorier* ; 4. Charles-Frédéric Bourlier, *taxeur* ; 5. Henry Phister, *secrétaire* ; 6. Joseph-Frédéric Beurnier (1) : 7. George-Frédéric Schor ; 8. Pierre-Christophle Gruet, *doyen* ; 9. Pierre-Nicolas Couleru fils ; 10. George-David Couleru ; 11. Pierre Veste ; 12. Pierre-Joseph Marconnet ; 13. George-Frédéric Bernard fils (2) ; 14. Pierre Mégnin ; 15. Pierre Fossard (3) ; 16. Clément-Joseph Diemer fils ; 17. Jean-Théophile Deckher ; 18. Jean-Jacques Morhardt.

---

(1) S'est engagé.
(2) Décédé le 13 mai 1789.
(3) S'est engagé.

Corps des neuf bourgeois jurés
élus le 30 décembre 1788
MM.

1. George-Frédéric Bernard, *maitre-bourgeois en chef* ; 2. Jacques-Christophle Morel, *conforteur* ; 3. Frédéric Fallot, fils d'Isaac, *beau maitre* ; 4. Pierre-Christople Gruet, *secrétaire* ; 5. Pierre-Frédéric Goguel, *taxeur* ; 6. George-Frédéric Morel fils ; 7. Christophe-Henry Edelmann ; 8. George-Frédéric Morel ; 9. Jacques Schor, *nouveaux*.

1790. Corps des dix-huit élus
le 31 décembre 1789
MM.

1. Pierre Schom, *maître* ; 2. Gérard-Nicolas Morlot, *lieutenant* ; 3. George-Frédéric Duperret, *trésorier* ; 4. Frédéric-Nicolas Retté, *taxeur* ; 5. Pierre Peugeot, *secrétaire* ; 6. Léopold-Frédéric Bonsen ; 7. George-Frédéric-Charles Diemer ; 8. Pierre Vest ; 9. Pierre-Joseph Marconnet ; 10. Clément-Joseph Diemer ; 11. Pierre-Frédéric Fallot, *doyen* ; 12. Jean-Frédéric Duvernoy ; 13. Pierre-Frédéric Masson ; 14. Jaques-Christophe Seguer ; 15. Joseph-Frédéric Retté ; 16. Charles-Frédéric Marconnet ; 17. Jean-Henry Krantz ; 18. Jean-Léonard Elbeck.

Corps des neuf bourgeois jurés
élus le 31 décembre 1789
MM.

1. Pierre-Frédéric Goguel, *maître-bourgeois*

en chef; 2. George-Frédéric Bernard, *conforteur*; 3. Pierre-Christophe Gruet, *baumaître*; 4. Pierre-Christophe Couleru, *secrétaire*; 5. Jaques-Frédéric Ferrand fils, *taxeur*; 6. George-Frédéric Morel; 7. Jaques Schor; 8. David-Frédéric Bernard; 9. George-Frédéric Rayot, *nouveaux*.

1791. Corps des dix-huit élus (1)

Le 31 décembre 1790

MM.

1. George-Frédéric Bouillon, *maître* ; 2. George-Frédéric Morel, *lieutenant* ; 3. Jaques-Frédéric Goguel, *trésorier* ; 4. Frédéric Fallot, fils d'Isaac, *taxeur* ; 5. George-Frédéric Fallot, *secrétaire* ; 6. Pierre-Frédéric Duvernoy ; 7. Pierre-Frédéric Dorian ; 8. Charles-Christiane Palm ; 9. Frédéric-Nicolas Retté ; 10 Jean-Frédéric Cacun ; 11. Léopold-Fredéric Bonsen ; 12. Pierre-Frédéric Masson ; 13. Charles-Frédéric Marconnet ; 14. Jaques-Christophe Gauchet ; 15. Pierre-Léopold Wild, *doyen* ; 16. George-Frédéric Larche ; 17. Pierre Kintcher ; 18. Marc-David Crétin, *nouveaux*.

---

(1) Le Livre Rouge ou Livre d'inscription des citoyens admis au nombre des bourgeois de la ville, s'arrête au 21 octobre 1790.

A partir de cette date, les anciens privilèges de la bourgeoisie sont près de disparaître en raison de la tourmente révolutionnaire ; mais elle conserve néanmoins sa prépondérance dans l'administration municipale de la cité.

Corps des neuf bourgeois jurés
élus le 31 décembre 1790

MM.

1. Jaques-Frédéric Ferrand, *maître bourgeois en chef*; 2. Pierre-Frédéric Goguel, *conforteur* (1) ; 3. George-Frédéric Fayot, *beaumaître* ; 4. Abram Wetzel, *secrétaire* ; 5. George-Louis Richardot, *taxeur*; 6. David-Frédéric Bernard ; 7. George-Frédéric Rayot ; 8. Pierre-Frédéric Fallot ; 9. Jaques-Frédéric Rau, *nouveaux*.

1792. Corps des dix-huit élus
le 31 décembre 1791. (2)

MM.

1. George-Frédéric Morel, *maitre* ; 2. Frédéric Fallot, fils d'Isaac, *lieutenant* ; 3. Jean-George Schvanard, *trésorier* ; 4. George-Louis Biber, *taxeur* ; 5. George-David Barbier ; 6. Charles-Christophle Gruet ; 7. Jaque Seguer ; 8. Pierre-Léopold Wild, *secrétaire* ; 9. Pierre-Frédéric Morel, *doyen* ; 10. George-Frédéric Fallot ; 11. Granmont L'ainé ; 12. Pierre-Abram Granmont;

---

(1) Premier Maire de la ville nommé par Bernard de Saintes, Représentant du peuple, suivant arrêté du 11 octobre 1793.

(2) Cette élection est la dernière qui eut lieu. Frédéric-Eugène, frère du duc de Wurtemberg, stathouder, s'enfuit de Montbéliard dans la nuit du 27 avril 1792, et gagna la Suisse par Audincourt et la vallée. (E. Beaulieu, *Les réunions du Pays de Montbéliard à la France*, p. 12).

C'est proprement le gouvernement de la bourgeoisie Montbéliardaise qui commence dès cette époque.

13. Jaques-Frédéric Marconnet ; 14. Pierre-Frédéric Ferrand ; 15. Frédéric Wetzel ; 16. Martin Holstein ; 17. Charles Rau ; 18. Frédéric Girod.

CORPS DES NEUF BOURGEOIS JURÉS
ÉLUS LE 31 DÉCEMBRE 1791

MM.

1. Abram Wetzel, *maitre-bourgeois en chef* (1) ; 2. Jaques-Frédéric Ferrand, *conforteur* ; 3. George-Frédéric Fayot ; 4. Léonard-Frédéric Verenet ; 5. George-Frédéric Rayot ; 6. Pierre-Frédéric Fallot ; 7. Jaques-Frédéric Rau ; 8. George-Frédéric Duperet ; 9. Jean-Jaques Morhart, *nouveaux*.

(3) C'est C.-L. Goguel qui exerçait en 1792 les fonctions de maire de la commune.

CHAPITRE III

LISTE DES MAIRES DE MONTBÉLIARD DE 1301 A 1793

—

L'origine du maire (1) de Montbéliard, date de 1283, époque des franchises accordées aux habitants de cette ville par Renaud de Bourgogne et Guillemette, sa femme, comte et comtesse de Montbéliard.

Voici les noms de ceux qui remplirent ces fonctions : (2).

1301 Odet.

1301 Perrin de Dalate

1312 Philippe Vaceville. Il teste 1316.

1317 Oudat.

1332, 1335, 1340, 1341, *Henri.*

1345, 1349, 1352, 1358, 1368, *Philippe,* fils Odat. Son testament est de 1367.

1357, 1369, Oudat.

1404 Aubertin, dit Noblat.

1425-26 Jean Fouletat, décédé en 1439.

Jean Gadaichet.

---

(1) Voir pages 15 et 24 ci-devant l'indication des attributions conférées au maire.

(2) Le comte Renaud permet aux bourgeois de faire choix d'un maire pour 15 ans, à charge de lui payer annuellement 103 livres en 2 termes.

1314. Traité entre le comte Renaud et les bourgeois, le premier se réserve pour lui et ses successeurs, la faculté d'établir un maire, quoiqu'il ne soit pas du nombre des Bourgeois, mais étranger.

1447 Henri Bainier, de Lainans, bourgeois.

1448-1451 Richardin Vautherlet.

1455-56 Jean Névad ? il se sauve 1456.

1456-58 Girard Pour de Granges ; (1)

1458 Girard Perrin ou Parent (1)

1461 Jean Paillet.

1466 Henri de Passavant, décédé en 1467. (Il nòmait Henri Bainier, de Lainans, autrement dit de Passavant, et fut reçu bourgeois en 1441.

1466-72-73-74-77 Henry de Bavans, seigneur audit lieu, était chatelain de Mandeure 1457.

1468 Claire Chapel de fer, jadis maire de Montbéliard.

1477-1478 Pierre Pillod. Il était de Passavant où il fut déposé.

1479 St-Barthelemy fut reçu bourgeois le 11 juin 1476.

1479 Peterman Quelane.

1480-1481 Henri de Beurans, écuyer.

1483-85-86-1487 Pierre Pillot.

1491 à 1501 Inconnus.

1506-1507 Romane Eberlin.

1507-09-10 1511 Piere Loys.

1513-1514 ?

1516-1537 Jean Vauthertet, alias Péterman, décédé en 1538.

Jean Megnin, lieutenant du maire. 1538.

1538-39-40 Peterman Quelane, décédé en 1540 ; il était auparavant bailli à Blamont.

1540-1547 Etienne Grandperrin, il était fils

---

(1) Ces deux derniers noms veulent probablement désigner la même personne.

de Walther Grandperrin, chapelier et fut reçu bourgeois en 1526 — décédé en 1547.

1547-1556 Jean Bourcard, licencié ès loix et bachelier en décrets — il fut reçu bourgeois en 1545.

1556-1564 Guyon de la Mouthe, auparavant greffier du Conseil, nômé maire en juillet 1556, il fut suspendu de ses fonctions en 1564 et mis aux arrêts chez lui, pour un acte de faux qu'il avait còmis en sa qualité de Maire. Le Conseil instruisit son procès. Décédé en 1566 — Il était de Pontailler en montagne et s'était retiré à Montbéliard pour cause de religion. Il y fut reçu bourgeois le 27 juin 1540, par les 18, dans l'Eglise de Saint-Martin.

1564-1573 Antoine Carray, registrateur et conseiller, còmis maire 1564-1566 ; maire depuis cette époque jusqu'en février 1573, en conservant son autre place.

1573-1580 Jean Willemot, était auparavant greffier du Conseîl.

1581-1590 André Duvernoy, auparavant greffier de la mairie, puis de la chancellerie devient maire en 1581-1590, où il fut nômé Conseiller et décédé en cette qualité le 22 mars 1630, âgé de 84 ans.

1591-1620-21 George Ponnier, était Prévost jusqu'en 1590, décédé le 26 juillet 1620.

Janvier 1621-1634 Abraham Perrenon, maire dez 1621, auparavant procureur d'Héricourt.

1637-1644 Jean Ponnier, maire depuis 1637 à 1644, époque à laquelle il fut renvoyé.

1644-1667 Hector Titot, procureur général,

devient maire en 1644 jusqu'en 1667, est décédé le 12 avril, àgé de 71 ans.

1667 76–79 Jérémie Duvernoy, procureur général, ensuite maire dez 1667.

En 1679 la place de maire est vacante, pendant quelque temps.

1680-81-85 Jean-Louis Schmidt, nòmé 1680, décédé en 1685.

1686-1712 Joseph Titot, décédé en 1712. Il avait dez 1681 l'expectative.

1712-1723 Pierre Jérémie Goguel, conseiller procureur général, subrogé et maire. Il était fils de Pierre Goguel, maître-bourgeois et naquit en février 1685.

1723-1746 Frédéric-Melchior Malblanc. Il fut présenté au magistrat, comme Maire, par le conseiller Cuvier le 9 septembre 1723 ; il n'eut ses lettres d'institution qu'en 1725 ; décédé en 1746 il étoit fils du surintendant Malblanc.

Pierre-Henri Dethielle, nòmé à la survivance 1733, confirmé en 1738, devient conseiller en 1747.

1746-1749. Jean-George Lecomte, maire, avec le titre de conseiller.

1749–1788 Frédéric Melchior Jeanmaire.

1788-1793 Charles-Louis Goguel 1788-1793 (décédé en 1807), nòmé adjoint du maire à la fin de 1777. (1)

---

(1) M. Jules Gauthier, dans sa préface à l'Inventaire des Archives communales de Pontarlier — 1889 — donne page 8, la liste des maires de ladite ville pour la période de 1537 à 1589.

Grace aux notes puisées à la bibliothèque publique

CHAPITRE IV

LISTE DE MESSIEURS LES MAITRES-BOURGEOIS EN CHEF DE LA VILLE DE MONTBÉLIARD
1650-1792.

Date de l'élection	Honorables Hommes MM.
Saint-Jean 1649	Nicolas d'Argent
» 1650	George Euvrard
» 1	Gerçon Parrot
» 2	George Euvrard
» 3	Pierre Prongey
» 4	Georges Euvrard
» 5	Nicolas Dargent
» 6	Pierre Prongé
» 7	Nicolas D'Argent
» 8	Jean-Georges Cless
» 9	Pierre Titot
» 1660	Jules-Friderich Tuefferd
» 1	Jean-George Cles
» 2	Pierre Titot
» 3	Nicolas Dargent
» 4	Pierre Prongay
» 5	Nicolas Dargent
» 6	Jean-George Clessel (3)
» 7	Nicolas D'Argent (6)

de Besançon, collection Duvernoy, (ville de Montbéliard, tome III, administration et franchises), fol. 40, nous avons pu donner la liste ci-dessus des maires de Montbéliard depuis l'année 1301.

Date de l'élection	Honorables Hommes MM.
Saint-Jean 1668	Jule-Friderich Tuefferd
» 9	Pierre Titot
» 1670	Pierre Prongey (4)
» 1	Pierre Titot
» 2	George Euvrard
» 3	Pierre Titot
» 4	Daniel Le Bault
» 5	Jules-Friderich Tueffert (6)
» 6	Daniel Bernard, le vieux.
» 7	Pierre Tittot
» 8	George Euvrard
» 9	Pierre Titot
» 1680	Pierre Titot
» 1	George Œuvrard
» 2	Jule-Frideric Duvernoy
» 3	George Œuvrard
» 4	Pierre Titot
» 5	Jules-Friderich Duvernoy
» 6	George Euvrard
» 7	Julien-Friderich Duvernoy
» 8	Pierre Scharffenstein
» 9	Julius-Friderich Duvernoy
» 1690	Friderich Grosrenold
» 1	George Euvreard
» 2	Jule-Friderich Duvernoy
» 3	*Pas d'élection.*
» 4	George Euvrard (10)
» 5	George Rossel
» 6	Julle-Friderich Duvernoy
» 7	Jean-George Rossel
» 8	Jule-Frideric Duvernoy

Date de l'élection	Honorables Hommes MM,
Saint-Jean 1699	Joseph-Jérémie Duvernoy
» 1700	Pierre Titot
» 1	Jean Fallot
» 2	Julle-Fridrich Duvernoy
» 3	Joseph-Jérémie Duvernoy
» 4	Jacque Berdot
20 juin 5	Léonard Fallot
24 août 6	Jule-Friderich Duvernoy (9)
7	Pas d'élections
8	»
1er janvier 9	Joseph-Jérémie Duvernoy
31 décembre 9	Jean Fallot
» 1710	Joseph-Jérémie Duvernoy
» 1	Jérémie-Christoph Wild
» 2	Jean Verenet
» 3	Joseph-Jérémie Duvernoy
» 4	Le même (7)
» 5	Pierre Titot (11)
» 6	Jean-Joseph Fallot
» 7	Isaac Fallot
» 8	Jean Verenet (3)
» 9	Friderich Melchior Malblanc
» 1720	Isaac Fallot
» 1	Jean-Joseph Fallot
» 22-23	Friderich Melchior Malblanc
Pour l'année 1724	Jean Verenet
» 5	Joseph-Jérémie Meyer
» 6	Jean-Friderich Morel
» 7	Isaac Fallot (9)
» 8	Pierre Sharffenstein
» 9	George-Friderich Mégnin

Date de l'élection	Honorables Hommes MM.
Pour l'année 1730	Léonard Scharffenstein
» 1	David-Nicolas Rischard
» 2	Joseph-Jérémie Meyer
» 3	George-Friderich Mégnin
» 4	Jean-George Gette
» 5	*Pas d'élection*
» 6	Jean-Joseph Fallot
» 7	George Macler
» 8	Marc-David Morel
» 9	David-Etienne Surleau
» 1740	Léonard Scharffenstein
» 1	George-Friderich Mégnin
» 2	Joseph-Jérémie Meyer (3)
» 3	Léonard Scharffenstein
» 4	Marc-David Morel
» 5	George Macler (2)
» 6	George-Friderich Mégnin
» 7	Gaspard Parrot
» 8	David-Nicolas Richard (2)
» 9	Marc-David Morel
» 1750	Pierre-Abram Bernard
» 1	Gaspard Parrot
» 2	Marc-David Morel
» 3	Gaspard Parrot (3)
» 4	Léopold Emanüel Surleau
» 5	Joseph Morel
» 6	George-Urbain Rayot
» 7	Isaac, fils d'Isaac Fallot
» 8	Jean-Jacques Parrot
» 9	Jean-George Fallot
» 1760	Pierre-Abraham Bernard

Date de l'élection	Honorables Hommes MM.
Pour l'année 1761	Léopold Emanüel **Surleau**
» 2	Jean-Jacques Parrot
» 3	Joseph Morel (2)
» 4	Jean-Jacques Parrot (3)
» 5	Joseph-Frideric Fallot
» 6	George-Urbain Rayot
» 7	Léopold-Emanüel Surleau
» 8	George-Frideric Tueffert
» 9	Jean-George Meyer
» 1770	Pierre-Gaspard Wild
» 1	Léopold-Emanüel Surleau
» 2	George-Urbain Rayot
» 3	Pierre Ferrand
» 4	Pierre-Joseph Mégnin
» 5	Léopold-Emanüel Surleau (5
» 6	George-Urbain Rayot (4)
» 7	Pierre-Frédéric Meyer
» 8	George-Samuel Sahler
» 9	Le même
» 1780	Jean-George Meyer
» 1	George-Frédéric Duvernoy
» 2	Jean-George Meyer
» 3	Joseph-Frédéric Morlot
» 4	Jacques-Christophe Morel
» 5	Jean-George Meyer (5)
» 6	George-Frédéric Bouillon
» 7	Jean-George Meyer
» 8	Jaque-Christophle Morel (2)
» 9	George-Frédéric Bernard
» 1790	Pierre-Frédéric Goguel
» 1	Jaques-Frédéric **Ferrand**
» 2	Abram Wetzel.

Ici finit la première partie de notre travail.

En la publiant nous avons voulu simplement tirer de l'oubli, comme nous l'avons dit en commençant, les noms de ceux de nos aïeux qui avaient été mêlés à l'administration de notre cité.

Avec la deuxième partie commencera la publication de noms et de faits qui nous touchent de plus près.

DEUXIÈME PARTIE

LES

MUNICIPALITÉS

DE

MONTBÉLIARD

de 1793 jusqu'à nos jours.

DEUXIÈME PARTIE

LES MUNICIPALITÉS

DE

MONTBÉLIARD

De 1793 jusqu'à nos jours

CHAPITRE PRÉLIMINAIRE

On a pu remarquer dans la première partie de ce travail que les municipalités se sont succédé à la tête des affaires de la ville de 1650 à 1792, avec une régularité pour ainsi dire parfaite au moyen d'élections annuelles faites à date fixe.

A partir du jour de la réunion du Pays de Montbéliard à la France (10 et 11 octobre 1793), et par suite de la suppression des droits et privilèges conférés aux bourgeois de cette ville par les franchises, nos municipalités vont suivre l'impulsion des idées dont seront animés, à l'égard des communes, les divers régimes qui gouverneront la France.

Avant de commencer la deuxième partie, nous avons cru utile de rappeler ici très brièvement les diverses lois qui ont réglementé, sous ces divers régimes le mode de nomination des conseillers municipaux, des adjoints et des maires placés à leur tête.

Le 11 novembre 1789, l'Assemblée constituante décida qu'il y aurait une Municipalité dans chaque ville, bourg, village et communauté de campagne.

L'assemblée en créant une municipalité dans chaque ville, n'hésita pas à supprimer tout ce qui rappelait le passé, et en particulier les hôtels de ville, mairies, échevinats, consulats et tous les corps municipaux.

La loi du 14 décembre 1789, qui fut la conséquence de cette décision de principe, renferme les prescriptions suivantes :

ARTICLE 2. — Les officiers et membres des municipalités actuelles seront remplacés par voie d'élection.

ART. 4. — Le chef de tout corps portera le nom de *Maire*.

ART. 5. — Tous les citoyens actifs de chaque ville, bourg, paroisse ou communauté, pourront concourir à l'élection des membres du Conseil Municipal.

ART. 16. — Les maires seront toujours élus à la pluralité absolue des voix.

ART. 17. — La nomination des autres membres du corps municipal sera faite au scrutin de liste double.

ART. 25. — Les membres des corps municipaux des villes, bourgs, paroisses ou communautés seront au nombre de trois y compris le maire, lorsque la population sera au-dessus de 500 âmes.

De six, y compris le maire, dans les villes depuis 500 jusqu'à 3000 âmes.

De neuf depuis 3000 âmes jusqu'à 10.000 âmes.

Art. 26. — Il y aura dans chaque municipalité un procureur de la commune, sans voix délibérative, il sera chargé de défendre les intérêts et de poursuivre les affaires de la commune.

Art. 28. — Le procureur de la commune sera nommé par les citoyens actifs ([1]) au scrutin et à la pluralité absolue des suffrages dans la forme et selon les règles prescrites pour l'élection du maire.

Art. 30. — Les citoyens actifs de chaque communauté nommeront, par un seul scrutin de liste, et à la pluralité relative des suffrages, un nombre de notables double de celui des membres du corps municipal.

------

(1) Les décrets de l'assemblée nationale ont fixé les conditions nécessaires pour être citoyen actif ; celles de ces conditions qui pouvaient être exigées pour les élections municipales étaient les suivantes :

1° Etre Français ou devenir Français,

2° Etre majeur de 25 ans,

3° Etre domicilié de fait dans le lieu, au moins depuis un an,

4° De payer une contribution directe de la valeur locale de 3 journées de travail,

5° De n'être point dans l'état de domesticité, c'est-à-dire de serviteur à gage.

Les mêmes décrets excluent également, outre ceux qui n'ont pas les conditions voulues ci-dessus, les banqueroutiers, les faillis et les débiteurs insolvables.

Art. 31. — Ces notables formeront, avec les membres du corps municipal, le Conseil général de la commune, et ne seront appelés que pour les affaires importantes.

Art. 42. — Les officiers municipaux et les notables seront élus pour deux ans et renouvelés par moitié chaque année. Le sort déterminera ceux qui devront sortir à l'époque de l'élection.

La Convention estima que la loi du 14 décembre 1798 avait donné aux magistrats municipaux trop de pouvoirs et d'indépendance alors que la France avait besoin, en présence de l'invasion, d'un gouvernement centralisateur.

Dans la constitution de l'an III, on fit en conséquence des administrateurs locaux, de purs agents du pouvoir central.

La loi du 5 fructidor, an III subordonne au canton toutes les communes de la circonscription, lui donnant ainsi une grande importance.

Il y a dans chaque canton une administration municipale.

Toute commune dont la population s'élève de 5000 à 10000 habitants a pour eux une administration municipale.

Il y a dans chaque commune, dont la population est inférieure à 5000 habitants, un agent municipal et un adjoint.

Dans les communes dont la population s'élève de 5000 à 10,000 habitants, il y a cinq officiers municipaux.

La loi du 28 Pluviose, an VIII, marque une étape importante dans l'histoire de l'organisation communale et le système qu'elle a mis en vigueur exerce encore son influence sur notre administration.

Le fonds du système de l'an VIII repose sur ces deux idées : séparation des intérêts généraux et des intérêts locaux, nomination par le pouvoir central des agents chargés d'administrer les intérêts généraux et les intérêts locaux.

Cette loi, votée sous le Consulat, rétablit en conséquence le corps municipal dans chaque commune et elle substitue, partout un administrateur unique au pouvoir collectif établi par les Lois de 1789, 1793 et 1795. (1)

---

(1) Nous voyons que l'arrondissement de Saint-Hippolyte était divisé, à cette date, en 8 cantons qui s'appelaient comme suit.

St-HIPPOLYTE chef-lieu :
Escot, Blamont, St-Hippolyte, *Indevillers*, Maîche, Le Russey, *Vaucluse* et Pont-de-Roide

L'arrondissement de MONTBÉLIARD est aujourd'hui ainsi divisé :
Audincourt, Hérimoncourt, St-Hippolyte, Maîche, Montbéliard, Pont-de-Roide, Russey

Suivant la Loi sur la division du territoire de la République, le placement et l'organisation des autori-

Son article XX, qui est le seul qui puisse nous retenir ici, était ainsi conçu :

Les Préfets nommeront et pourront suspendre de leurs fonctions les membres des Conseils Municipaux ; ils nommeront et pourront suspendre de leurs fonctions les Maires et Adjoints dans les villes de moins de 5000 habitants.

Les membres des Conseils Municipaux sont nommés pour 3 ans : ils pourront être continués.

Le décret rendu le trente avril 1815 par l'empereur Napoléon, décide que dans toutes les communes dont les municipalités sont à la nomination des Préfets, il sera procédé, par les habitants ayant droit de voter dans les assemblées primaires, à l'élection des Maires et Adjoints.

En raison de l'invasion et des évènements qui mirent fin, vers cette époque, au Gouvernement Impérial, ce décret ne fut point appliqué.

---

tés administratives. Du 19 Vendémiaire an IV (11 octobre 1795).

1º Le Doubs comprenait quatre arrondissements qui étaient Besançon, Baume, Pontarlier et Saint-Hippolyte. (Tableau 2 annexé à cette Loi).

2º L'arrondissement de Saint-Hippolyte comprenait huit cantons qui étaient :

Saint-Hippolyte, Pont-de-Roide, Maîche, *Mathay*, Russey, Blamont, *Indevillers* et *Vaucluse*.

Par la Loi du 11 Ventose an V (1er mars 1797) les cantons d'Audincourt, de Montbéliard et de Désandans, furent réunis au département du Mont-Terrible.

Ils faisaient partie du département de la Hte-Saône depuis le 11 octobre 1793, date de l'arrêté d'annexion rendu par Bernard de Saintes, Représentant du Peuple,

Napoléon abdiqua, en effet, le 22 juin 1815.

Rappelons ici que c'est à partir du 9 Janvier 1816 que la Ville de Montbéliard devient le chef-lieu de l'arrondissement de ce nom. (¹)

La Charte de 1830 avait promis que dans un court délai il serait pourvu à des institutions départementales et municipales fondées sur un système électif.

La loi du 21 Mars 1831, sur l'organisation municipale, fut l'une de ces lois annoncées.

Elle porte dans son article premier : que le corps municipal de chaque commune se compose : du Maire, de ses Adjoints et des Conseillers municipaux.

Art. 3. — Les maires et adjoints sont nommés par le Roi ou, en son nom, par le Préfet.

Dans les communes qui ont trois mille habitants et au-dessus, ils sont nommés par le Roi, ainsi que dans les chefs-lieux d'arrondissement, quelle que soit la population.

---

(1) Loi qui distrait du Département du Haut-Rhin les cantons de Montbéliard et d'Audincourt et les réunit au 3ᵉ arrondissement du département du Doubs.

Du 9 Janvier 1816.

Art. 1ᵉʳ. Les cantons de Montbéliard et d'Audincourt seront distraits du département du Haut-Rhin et réunis au troisième arrondissement du département du Doubs.

Art. 2ᵉ. Cet arrondissement se composera des cantons de Montbéliard, d'Audincourt, de Blamont, de Maîche, de Pont-de-Roide, de Saint-Hippolyte et du Russey.

Art. 3ᵉ. La Sous-Préfecture et le Tribunal de première instance seront transférés de Saint-Hippolyte à Montbéliard.

(Bulletin des Lois de 1816, tome 1, page 9.)

Les maires et adjoints seront choisis parmi les membres du Conseil municipal, et ne cesseront pas, pour cela, d'en faire partie.

Art. 4. — Les maires et les adjoints sont nommés pour 3 ans ; ils doivent être âgés de 25 ans accomplis.

Art. 10. — Les conseillers municipaux sont élus par l'assemblée des électeurs communaux.

Art. 11. — Sont appelés à voter les citoyens les plus imposés aux rôles des contributions directes de la commune, âgés de 21 ans accomplis, dans les proportions déterminées.

Art. 17. — Les Conseillers municipaux doivent être âgés de 25 ans accomplis. Ils sont élus pour 6 ans et toujours rééligibles.

Les Conseils seront renouvelés par moitié tous les 3 ans.

La loi du 21 mars 1831, quoique conservant l'organisation municipale de l'an VIII, introduisait l'élection dans la commune et constituait celle-ci comme une personne morale capable de quelque liberté.

La loi du 18 Juillet 1837, qui compléta l'œuvre de la précédente, régla les conditions suivant lesquelles la commune devait être administrée.

Cette loi, dont plusieurs des dispositions ont été introduites dans la législation actuelle, a servi de base à la Loi du 5 avril 1884

Avant 1848, bien peu de citoyens avaient été appelés à prendre part aux affaires publiques : la constitution de 1848, remplaçant le cens par le suffrage universel, créa dans toute la France, le mouvement d'enthousiasme que l'on connaît.

Avec le Gouvernement Républicain, l'élection vient remplacer les choix intéressés de l'administration.

Le décret du 3 Juillet 1848, relatif au renouvellement des Conseils Municipaux porte, en effet, dans son article premier :

Qu'il sera procédé au renouvellement des Conseils Municipaux dans toutes les communes de la République.

Dans son article 2, il maintient la composition et la forme des élections des administrations municipales réglées par la loi du 21 Mars 1831.

Par l'article 5 : Sont appelés à voter les citoyens ayant leur domicile rèel, depuis six mois dans la commune et appelés à nommer les représentants du peuple.

Avec l'article 9 : Sont éligibles au Conseil Municipal les citoyens inscrits sur les listes électorales et ayant 25 ans.

Enfin l'article 10 décide que : Les Maires et Adjoints *seront choisis par le Conseil Municipal et pris dans son sein.*

La Constitution du 4 Novembre 1848, dans son chapitre 4, contient les articles suivants :

Art. 25. — Sont électeurs, sans condition de cens, tous les Français âgés de 21 ans et jouissant de leurs droits civils et politiques.

Art. 26. — Sont éligibles (à l'Assemblée législative) sans condition de domicile, tous les électeurs âgés de 25 ans.

Art. 77 (paragraphe 4). — Il y a dans chaque

commune une administration composée d'un maire, d'adjoints, et d'un Conseil municipal.

Le décret du 2 février 1852, quoique rendu dans un moment de réaction, maintint le suffrage universel.

La loi du 7 juillet 1852, sur le renouvellement des Conseils généraux, des Conseils d'arrondissement, et des Conseils municipaux, et sur la nomination des Maires et Adjoints contient les dispositions suivantes :

Art 3. — Dans les communes qui comptent 2500 âmes et plus, le scrutin durera deux jours, il sera ouvert le Samedi et clos le Dimanche.

Art. 7. — Les Maires et adjoints sont nommés par le Président de la République dans les chefs-lieux de département et d'arrondissement, et dans les communes de 3000 habitants et au-dessus.

Avec l'Empire, nous nous trouvons en face d'idées nouvelles et le Gouvernement va se réserver de nouveau le droit de nommer les Maires et les Adjoints.

En effet, la loi du 5 mai 1855, sur l'organisation municipale porte dans son article deux :

... Que le Maire et les Adjoints sont nommés par l'Empereur dans les chefs-lieux de département, d'arrondissement et de canton, et dans les communes de 3000 habitants et au-dessus.

Dans les autres communes, ils sont nommés par le Préfet, au nom de l'Empereur.

Ils doivent être âgés de 25 ans accomplis et inscrits dans la commune, au rôle de l'une des quatre contributions directes.

Les adjoints peuvent être pris, comme le Maire, en dehors du Conseil municipal.

Le maire et les adjoints sont nommés pour 5 ans.

ART. 8. — Les Conseillers municipaux doivent être âgés de 35 ans accomplis.

Ils sont élus pour 5 ans.

Aux termes de la loi du 24 juillet 1867.

ART. 18. — Les Conseils Municipaux sont élus pour sept ans.

Avec la Loi du 22 juillet 1870, l'on revient à une manière de procéder plus libérale.

En effet, dans son article premier, cette loi dit que les Maires et Adjoints nommés par l'Empereur ou par le Préfet, sont choisis dans le sein du Conseil Municipal.

Plus loin, Art. 4, elle stipule que les Conseils Municipaux sont élus pour cinq ans.

La loi du 14 avril 1871 décida, dans son article 9, que les Maires et adjoints seraient élus par les Conseils Municipaux, sauf dans les villes de plus de 2000 âmes, et dans les chefs-lieux de département et d'arrondissement...

Par une réaction excessive, la Loi du 20 Janvier 1874, sur les Maires et leurs attributions de Police municipale, nous fait retourner en arrière. Nous lisons, en effet, dans son Art. 1.— « Jusqu'au vote de la loi organique municipale, « les Maires et les Adjoints seront nommés par « le Président de la République, dans les chefs-« lieux de département, d'arrondissement et de « *canton* ; dans les autres communes ils seront « nommés par le Préfet. ».

Et dans son Art. 2 :

« Ils seront pris, soit dans le Conseil Muni-
« cipal, soit en dehors. Ils devront être âgés de
« 25 ans accomplis, membres du Conseil Muni-
« cipal, ou électeurs dans la commune. »

La loi du 12 août 1876, toujours relative à la
nomination des Maires et Adjoints, enlève
encore une fois aux Préfets la nomination de
ces Magistrats dans les communes qui ne sont
pas chefs-lieux de département ou d'arrondissement.

Elle est ainsi conçue :

Art. 1er. — Les articles 1 et 2 de la Loi du
20 Janvier 1874, relatifs à la nomination des
Maires et Adjoints, sont abrogés.

Art. 14. — Provisoirement, et jusqu'au vote
de la loi organique municipale, il sera procédé
à la nomination des Maires et Adjoints, conformément aux règles suivantes :

Le Conseil Municipal élit le Maire et les
Adjoints parmi ses membres au scrutin secret,
et à la majorité absolue, etc.

Dans les communes, chefs-lieux de département, d'arrondissement et de canton, les Maires
et Adjoints sont nommés parmi les membres
du Conseil Municipal par décret du Président
de la République.

Rappelons encore en passant la Loi du
28 Mars 1882, relative à la nomination des
Maires et Adjoints qui dispose dans son Article 1er.

« Le dernier paragraphe de l'article 2 de la Loi
du 12 Août 1876 est abrogé. » C'est-à-dire que

tous les Conseils Municipaux pourront, à l'avenir, élire leurs maires et adjoints dans toutes les villes de France, sauf Paris.

Par l'Art. 2. — « Les conseils municipaux « appelés à élire des maires et adjoints seront « convoqués à cet effet, dans le délai de deux « mois à partir de la promulgation de la Loi. »

Nous arrivons à la Loi du 5 avril 1884 qui est actuellement le code de notre organisation municipale.

Cette loi de liberté communale est trop souvent appliquée de nos jours pour qu'il soit nécessaire d'en faire sentir les bienfaits : c'est elle qui donna enfin la vie active aux communes. Nous nous bornerons seulement à reproduire ci-après les divers articles qui se rapportent spécialement à l'élection des Conseils Municipaux, et des Maires et Adjoints, savoir :

Art. 11. — L'élection des Membres du Conseil Municipal a lieu au scrutin de liste pour toute la commune.

Art. 14. — Les conseillers municipaux sont élus par le suffrage direct universel.

Sont électeurs, tous les Français âgés de 21 ans accomplis et n'étant, dans aucun cas d'incapacité prévu par la Loi.

Art. 31. — Sont éligibles au Conseil municipal, sauf les restrictions portées au dernier paragraphe du présent article (Militaires) tous les électeurs de la commune et les citoyens inscrits au rôle des contributions directes, ou justifiant qu'ils devaient y être inscrits au premier Janvier de l'année de l'élection, âgés de 25 ans accomplis.

. . . .

ART. 41. — Les conseils municipaux sont nommés pour 4 ans. Ils sont renouvelés intégralement le premier Dimanche de Mai dans toute la France, lors même qu'ils ont été élus dans l'intervalle.

ART. 61. — Le Conseil Municipal règle, par ses délibérations, les affaires de la commune.

ART. 73. — Il y a dans chaque commune un maire et un ou plusieurs adjoints élus parmi les membres du Conseil Municipal.

ART 76. — Le Conseil Municipal élit le Maire et les adjoints parmi ses membres, au scrutin secret, et à la majorité absolue.

ART. 81. — Les Maires et Adjoints sont nommés pour la même durée que les Conseils Municipaux.

Ils continuent l'exercice de leurs fonctions, sauf les dispositions des articles 80, 86, 87 de la présente Loi, jusqu'à l'installation de leurs successeurs.

ART. 82. — Le Maire est seul chargé de l'administration, etc...

Avec cet article nous finissons l'énumération, trop longue peut-être des textes de Lois, nombreux et divers, qui depuis la Révolution ont réglementé l'Administration des communes.

Cet exposé permettra de jeter cependant un coup d'œil en arrière, et de se rendre compte du chemin parcouru depuis plus de cent ans, au point de vue des libertés communales.

Cela dit, nous commençons immédiatement la deuxième partie de notre travail.

CHAPITRE PREMIER

On sait qu'après le décret du 11 août 1789, qui abolit la dîme, les habitants de notre pays refusèrent de payer au Prince les droits féodaux que lui garantissait la Convention de Versailles.

Pour calmer leur effervescence, Frédéric Eugène leur accorda le droit de chasse.

Cette faible concession ne pouvait convenir à nos ancêtres qui désiraient un allègement de toutes les charges qui pesaient sur eux.

Le Stathouder vit qu'il lui serait impossible de résister au courant qui emportait la France, aussi quitta-t-il la principauté dans la nuit du 27 avril 1792, laissant celle-ci sous l'autorité du Conseil de Régence.

Il se réfugia à Bâle avec sa famille, puis dans le Wurtemberg.

Le 1er septembre 1792, un corps de 3 ou 4000 hommes de la garde nationale de Belfort et des environs vint occuper la ville de Montbéliard, sous le prétexte que le duc de Wurtemberg s'était ligué avec les ennemis de la République Française.

Comme cette occupation de Montbéliard avait eu lieu sans les ordres du gouvernement français, le pays resta en la possession de la maison de Wurtemberg, qui crût devoir à ce moment renouveler encore ses protestations de neutralité, mais le calme fût loin de revenir.

Des arbres de la liberté ayant été plantés au mois de novembre 1792, à Montbéliard et dans diverses autres localités, le Conseil de Régence n'osa pas les faire disparaître, de crainte de représailles, il fit même replanter ceux qui furent arrachés, mais, pour calmer les esprits et apaiser l'animation qui se produisait, il crut devoir adresser aux bourgeois de Montbéliard, le 23 de même mois de novembre 1792, la proclamation suivante :

Proclamation du Conseil de Régence
de Montbéliard
au nom de son Altesse Sérénissime

« C'est avec une douleur inexprimable que le Conseil de son Altesse Sérénissime voit depuis quelques jours régner le trouble, les désordres et l'insubordination dans le sein d'une famille qui, jusqu'à présent avait joui des douceurs de la paix, de l'union et de la fraternité ; dans le sein d'une ville qui pendant des siècles non interrompus a donné un modèle éclatant d'amour, de respect et d'attachement envers les princes ; dans le sein d'une ville qui fournit l'exemple d'une sage liberté assurée par des franchises et des privilèges inappréciables.

« La fermentation qui se manifeste aujourd'hui et qui n'a sa source que dans de faux prétextes, ne peut qu'altérer la tranquillité publique et produire l'effet tant redouté de la cherté des grains, en mettant des entraves à l'approvisionnement des marchés et entraîner par là la ruine de toute la Société, sans faire le bonheur d'aucun de ses membres.

Le Conseil est trop persuadé du bon esprit public des corps et des habitants de cette ville et du païs ; il compte trop sur leur gratitude et leur dévoûment envers leurs Princes, sur leur attachement à l'antique et heureuse constitution sous laquelle nous avons le bonheur de vivre, sur leur amour de la paix, de la justice et de l'ordre, pour s'attendre à l'exécution de projets menaçants qui leur ferait échanger tant d'avantages inestimables contre des espérances qui, quand même il serait possible de les voir réalisées, ne les dédommageraient jamais de leurs pertes.

« A ces causes voulant convaincre la bourgeoisie de Montbéliard du désir sincère et des ordres qu'il a de concourir à son vrai bonheur, par des mesures sagement et tranquillement concertées, et de partager avec elle toutes ses inquiétudes en attendant que les circonstances permettent la reprise des négociations entamées pour son cômerce par un prince bienfaisant, qui, dans les présentes conjonctures a manifesté les dispositions de la plus exacte neutralité envers la nation française, le dit Conseil invite tous les enfants de la Patrie à se rallier dans les sentiments de la modération, et les persônes bien intentionnées à y ramener aussi ceux qui ont été trompés et à convertir les cris et les clameurs en des demandes justes et raisonables, dans la persuasion que son Altesse Sérénissime, qui a constamment chéri et distingué ses bons bourgeois de Montbéliard, se fera un plaisir de distinguer encore par des nouveaux bienfaits un zèle, un attachement et une fidélité qui ne sont jamais démentis. »

En conseil, le 23 novembre 1792,

Signé :

Comte de SPONECK de GOLL.

A la suite de cette proclamation, les trois corps de la ville se réunirent le même jour pour aviser aux moyens à prendre pour calmer la fermentation qui s'accroissait chaque jour.

Le lendemain 24, d'après les éphémérides de Duvernoy, pages 440 et 456, tous les bourgeois sont assemblés dans leurs quartiers respectifs ; là, ils arrêtent la rédaction des pétitions tendant à obtenir la suppression de plusieurs droits seigneuriaux et déclarent en même temps à l'unanimité que : « satisfaits du Gouvernement « sous lequel ils vivent, ils coopéreront de con- « cert et de tout leur pouvoir au maintient de « la sûreté publique et à la conservation de leurs « franchises. »

Le 30 novembre, probablement sous la pres- sion des évènements, les mêmes bourgeois pro- cèdent à la nomination de quatre députés par guet ou quartier et chargent ceux-ci d'exami- ner, de concert avec les trois corps de la magis- trature les griefs communs, pour en former un mémoire à présenter au gouvernement.

Le 10 avril 1793, le Général Desprez-Crassier, prenait possession du Comté de Montbéliard au nom de Custine, Général en chef de l'armée du Rhin, sous prétexte que le Duc de Wurtemberg avait offert et fourni son contingent pour aider les puissances coalisées à attaquer la République française ; celui-ci se retira avec ses troupes le 13 du même mois.

L'état de faiblesse de la Principauté ainsi abandonnée par le Prince chargé de son Gouvernement, détermina plus tard Bernard de Saintes (¹) à en venir faire la conquête, pour les mêmes motifs que ceux mis en avant précédemment.

Il fit son entrée à Montbéliard le 10 octobre 1793, avec le bataillon de nouvelle levée de Dôle et deux sections de cavalerie et d'artillerie.

Cette force armée était composée exactement de la manière suivante, ainsi que nous l'indique l'ordre de réquisition signé par l'officier qui la commandait, ordre qui existe encore aux archives de la ville :

« *Force de la force armée arrivée ce présent jour à Montbélliard ; à qui je prie les citoyens, officiers municipaux de faire fournir les logements :* »

---

(1) Bernard de Saintes était né à Corme-Royal, paroisse des environs de Saintes, le 21 Juin 1751.

Il quitta Montbéliard, pour aller à Besançon, à la date du 29 Janvier 1794.

Voir à son sujet : *Un conventionnel en mission et la Réunion de la Principauté de Montbéliard à la France*, *par Armand Lods.* (Tome 18-19 des Mémoires de la Société d'Emulation de Montbéliard).

Hommes	Un bataillon du district de Dôle, composé de	*712 hommes*
	Une compagnie d'artillerie volante, composée de	*70* »
	Un détachement de canoniers volontaires, composé de	*5o* »
	Un détachement du 14ᵉ Régᵗ de Cavalerie, composé de	*5o* »
		882 hommes
Chevaux	Chevaux áe l'artillerie volante	*70 chevaux*
	Chevaux du détachement de cavalerie	*5o* »
	Chevaux des équipages d'artillerïe	*20* »
	Chevaux de l'Etat-Major	*5o* »
		190 chevaux

Le Commissaire des Guerres de la 6ᵉ Division de l'armée, employé à la suite de la suite de la force armée à Montbéliard, prie et au besoin requiert tous les citoyens, officiers municipaux de Montbéliard, de faire loger chez les citoyens de la ditte ville, hommes et chevaux suivant l'effectif ci-dessus et cela sur le champ, et de faire fournir aussi sur le champ la quantité de quatre cens rations de fourrages, composées chacune de 18 livres de foin et des deux tiers du boisseau d'avoine de Paris.

A Montbéliard, le 10 Octobre 1793, 2ᵉ de la République française une et indivisible.

LYAUTEY

Arrivé à Montbéliard, Bernard ne pouvait manquer de se rencontrer avec les Membres du Magistrat, alors en fonctions. M. Duvernoy, dans les « Ephémérides » (page 388) rapporte la réponse qui aurait été faite à Bernard de Saintes par Jacques Ferrand, alors Maître-Bourgeois en chef au moment où celui-ci, à la tête d'une députation, lui présentait les clefs de la ville de Montbéliard.

« *Je vous apporte la liberté*, aurait dit le Représentant du Peuple. *Vous vous trompez*, aurait repris vivement Ferrand, *nous la connaissons de plus longue date et aussi complète qu'il est possible ; elle a été l'un des bienfaits de nos Princes, nous n'avons d'expression que pour les bénir.* »

A ces paroles Bernard répondit : « *Pas un mot de plus, Monsieur ! J'ai des canons tout prêts d'ici* », et il congédia la Députation.

A partir de ce moment l'Administration de la ville lui appartient : nous allons voir quelles sont les principales mesures qu'il prit pour remplacer les anciennes municipalités.

Le compte-rendu de la séance tenue le 12 octobre 1793, à l'Hôtel de Ville de Montbéliard, sous la Présidence de Bernard de Saintes, nous servira naturellement d'introduction. Ce compte-rendu contient, en effet, le procès-verbal d'installation en notre ville de la première municipalité française, nommée conformément aux lois alors en vigueur.

On y trouvera également la proclamation par laquelle Bernard de Saintes a prononcé officiellement, au nom de la Convention, la réunion du Pays de Montbéliard, réunion qui fut sanctionnée par la Loi du 28 Thermidor an IV [7 août 1796]. (¹)

Pour hâter cette annexion, la Société Populaire envoya à Paris deux délégués, chargés de demander la réunion définitive de notre Pays à la France.

―――――

(1) Loi contenant ratification du traité de paix conclu le 20 Thermidor an IV, entre la République Française et le duc de Wurtemberg et Teck.

Du 28 Thermidor an IV (7 août 1796).

―――――

. . . .

ARTICLE IV

S. A. S. le duc de Wurtemberg et Teck renonce en faveur de la République Française, pour lui, ses successeurs et ayant-cause, à tous ses droits sur la principauté de Montbéliard, les seigneuries d'Héricourt, de Passavant et autres en dépendantes, le Comté d'Horbourg, ainsi que les seigneuries de Riquewir et Osthein et lui cède généralement toutes les propriétés, droits et revenus fonciers qu'il possède sur la rive gauche du Rhin et les arrérages qu'il pourrait réclamer. Il renonce à toute répétition qu'il pourrait faire contre la République, pour non jouissance des dits droits et revenus et pour toute autre cause, de quelque espèce qu'elle soit, antérieure au présent traité.

(N° 80 du bulletin des Lois de l'an IV et V.)

Cette députation fut admise à la barre de la Convention et aux honneurs de la séance, le 11 février 1794, (23 Pluviose an III) ; l'avocat Rossel prononça un discours à cette occasion et reçut l'accolade fraternelle.

CHAPITRE II

La réunion de Montbéliard à la France

RÉPUBLIQUE FRANÇAISE,
une et Indivisible,

« En la maison commune de Montbéliard, le vingt et unième jour du premier mois de l'an second (*12 octobre 1793*) de la République une et indivisible, les soussignés Pierre Frédéric Goguel, fabricant de bas au métier, Georges Frédéric Morel, cadracturier, Georges Léonard Dubois, notaire, Léopold Frédéric Verenet, aubergiste des Balances, Georges Frédéric Fallot, tanneur, Charles Christophe Gruet, cordier, Jean Georges Duvernoy, horloger, Georges Frédéric Curie, menuisier, Georges - David Curie, fabricant de bas, Jacques Louis Becker, Imprimeur, Jacques Christophe Rayot, boucher, Pierre Frédéric Fayot, marchand, Jean Georges Nardin, boucher, Charles Christophe Reitey, boulanger, Jean Frédéric Duvernoy, cordonnier, Charles Samuel Bernard, marchand, David, Frédéric Bernard, fabricant de bas, Pierre Conrad Berger, cordier, Pierre Surleau, dessinateur, et Jacques Christophe Morel, chirurgien, tous citoyens de Montbéliard, s'y étant rendus sur l'invitation qui leur a été faite par le citoyen Georges Frédéric Bouillon, Procureur Syndic du district de Montbéliard, le citoyen Bernard, Représentant du Peuple,

Député par la Convention nationale pour les Départements de la Côte-d'Or, du Doubs, du Jura, de la Haute-Saône, du Mont Terrible et de l'Ain, leur a fait connaître que par sa Proclamation du Dix-neuf de ce mois, [*10 octobre 1793*] la ci-devant Principauté de Montbéliard ayant été réunie à la République Française, cette réunion serait imparfaite, s'il ne constituait des autorités à la place de celles qui exerçaient en la ci-devant Principauté.

« Dans un discours plein de fraternité, il leur a fait connaître les avantages précieux de la liberté qu'il venait de rendre aux citoyens de cette ci-devant Principauté, en les exhortant à la conserver et à la défendre.

« Tous ont applaudi à cet acte généreux de la part de la nation Française et se sont écriés dans la joie que la reconnaissance leur a causé : VIVE LA RÉPUBLIQUE FRANÇAISE, Une et Indivisible.

« Ensuite le Représentant du Peuple Bernard leur a fait la lecture de la proclamation qui fixe l'organisation du District de Montbéliard ; mais avant que de la coucher par écrit, il est bon de la faire précéder de la proclamation du dix-neuf de ce mois, et du discours du représentant Bernard.

Proclamation du dix-neuvième Jour du premier mois de l'an second de la République une et Indivisible.

Au nom
de la République Française,
« Le Représentant du Peuple délégué par la

Convention Nationale, pour les Départements de la Côte-d'Or, du Doubs, du Jura, de la Haute-Saône, du Mont-Terrible et de l'Ain.

Aux citoyens de la Principauté de Montbéliard.

Citoyens,

« Depuis longtemps la France vous voyait avec peine courbés sous le joug du despotisme féodal ; elle désirait vous faire jouir comme elle du bien de la liberté.

« Peut-être vos magistrats ont-ils à se reprocher d'avoir retardé le moment de votre régénération, et nés pour la liberté, vous ne deviez pas attendre qu'une guerre formée contre elle, obligeat les Français à vous la rendre.

« Quoiqu'il en soit, les Français trop fiers, d'un côté, pour souffrir que votre ancien Maître ait des possessions dans leur territoire, quand il ose joindre une armée à celle des tyrans coalisés ; et de l'autre, trop ami des hommes pour supporter que dans leur voisinage des frères soient honteusement enchaînés et en proie à la tyrannie du premier ambitieux, vous apportent aujourd'hui la Liberté, et avec elle tous les droits de l'homme.

« Dès ce jour, la dime et tous les droits odieux de la féodalité et de l'inégalité sont abolis pour vous, le droit de pêche et de chasse vous est rétabli ; vous êtes tous également appelés aux emplois publics ; le plus vertueux sera le seul préféré ; la confiance du peuple est la seule dispensatrice de toutes les places et emplois, en un mot vous êtes Français.

« Bons citoyens de Montbéliard, sachez apprécier ce bienfait ; armez-vous d'une haine profonde contre tous les tyrans et d'un saint amour pour vos frères, unissez-vous par des liens indissolubles à ce grand peuple qui vous rend libre ; comptez que son courage et ses vertus triompheront de tous ses ennemis : Déjà dixhuit cent mille hommes sont armés pour combattre tous les tyrans du monde, partout se répand sur les étendards flottants de la Liberté cette légende terrible, « Le Peuple français, debout contre les tyrans » et partout la victoire couronnera de ses succès les Libérateurs du monde, les restaurateurs de la liberté Publique.

« Jusqu'ici vous avez versé le fruit de votre travail dans la caisse d'un seul homme qui ne l'employait qu'à vous avilir en même temps qu'il satisfaisait davantage son ambition ; à l'avenir vos subsides seront pour vous, puisqu'ils ne seront employés qu'à conserver votre liberté.

« Autrefois le poids des impôts ne frappait que sur les utiles cultivateurs ; aujourd'hui ils vont être répartis d'une manière égale entre tous les citoyens, et le riche paiera pour le pauvre.

« Citoyens de Montbéliard, la France a à se plaindre de votre dégoût pour les assignats, et des accaparements que vous avez faits à son préjudice avec votre corrupteur ; vous lui ferez sans doute oublier le passé par le présent et l'avenir, vous saurez comme le Français mépriser un vil métal encore empreint de l'effigie d'un traître et apprécier la monnaie d'un Peuple libre et vraiment Républicain, vous ferez plus, vous mépriserez toutes les richesses quelconques et ne respecterez que la vertu, le courage et le malheur.

« Vous ferez la guerre aux châteaux et porterez paix et assistance aux chaumières.

« Tels sont les principes des Français ; les adopter c'est devenir leurs frères, les enfreindre ou les méconnaître, c'est être leurs ennemis.

« Fait en Commission à Montbéliard, le dix octobre mil sept cent quatre vingt treize, l'an deux de la République Française, une et indivisible. »

Signé : BERNARD.

DISCOURS

du Citoyen Représentant Bernard, du vingt unième jour du premier mois de l'an second de la République une et Indivisible.

Citoyens,

« Votre Réunion à la République Française eut été imparfaite si elle vous eut laissé végéter sous des lois qui n'étaient pas l'expression du vœu libre du Peuple Souverain, si elle eut laissé subsister au milieu de vous une administration vicieuse contraire à celles que se sont données les Français.

« Il est donc de mon devoir de franciser les administrations aussitôt que les armes de la République ont francisé les administrés.

« Je ne pouvais ni ne devais sans doute confier les fonctions publiques d'un Peuple devenu libre aux mêmes mains qui servirent un despote, car certes ceux-là qui ont servi la féodalité ne sont pas propres à la faire oublier.

« J'ai donc jeté les yeux sur des hommes chez qui le germe de la liberté] était tel qu'il s'était manifesté même dans le sein de l'esclavage.

« Qu'il sera glorieux pour vous, citoyens, d'être les premiers apôtres de la liberté et de l'égalité dans votre patrie ; vous osâtes parler en hommes libres, quand vous n'étiez que cerfs, quand vous connaissiez un maître ; que ne ferez-vous pas quand vous n'aurez à servir que la cause de la liberté, qu'à maintenir les droits sacrés du Peuple, qu'à poursuivre les tyrans et leurs vils satellites, quand décorés de l'écharpe tricolore dont je vais vous ceindre au nom de la République Française, vous songerez que vous êtes les vrais magistrats du Peuple, créés uniquement pour son bonheur, que si jadis vous fûtes isolés et sans force, pour résister à l'oppression, vous êtes unis aujourd'hui à vingt-cinq millions d'hommes qui ont juré la Liberté ou la mort, qui sont armés pour la défendre et ne savent pas jurer en vain.

« Citoyens, que ce beau jour soit toujours présent à votre mémoire, que les Despotes l'apprennent en frémissant, que l'aristocratie en expire de rage.

« Ce sera votre plus beau triomphe, et dans ce saint enthousiasme crions tous ensemble « Vive la République Française ».

LIBERTÉ   ÉGALITÉ
au nom
de la République Française

Le représentant du Peuple délégué par la Convention Nationale, pour les Départements de la Côte-d'Or, du Doubs, du Jura, de la Haute-Saône, du Mont-Terrible et de l'Ain.

« Considérant que la ci-devant principauté de Montbéliard venant d'être conquise à la France et se trouvant enclavée dans un territoire doit être administrée comme toutes les autres parties de la République Française ;

« Que le territoire de Montbéliard s'étendant sur sept lieues de longueur, et trois, quatre et cinq de largeur, et comportant une population de près de 20000 âmes répandues sur 56 communes, ce territoire peut être organisé en district ;

« Considérant que quoiqu'au peuple seul appartienne le droit d'élire ses administrateurs, les lenteurs qui entraîneraient les assemblées de Communes, leur organisation, et la nomination des électeurs surtout quand les cantons ne sont pas encore réglés, nuiraient considérablement à la chose publique ; qu'ainsi il est utile que le représentant du Peuple obéisse, au mandat qu'il a reçu de la Convention, de réformer les administrations vicieuses, de les réorganiser et composer de citoyens patriotes et révolutionnaires, arrête ce qui suit :

ARTICLE 1er. — La ci-devant Principauté de Montbéliard formera provisoirement un district dont le chef-lieu sera dans la ville de Montbéliard, et les fonctionnaires publics seront salariés par la République sur le même pied et d'après les bases fixées pour les autres administrations.

Art. 2. — La Constitution française ayant aboli les tribunaux judiciaires de district, il n'en sera point formé à Montbéliard, et les fonctions qui leur sont attribuées seront exercées par les Juges de paix et leurs assesseurs dans leur arrondissement respectif jusqu'à l'organisation des arbitres forcés.

Art. 3. — Le Département du Mont-Terrible étant le plus voisin de Montbéliard, et le moins populeux, il paraît juste de lui réunir le district de Montbéliard ; mais ce Département étant nouvellement réuni à la France, encore peu fait au régime français, il est intéressant, et pour la chose publique, et pour les citoyens de Montbéliard de les réunir au département de la Hte-Saône ; en conséquence, ce District en fera provisoirement partie, jusqu'à ce que la Convention nationale ait déterminé un nouvel arrondissement.

Art. 4. — Il sera de suite établi, organisé et mis en activité à Montbéliard une administration de Directoire de district composée de cinq membres, un Procureur syndic et un secrétaire général,

Une Municipalité composée du Maire, cinq officiers municipaux, un Procureur de la Commune, son substitut et un Conseil Général de douze membres.

Deux Juges de paix, l'un pour la ville et l'autre pour la campagne, auxquels seront adjoints deux assesseurs pour chacun ;

Et un Comité de surveillance composé de douze membres, dont l'inspection s'étendra sur tout le District jusqu'à ce qu'il en soit établi dans les autres communes.

Art. 5. — Jusqu'à ce que la Convention nationale ait déterminé l'époque et le mode du renouvellement des autorités constituées, celles établies dans la ville de Montbéliard seront composées des citoyens ci-après nommés.

Art. 6. — Les citoyens Morel, Ministre protestant de Bethoncourt, Philippe Henri Goguel homme de loi, Jean Georges Berger, marchand et officier municipal actuel, et Marconnet, aubergiste du Lion d'Or, sont nommés administrateurs du Directoire de district, et éliront leur Président parmi eux.

Le citoyen Bouillon, père, marchand, est nommé Procureur syndic, et le citoyen Morel, ci-devant archiviste de la chancellerie, est nommé secrétaire général ; il pourra s'adjoindre provisoirement deux commis dont le Directoire fixera les appointements qui ne pourront excéder huit cents livres, et en augmenter le nombre, lorsque le Directoire jugera que ce travail l'exige ; le traitement du secrétaire général pourra être porté jusqu'à douze cents livres.

Art. 7. — Le citoyen Pierre Frédéric Goguel fabricant de bas (¹) est nommé Maire de la ville et banlieue de Montbéliard.

------

(1) Premier Maire Français. Elu Membre du Magistrat

Le citoyen Morel, quadracturier, est nommé Procureur de la Commune et le citoyen Dubois, l'ainé, Procureur Substitut.

Les citoyens Verenet, aubergiste des Balances, Georges Frédéric Fallot, tanneur, Charles Gruet, cordier, Jean Georges Duvernoy, horloger, et Georges Curie, menuisier, sont nommés officiers municipaux.

Le Conseil Général de la commune sera composé des citoyens David Curie, fabricant de bas, Jacques L. Becker, imprimeur, Jacques Rayot, boucher, Pierre Frédéric Fayot, marchand, Georges Nardin, boucher, Charles Retté, cordonnier, Jean Frédéric Duvernoy, boulanger, Charles Samuel Bernard, marchand, David Bernard, fabricant de bas, Pierre Berger, cordier, Pierre Surleau, dessinateur, et Morel, chirurgien, lesquels seront convoqués par la Municipalité toutes les fois que le public l'exigera et dans tous les cas prescrits par la loi.

Art. 8. — Le Comité de surveillance sera composé des citoyens Bouillon père, marchand, Jacques Morel, candidat, Pierre Frédéric Goguel, fabricant de bas, Georges Frédéric Duvernoy, horloger, Georges Louis Richardot, perruquier, Pierre Dorian, tisserand, Charles Dorian, horloger, Peugeot fils ainé, tisserand, Pierre Tisserand, dessinateur, Frédéric Wetzel,

---

de la ville le 31 décembre 1790 pour l'année 1791. — Remplissait les fonctions de conforteur. (Suppléant du Maître bourgeois en chef).

tanneur, Couleru, horloger, rue Surleau, et Friez père, marchand.

Ce comité nommera son Président et son secrétaire dans son sein, et surveillera toutes les trames des aristocrates ; il donnera des mandats d'arrêt contre ceux qu'il déclarera suspects d'incivisme ; il rendra compte de ses opérations au Comité de salut public ou de sûreté générale de la Convention nationale ; il aura le droit d'ouvrir toutes les lettres qu'il croira venir ou adressées à des personnes suspectes, surtout celles allant et venant de l'Etranger.

Art. 9. — Le citoyen Jacques Morel, candidat, est nommé Juge de paix pour la ville, et les citoyens Jacques Tuefferd, marchand, et Pierre Ferrand, receveur de l'hôpital, sont nommés ses assesseurs

L'arrondissement du Juge de paix pour la Campagne, s'étendra jusqu'à deux lieues de tour de la ville de Montbéliard.

Art. 10. — Jusqu'à ce qu'il en soit autrement ordonné, les deux Juges de paix et leurs assesseurs, se réuniront deux fois par semaine et aux jours par eux indiqués, pour juger au moins au nombre de trois, les contestations qui s'élèveront entre les citoyens des communes hors leurs arrondissements et qui n'auront pu être assoupies par des arbitres volontaires, et jugeront en dernier ressort sauf le recours au tribunal de cassation établi à Paris dans les cas déterminés par les lois.

Art. 11. — Aucun citoyen appelé à des fonctions publiques ne pourra refuser d'accepter, sous peine d'être traité comme suspect d'incivisme et ennemi de la République.

La municipalité et le Conseil général de la Commune seront installés par le représentant du Peuple demain à onze heures dans la salle de la maison commune, et le citoyen Bouillon Père, nommé Procureur Syndic du district est requis d'y convoquer tous les Membres nommés : A ces fins il lui sera délivré extrait du présent arrêté.

Art. 12 — Le Directoire de District nommera un trésorier soumis au cautionnement fixé par la loi ; les Juges de Paix nommeront chacun leur Greffier, et la municipalité son secrétaire.

Art. 13. — Aussitôt l'installation des autorités constituées toutes les anciennes cesseront aussitôt leur fonction et rendront compte de leur administration aux nouvelles.

Art. 14. — Le patriotisme le plus pur, l'amour de la liberté et de l'égalité, la haine contre les tyrans. la sévérité contre les aristocrates de toutes les couleurs, l'obéissance aux lois de la République Française et leur active exécution, sont recommandées aux fonctionnaires publics sous leur responsabilité personnelle, et ils protègeront et encourageront la formation des sociétés populaires.

Art. 15. — Le présent arrêté sera imprimé, lu et affiché dans toute l'étendue du district de Montbéliard, et envoyé au Département de la Haute-Saône pour qu'il fasse l'envoi des lois et fixe l'impôt du district sur lequel sera pris toutes les dépenses et frais d'administration.

Fait en Commission à Montbéliard, le onze octobre mil sept cent quatre vingt treize, l'an deux de la République française une et indivisible.

Signé : BERNARD

Après quoi les membres de la municipalité, le Procureur de la Commune et son substitut, ceux du Conseil Général et du Directoire qui se trouvaient présents ont instamment prêté le serment dont la teneur suit :

« Je jure fidélité à la République Française une et indivisible, de maintenir de tout mon pouvoir la liberté et l'égalité, de respecter et faire respecter les personnes et les propriétés, d'exécuter et faire exécuter tous les décrets de la Convention Nationale, la Constitution que le Peuple Français a accepté, de remplir avec courage et probité, fidélité, exactitude les fonctions honorables que le Représentant du Peuple m'a confié, et de vivre libre ou mourir. »

Une nouvelle administration venait de prendre en mains les affaires de la ville et allait se mettre de suite à la tâche.

Dès le 13 octobre, le Comité de Surveillance institué par l'article 8 de l'arrêté de Bernard de Saintes était convoqué par le Procureur Syndic, de la manière suivante : (¹)

(I) De la part du Représentant du Peuple,

Comité de surveillance

« Il est ordonné aux Citoyens cy après dénommés savoir :

1° Jacques Morel, Juge de Paix,

Nous ferons connaître, dans un autre travail, les diverses mesures prises pendant cette période troublée ; nous devons donc nous borner à donner simplement ici la composition des assemblées de l'époque et les noms des citoyens qui les ont constituées.

C'est dans ce but que nous reproduisons ci-après : 1° l'arrêté, en date du 28 Pluviose an III (27 janvier 1795) par lequel Sevestre, représentant du peuple, a reconstitué le Directoire du District, le Conseil Général, le Comité Révolutionnaire et les Tribunaux ;

2° L'arrêté, en date du 16 ventôse an VI (6 mars 1798) par lequel l'Administration du Mont-Terrible a prononcé la suppression de l'Administration municipale de Montbéliard pour les motifs qu'elle indique.

2° Pierre-Frédéric Goguel, Maire,

3° George-Fred : Duvernoy, horloger,

4° George-Louis Richardot,

5° Pierre Tisserand, tisserand,

6° Charles Dorian, horloger,

7° George Peugeot fils ainé, tisserand,

8° Pierre Surleau, dessinateur,

9° Frédéric Vetzel, tanneur,

10° George Couleru, horloger, rue Surleau,

11° Friés Père, Marchand,

De se trouver aujourd'hui à onze heures précises en la maison commune, pour y recevoir des ordres.»

Fait à Montbéliard, 13ᵉ 8bre 1793.

L'An 2ᵉ de la République française une et indivisible.

Signé : BOUILLON, Procureur Syndic.

Au nom du Peuple Français.

Sévestre, Représentant du Peuple dans les départements de la Haute-Saône, du Doubs et autres.

« Considérant que dans l'assemblée qui a eu lieu le 3 de Nivose dernier à Montbéliard pour l'épuration des autorités administratives de ce District, le peuple n'a eu à reprocher à ses administrateurs aucune de ces mesures arbitraires et atroces qui ont consterné et couvert dedeuil tant d'autres parties de la République ;

« Que plusieurs d'entre eux ont reçu les témoignages les plus flatteurs de l'estime et de la confiance de leurs concitoyens et qu'il n'y a eu lieu à destitution contre aucun, que seulement on a paru désirer dans quelques uns ou plus de talents ou plus d'exactitude et qu'il en est aussi, qui se trouve dans l'âge de la première réquisition ;

« Considérant que dans l'ordre judiciaire, le citoyen faisant les fonctions de commissaire National près le tribunal provisoire, a été conspué à la tribune, argué d'immoralité et d'abus de pouvoir tandis que le peuple s'est empressé de rendre justice à la probité des juges ;

« Considérant que l'organisation provisoire de la justice de ce nouveau District, offre des irrégularités, et des inconvénients qu'il est urgent de faire disparaître ;

«Qu'il convient d'assimiler à cet égard le District de Montbéliard aux autres Districts de la

République et notamment quand à ce qui concerne le Bénéfice des Recours aux Tribunaux d'appel et la formation du Tribunal criminel du département ;

« Considérant que toutes les Municipalités du District doivent être aussi réorganisées d'une manière uniforme et légale ;

« Que plusieurs fonctionnaires publics sollicitent leurs démissions par des motifs plus ou moins plausibles;

« Considérant enfin qu'il importe soit au maintien de l'esprit public, soit à la marche des autorités constituées de ce nouveau district que ses habitans enfans adoptifs de la République ayent parmi eux des citoyens qui ayant suivis et aidés la Révolution dès son principe, et connoissant les lois puissent être leurs guides dans le sentier de la liberté.

Arrête en conséquence ce qui suit :

ARTICLE 1er

Le Directoire du District de Montbéliard sera composé des citoyens :

Claude Joseph Marcel Pourcelot

Jaques Antoine Cordienne

Jean Fréderic Morel

Frederic Binninger, tous de Montbéliard

Et le Conseil général, des citoyens,

Charles Louis Duvernoy Président

Charles Alexandre Sathler

Pierre Henri Duvernoy, tous de Montbéliard.

Jean Bretegnier de Fontaine Neuve

Jean Jaques Chatel de Montbéliard

Duvernoy de Ste-Marie Maire

Daniel, Frédéric Ferrand, de Sochaux

Claude François, fils de François Joseph Menego de Mandeure

Le Citoyen Petitcolas exercera les fonctions d'Agent National près ce District.

Le Citoyen George Lalance est nommé secrétaire général.

Et attendu que le peu d'étenduë du District de Montbéliard n'exige pas un travail bien considérable, le Conseil Général est dispensé d'une permanence habituelle, il ne s'assemblera qu'une fois par décade et dans toutes les circonstances importantes, où le Directoire trouvera convenable de le convoquer

Le Citoyen Frédéric Werner conservera la place de receveur du District.

ARTICLE 2. — Le Comité Révolutionnaire du District sera composé des citoyens :

Charles Christophe Grue

Jean Henri Frédéric Dethielle

Frédéric Charles Bernard

Jean George Cuvier

Charles Rettey

Jean-Jacques, Tuetey

Jean Guyon

Jean Duvernoy

Marc David Morel

Jean Claude Busson de Mandeure

David Mathille de Charmont

Jean Frédéric de Ste Susanne

ART. 3. — Il sera établi dans le district de Montbéliard un tribunal judiciaire à l'instar des autres tribunaux des Districts de la République

Le Tribunal de District sera formé des citoyens Guillon demeurant à Doubs-Marat ci devant homme de loï qui fera les fonctions de Président,

Charles Leopold Duvernoy,

Charles Bouthenot fils aîné,

Jaques Morel,

George Fréderic Bouillon fils, ci-devant Juge de Paix, ces quatre derniers de Montbéliard

Le citoyen Désirier de Besançon, cy-devant homme de loi et receveur du collège, est nommé Commissaire National près le Tribunal.

Art. 4. — Les suppléants sont les citoyens :
Charles Frédéric Parrot
Pierre Frédéric Fallot
Charles Louis Berger
George Frédéric Morel

Art. 5. — Le Bureau de Paix et de Conciliation est composé des citoyens :
David Beurnier,
Leopold Leconte,
Pierre Emmanuel Lods,
George Frederic Duvernoy, horloger,
Pierre Frédéric Dorian,
Charles Christophe Duvernoy.

Art. 6. — Les citoyens cy-après nommés feront les fonctions de Juge de Paix
Frederic Louis Jean Maire cadet, pour le canton de Montbéliard,

Ses assesseurs sont les citoyens Léonard-Frédéric Parrot et David-Frédéric Bernard

Jacques-Frédéric Rigoulot, d'Exincourt, pour le canton d'Audincourt

Pierre Christophe Fournier, de Clairegoutte, pour le canton de Clairegoutte

Pierre Navion, de Bavans, pour le canton de Désandans

Ces juges de Paix choisiront leurs greffiers.

Art. 7. — Les affaires précédemment jugées au Tribunal provisoire, et celles qui se jugeront dans le tribunal actuel pourront être portées aux tribunaux d'appel désignés par l'administration du District.

Art. 8. — Le tribunal actuel pourra aussi par réciprocité être désigné comme tribunal d'appel par les Districts voisins, il fournira aussi alternativement avec les autres tribunaux du département un juge au tribunal criminel.

Art. 9. — Les municipalités du District de Montbéliard seront composées conformément au tableau joint au présent arrêté.

Art. 10. — L'agent N^{al} près le District de Montbéliard demeure chargé de l'exécution du Présent arrêté ainsi que celui cy-joint relatif au renouvellement des Municipalités de son ressort, de l'installation des membres des diverses autorités constituées, et d'en rendre compte.

Fait en commission à Vesoul, ce huit Pluviose, l'an trois de la République française, une et indivisible [27 Janvier 1795].

Le Représentant du Peuple,
SEVESTRE

Nouvelle organisation du Canton de Montbéliard

EXTRAIT

des registres des séances publiques de l'administration centrale de département du Mont-Terrible séante à Porrentruy, du 16 Ventose, l'an six de la République française, une et indivisible.

—

«Vu la lettre de l'administration municipale du canton de Montbéliard, en date du 14 courant par laquelle elle annonce, qu'elle n'a reçu le paquet d'affiches pour Ventes de Domaines nationaux qui lui avoit été dépêché le 6, que le 13 subséquent ; que l'adjudication s'y trouvant fixée au 25, l'intervalle de 15 jours entre l'affiche et l'adjudication exigé par l'article 9 de la loi du 3 Brumaire an 5, ne pouvoit plus avoir lieu ; qu'en conséquence elle avoit cru devoir s'abstenir de les faire placarder ; que d'ailleurs cette affiche contient des fonds, contre la vente des quels elle dit avoir addressée par le courrier du 14, des réclamations au Ministre des finances, qu'elle a tout lieu d'espérer que ce Ministre approuvera l'opposition qu'elle a formée à cette vente,

« Considérant, que Montbéliard n'étant qu'à une distance de cinq lieues, ces affiches ne peuvent avoir été en route dès le 6 au 13 ; que le Messager, chargé de ces affiches, l'étoit en même temps de celles pour les cantons de Désandans et d'Audincourt, où elles sont parve-

nues à temps, et dans les communes des quels
elles se trouvent placardées, ce qui démontre
que le messager n'a pas été négligent à en faire
la remise ; donc il résulte clairement qu'elles
sont de même parvenues à temps à Montbéliard ; que ce retard simulé ne provient donc
que de Montbéliard contre la vente de certains
fonds contenus dans cette affiche, ce qui prouve
une malveillance perfide de leur part, et par
quoi ils se sont mis en opposition aux lois
et instructions du Ministre des finances, qui
commandent impérieusement aux administrations de mettre toute diligence dans la vente
des biens nationaux ; qu'ils se trouvent de même
en contravention de l'arrêté du Directoire exécutif du 17 Messidor dernier par l'opposition
qu'ils disent avoir formée à cette vente en se
refusant en même tems à l'exécution de notre
arrêté au bas de l'affiche du 3 du présent mois
qui leur ordonnoit de placarder l'affiche sans
retard,

« Qu'outre les autorités, l'arrêté du Département du 12 Nivose dernier statue la vente des
batimens, dont l'opposition sert de prétexte aux
refus de la Municipalité de placarder les affiches
qui les annoncent.

« Qu'un autre arrêté du 25 Pluviose rejette encore l'opposition de la municipalité à l'alliéna-
tion qui est d'ailleurs statuée par décision du
Ministre des finances du 18 du même mois.

« Partout quoi, indépendamment de leur mo-
ralité politique connue par leur haine pour les
institutions républicaines, les administrateurs

ne peuvent et ne doivent être plus longtemps conservés dans leurs fonctions; que d'ailleurs ils ont exercé jusqu'ici, contrairement à l'article 178 de l'acte constitutionnel par l'inadvertance ou négligence des administrateurs qui nous ont précédés ; qu'il est de notre devoir de ne pas partager la population de Montbéliard, qui forme à elle seule un canton ne s'élevant qu'à 3693 habitants, d'après l'état le plus récent de cette municipalité, en date du 21 Pluviose dernier qui est cependant celui de tous ceux qu'elle a fourni, qui présente la plus forte population ; que cette administration existant donc contrairement à la constitution doit être de suite supprimée, en pourvoyant en même tems à l'arrondissement de ce canton, conformément à l'article 29 de la loi du 21 fructidor an 3, relative aux fonctions des corps administratifs et municipaux, en exécution du titre 7 de l'acte constitutionel.

Considérant que le retard dans le placardement de cette affiche dans la seule commune de Montbéliard, mérite d'autant moins considération, qu'elle se trouve placardée dans toutes les communes environnantes et qu'elle a été envoyée aux départements voisins et que le temps qui reste à courir jusqu'à l'adjudication fixée au 25 de ce mois est plus que suffisant pour que chaque habitant de Montbéliard en obtienne connaissance surtout si surabondamment on la fait publier dans la commune.

En conséquence l'administration centrale du

département du Mont-Terrible... ouï le commissaire du Directoire exécutif.

Arrête : 1º Qu'elle supprime l'administration municipale de Montbéliard ; qu'en conséquence, les membres de cette administration s'abstiendront dès l'instant de la notification du présent de toutes fonctions ;

2º Qu'interprétant, en tant que besoin seroit et confirmant les dispositions de son arrêté du 23 Pluviose dernier, relatif à l'arrondissement du canton de Montbéliard, arrête qu'aux termes de l'article 29 de la loi du 21 fructidor, il sera provisoirement exécuté, en conséquence les agents des communes de Grand-Charmont, Vieux-Charmont, Sochaux, Nommay, Arbouhans, Bart, Courcelles, Bethoncourt, Sainte-Suzanne, Dung, Allondans, se réuniront le 19 du courant, au lieu des séances de l'administration municipale de Montbéliard, pour procéder conformément à l'article 188 de la constitution, à la nomination d'un agent et adjoint de la commune de Montbéliard.

3º Les commissaires près les administrations municipales des cantons de Désandans, d'Audincourt et de Montbéliard restent chargés, sous leur responsabililité, de procurer l'exécution tant du présent arrêté que de celui du 23 Pluviose dernier, chacun en ce qui les concerne dans les 24 heures à compter de la réception et en particulier celui de Montbéliard de faire instamment publier et placarder l'affiche dont question dans la commune de Montbéliard.

A quel effet expédition, tant du présent que

de l'arrêté du 23 Pluviose dernier leur seront transmis et par un exprés qui rapportera certificat de l'exécution.

Que semblables expéditions seront de même adressées aux ministres de l'intérieur et des finances pour recevoir la confirmation des dispositions y renfermées.

Pour extrait :

Vu : KAUFFMAN, VOISARD.

Sre en chef.

CHAPITRE III

*Conseil Municipal de l'an 9, nommé par arrêté
du Préfet du Haut-Rhin,
le 17 Frimaire an 9 (8 décembre 1800)*

Maire : M. Charles-Frédéric Surleau.

MM.

Charles Christophe Duvernoy, *Président Muni-
cipal.*
Léonard Frédéric Parrot, ancien capitaine,
Charles Louis Duvernoy, homme de loi,
Samuel Frédéric Fallot, homme de loi,
David Beurnier, agent forestier,
Leopold Frédéric Leconte, marchand,
Charles Christophe Verenet, pharmacien,
David Bernard, marchand de vins,
Charles-Frédéric Molinier,
Frédéric Werner, marchand,
Frédéric Charles Bouthenot, homme de loi,
Caspard Frédéric Richard, homme de loi,
Charles Louis Berger, homme de lettres,
George Frédéric Duvernoy, fabricant de bas au
métier, *Vice-Président,*
George Isaïe Meyer, marchand,
George Frédéric Fayot, marchand,
George David Lalance,   id.
Jaques Christophe Macler, marchand,
Pierre Louis Sahler,   id.
Friez père,   id.

*Conseil Municipal nommé par arrêté du Préfet
du Haut-Rhin, daté à Colmar,
du 1er Prairial an XI (21 mai 1803)*

Maire : M. Surleau Charles Frédéric.

MM.

Duvernois Charles Louis, homme de loi,
Parrot Léonard Frédéric, ancien capitaine,
Duvernois Charles Christophe, homme de loi,
Beurnier David, Inspecteur des Eaux et forêts,
Leconte Léopold Frédéric, marchand,
Werner Frédéric, marchand,
Bernard, David, marchand de vin,
Molinier Charles Frédéric, horloger,
Bouthenot Frédéric Charles, homme de Loi,
Duvernois George Frédéric, fabricant de bas,
Ferrand Jacques Frédéric, marchand,
Morel Jacques Christophe, officier de santé,
Bardot Léopold Frédéric Jacques, ancien Com-
    mandant,
Rau Jacques Frédéric, fabricant,
Gruet Pierre Frédéric, marchand,
Duvernois Jean-Georges, horloger,
Detheille Henry Frédéric, marchand,
Goguel Gaspard, homme de lettres (1),
Rossel Georges Frédéric, homme de Loi,
Morel Pierre Frédéric, marchand.

---

(1) N'a point accepté ces fonctions, a été remplacé par
M. George Esaye Meyer, nommé le 26 fructidor an XI.

M. Samuel Frédéric Fallot a remplacé également l'un
des conseillers du nom de Duvernoy, décédé, suivant arrêté préfectoral du même jour (13 Août 1803).

Conseil Municipal nommé par arrêté Préfectoral,
daté à Colmar, du 1ᵉʳ octobre 1813 (¹)

Maire : M. Rossel Georges Frédéric Joseph (²)

MM.	Date de la nomination la plus ancienne
Morel Pierre Frédéric, négociant	1 prairial an XI
Goguel Philippe Henry, notaire	30 avril 1806
Meyer Georges Frédéric, négociant	8 juillet 1808
Morel Jacques Christophe, Docteur-Médecin	8 juillet 1808
Berdot Charles Léopold Vernier, Docteur-Médecin	29 8bre 1808
Wild Rodolphe Jérémie Georges, négociant	24 août 1809
Bernard Charles Samuel négociant	3 9bre 1810
Méguin Léonard Frédéric, homme de Lettres	10 9bre 1810
Duvernoy Georges Louis, Docteur-Médecin	14 août 1812

(1) C'est au mois de Juin 1812 que le plan cadastral de la ville est établi.

(2) Par arrêté préfectoral du 11 7ʳᵉ 1815, M. Fallot Pierre Frédéric, négociant, a été nommé 2ᵉ adjoint, en remplacement de M. Berger, nommé 1ᵉʳ adjoint.

Par arrêté préfectoral du 29 8ʳᵉ 1816 M. Berger Charles Louis a été nommé 1ᵉʳ adjoint et M. Fallot, notaire, 2ᵉ adjoint.

	Date de la nomination la plus ancienne
Oustalet Jean, officier de santé	18 août 1812
Mailhet Pierre	»
Lecomte Louis Christophe	»
Beurnier David, Inspecteur des Eaux et forêts	17 frimaire an IX
Bernard David Frédéric, marchand de vin	dº
Verner Frédéric, négociant	dº
Ferrand Jacques Frédéric, négociant	1 Prairial an XI
Berdot Léopold Frédéric Jacques, colonel retraité	dº
Gruet Pierre Frédéric, négociant	dº
Dethielle Henri Frédéric, négociant	dº
Ferrand Pierre Frédéric	»

Au 29 Février 1820, (¹) *Le Conseil Municipal de la Ville de Montbéliard était ainsi composé :*

Maire : M. Berger Charles Louis.

MM.	Date des nominations
Bernard David	21 mai 1803
Ferrand Jacques Frédéric	dº.

(1) Il y a lieu de rappeler ici que c'est à partir de la promulgation de la Loi du 9 Janvier 1816 que Montbéliard devient chef-lieu d'arrondissement.

Date des nominations

Gruet Pierre Frédéric	21 mai 1803
Morel Pierre Frédéric	d°
Morel Jacques Christophe	8 juillet 1808
Wild Rodolphe Georges Jérémie	24 août 1809
Duvernoy Georges Louis	14 août 1812
Oustalet Jean	18 août 1812
de Forstner Charles Louis Ferdinand	20 Février 1816
Fallot Pierre Frédéric	16 mai 1818
Moreau Sigismond Joseph	d°
Bernard Louis	d°
Fallot Jean	2 décembre 1819
Leconte Frédéric Charles	d°
Darcq Jean Baptiste	29 Février 1820
Kœnig Jacques Frédéric	d°
Bouthenot Charles Louis	d°
Goguel Jacques Frédéric	d°
Diény, officier supérieur en retraite	28 Juillet 1820

Nominations diverses de Conseillers municipaux
faites de 1819 à 1829, (¹)
pour compléter l'assemblée communale au fur
et à mesure des vacances

Date des arrêtés
préfectoraux

MM.

Leconte Frédéric Charles,

---

(1) M. Berger Charles Louis est maire pendant toute cette période.

C'est pendant son administration, le 7 Juillet 1825

	Dates des arrêtés Préfectoraux
Receveur de l'Enregistrement	2 décembre 1819
Fallot Jean, tanneur	2 décembre 1819
Goguel Jacques, fils de Pierre	29 Février 1820
Kœnig Jacques Frédéric	d°
Darcq Jean Baptiste	d°
Bouthenot Charles Louis	d°
Diény, officier supérieur en Retraite	28 Juillet 1820
Gouvernet Joseph, avoué	20 novembre 1821
Sahler Charles Samuel, médecin	d°
Berger Charles	23 mai 1822
Fallot Pierre Frédéric Charles	14 Janvier 1823
Goguel Charles, négociant	26 Juillet 1825
Morel Pierre Frédéric, architecte	17 7bre 1825
Tuefferd Frédéric	5 mai 1826
Berger Charles Louis	20 avril 1827
Morel Georges Louis	3 Janvier 1829
Titot Jacques Frédéric	d°

que fut rendue l'ordonnance royale autorisant la ville à continuer de porter ses armoiries : De gueules à une Croix d'argent, chargée, en abîme, d'une étoile d'azur.

Cette autorisation avait été demandée par délibération du Conseil Municipal du 11 mai 1824.

RENOUVELLEMENT GÉNÉRAL DE 1831
Loi du 21 mars 1831

4605 habitants = 3 sections

Scrutin du 13 Septembre 1831.

Votants 76

Ont obtenu :

MM.

1re section (3)

- Morel Jacques Christophe, médecin   61 v.
- Lockert Louis, vétérinaire   59
- Boilloux Georges Frédéric, contrôleur de la garantie (1)   58
- Leconte Frédéric Charles, receveur de l'enregistrement (2)   55

---

(1) démissionnaire le 21 mai 1832.

(2)   —   le 27 septembre 1836.

(3) La limite et la composition des sections électorales de la ville de Montbéliard avaient été déterminées par la délibération du Conseil Municipal du 9 Juillet 1831, approuvée par ordonnance du 16 août suivant.

La première section comprenait : Partie de la rue des Fèves, la rue des Granges, celles des vieilles étuves et du Collège, la Place St-Martin, avec les petites rues adjacentes ;

La deuxième comprenait : le Faubourg, la Place d'Armes, la Rue de la Boucherie et le quartier des Tanneries ;

La troisième section comprenait : les Rues derrière haute et basse, des Aiguillons et du Château, celle dite Surleau, et partie de celle des Fèves ;

Ces sections ont d'ailleurs été supprimées dans la suite, et, à partir des élections de 1848, la ville de Montbéliard n'a plus formé qu'une section unique au point de vue électoral.

Le 9 novembre, les Membres du Conseil Municipal se sont réunis, conformément à la loi du 21 mars 1831,

1re section	Diemer Léonard Frédéric, cabaretier	49
	Dorian Jacques, aubergiste	48
	Zurcher Charles,	43
	Gœgel Frédéric, tanneur	42

MM.   Votants 78

2e section	Titot Jean Jacques Frédéric, rentier, *adjoint*,	71
	Maulbon, ingénieur en chef des Ponts et Chaussées	60
	Wild Georges Rodolphe Jérémie, négociant,	55
	Gruet Charles, cordier	54
	Meyer Louis, négociant	40
	Sahler Georges Louis, brasseur	38
	Parrot Pierre Frédéric, boulanger	32
	Biber Charles, distillateur	29

MM.   Votants 91

3e section	Goguel fils Jacques Frédéric, *adjoint*,	78
	Morel Charles Frédéric, directeur des postes,	80
	Perdrizet Jean Christophe, négociant, *maire*,	80
	Surleau Charles Jérémie, cafetier	68
	Petitjean Jules François, notaire	52
	Bouthenot Charles Louis, notaire	42
	Tuefferd Charles Frédéric, aubergiste (1)	39

---

pour procéder à l'opération du tirage au sort qui devait déterminer la moitié sortante du Conseil Municipal.

Six membres avaient déjà donné leur démission pure et simple, savoir : MM. Boilloux, Perdrizet, Diemer, Sahler, Titot et Wild.

De plus M. Maulbon avait été déclaré démissionnaire par le Préfet comme ayant manqué à trois réunions consécutives, et M. Tuefferd Charles Frédéric était décédé.

(1) décédé le 26 avril 1833.

RENOUVELLEMENT PARTIEL DE 1834

Scrutin du 23 novembre 1834

Votants 73

Ont obtenu :

MM.

1ᵉ section

Oustalet fils, médecin (¹)	53
Titot, rentier, *2ᵉ adjoint*,	49
Wild, négociant, *1ᵉʳ adjoint*,	43
Thiébaud, avoué	38

Scrutin du 25 novembre

MM.

2ᵉ section

Fallot Frédéric Charles	61
Sahler-Japy Charles	53
Mégnin Georges Frédéric, *1ᵉʳ adjoint*	58
Petitjean Jules François	44
Sahler Charles Samuel, *2ᵉ adjoint* (²)	25

Scrutin du 27 novembre

MM.

3ᵉ section

Boilloux Georges, contrôleur (³)	52
Gœgel Marc Frédéric, tanneur	49
Goguel Philippe Henri, notaire	42

Maire : M. Goguel Jacques Frédéric

---

(1) démissionnaire le 2 novembre 1836.
(2) Elu Conseiller d'arrondissement de 1833 à 1845.
C'est sous cette administration que fut inaugurée, le
23 août 1835, la statue de Georges Cuvier.
(3) démissionnaire le 16 avril 1840.

RENOUVELLEMENT PARTIEL DE 1837 [1]

Scrutin du 21 mai 1837

Ont obtenu   Votants   81

MM.

1ʳᵉ section

Morel Charles Frédéric [2]	66
Surleau Charles Jérémie	48
Goguel Jacques Frédéric, fils Pierre	48

Scrutin du 23 mai

Votants   72

MM.

3ᵉ section

Dorian Jacques Frédéric, aubergiste	50
Lockert Louis Frédéric, vétérinaire	50
Fallot-Peugeot Charles, tanneur	49
Gravier Claude François Aimé Félix, Procureur du Roi	42
Goguel-Noblot Charles, marchand de vin	41

Scrutin du 25 mai

Votants   79

MM.

2ᵉ section

Parrot Pierre Frédéric, boulanger	58
Bouthenot Charles Louis, notaire [3]	46
Masson Henri, avocat	24

Scrutin du 26 mai

Votants   62

4ᵉ section

M. Gruet Charles, cordier, a obtenu   38

---

(1) Maire M. Goguel Jacques-Frédéric.
(2) Conseiller d'arrondissement de 1848 à 1856.
(3) Démissionnaire le 9 mai 1843.

RENOUVELLEMENT PARTIEL DE 1840

Scrutin du 8 juin 1840

Votants 63

Ont obtenu

MM.

1e section

Goguel Philippe Henry, notaire, 1e série 39
Gœgel Marc Frédéric » 35
Titot Frédéric, 1er adjoint, » 34
Dublar Charles, receveur des finances,
2e série 39
Cerf-Boris, ingénieur » 38

Scrutin du 10 juin

Votants 87

MM.

2e section

Oustalet Jean fils, docteur en médecine 76
Roux Jean-Albert, fabricant d'horlo-
gerie (2e *adjoint*), (¹) 64
Thiébaud Jean François, avoué 63
Lods Georges, tanneur 63
Deckherr Frédéric, Juge suppléant 52

Scrutin des 12 et 13 juin 1840

Votants 102

MM.

3e section

Fallot Pierre Frédéric Charles, phar-
macien (²) 91
Sahler Charles Samuel, docteur en
médecine, *Maire* 85
Sahler Ferdinand, fabricant (³) 84
Petitjean Jules François, notaire 49

(1) Décédé le 26 7bre 1852.
(2) Conseiller d'arrondissement de 1833 à 1834.
(3) — — de 1845 à 1852.

RENOUVELLEMENT PARTIEL DE 1843 *

Scrutin du 19 juin 1843

Votants 68

Ont obtenu

MM.

Section B de St-Martin

Rossel Charles François Frédéric, ingénieur (1)	56
Masson Henri, principal du collège	51
Biber Charles Louis, docteur	40

Scrutin du 21 juin

MM.

Section C, du faubourg

Meyer Georges Frédéric, négociant, 2e *adjoint*, (2)	66
Mégnin Georges Louis, banquier, 1er *adjoint* (3)	62
Morel Charles Frédéric, négociant	53
Macler-Goguel Jacques Christophe, négociant	48

Scrutin du 23 juin

MM.

Section A r. de Belfort

Verenet-Grammont,	1e série	38
Dorian Jacques Frédéric,	2e »	66
Dublar César,	2e »	58
Cerf-Boris,	2e »	55
Fallot-Peugeot Charles,	2e »	42

* M. Sahler Charles Samuel est maire de 1840 à 1865.

---

(1) Démissionnaire le 17 avril 1848.
(2)   do   le 17   »   1848.
(3)   do   le 17   »   1848.

RENOUVELLEMENT PARTIEL DE 1846

Scrutin du 12 juin 1846

Votants 76

Ont obtenu

MM.

Section C — 1ᵉ série

Sahler Charles Samuel, *Maire*	70
Sahler Ferdinand (1)	68
Fallot Pierre Frédéric Charles, pharmacien	69
Lalance Alexandre	58

Scrutin du 15 juin

Votants 55

MM.

Section A — 2ᵉ série

Gœgel père, tanneur (2)	52
Gruet Jacques	39
Wetzel Luc, officier de la Garde nationale	38
Berger Charles (3)	31

Scrutin du 17 juin

Votants 72

MM.

Section B — 3ᵉ série

Oustalet Jean Frédéric, docteur en médecine	65
Deckherr, avocat	64
Thiébaut Jean François	51
Lods Georges, tanneur	47

---

(1) Démissionnaire le 3 septembre 1847.
(2)   »   7   »   1847.
(3)   »   4   »   1847.

CHAPITRE IV

1848 ET L'EMPIRE

Le Sous commissaire du gouvernement provisoire de l'arrondissement de Montbéliard,

Vu l'urgence,

Considérant que le conseil municipal tel qu'il est composé, n'est que l'expression du vote d'une fraction privilégiée,

Considérant en outre que le nombre des conseillers municipaux n'est pas en rapport avec le chiffre de la population,

Arrête :

Article 1er. — Le conseil municipal de la commune de Montbéliard est révoqué.

Article 2. — Il est institué une commission administrative pour remplir les fonctions du conseil municipal jusqu'aux prochaines élections de la municipalité.

Article 3. — Est nommé président de la commission administrative de la commune de Montbéliard, *le citoyen Sahler*, *docteur*, lequel remplira les fonctions de *maire*.

Sont nommés vice-présidents de ladite commission administrative les citoyens Mégnin-Surleau, Meyer Georges, Duvernoy Georges, menuisier, *lesquels rempliront les fonctions d'adjoints*.

Sont nommés membres de ladite commission administrative les citoyens :

5. Thiébault, avoué,
6. Lalance, fabricant,
7. Morel, banquier,
8. Dorian, aubergiste,
9. Lods, tourneur,
10. Gruet, menuisier,
11. Oustalet, médecin,
12. Fallot Ch. tanneur,
13. Fallot, ex-pharma-
    cien,
14. Macler-Goguel, né-
    gociant,
15. Deckherr, Frédéric
    avocat.
16. Dublar, César-Bru-
    tus,
17. Ruet, horloger,
18. Wetzel, architecte

19. Masson. principal,
20. Rossel, Juge,
21. Lods, horloger,
22. Parant, menuisier,
23. Seguer fils, serru-
    rier,
24. Maurel, ingénieur,
25. Jacot-Abry , mar-
    chand,
26 Marconnet, tisse-
    rand,
27. Blache Aîné, négo-
    ciant,
28. Gros Frédéric, ser-
    rurier,
29 Ray Georges, maçon.
30. Gatschon, limona-
    dier.

lesquels rempliront les fonctions de conseillers municipaux.

Article 4. — A la réception du présent arrêté, le maire, ou l'adjoint, ou le membre du conseil municipal exerçant les fonctions de Maire, convoquera à la mairie, à bref délai, la commission administrative instituée par les articles ci-dessus. En présenee de cette assemblée, l'arrêté de nomination sera transcrit sur le registre à ce destiné, et les nouveaux titulaires entreront immédiatement en fonctions.

De cette installation il sera dressé procès-verbal écrit sur le même registre, à la suite de la transcription mentionnée ci-dessus et que signeront les parties présentes.

Une copie de ce procès-verbal sera envoyée sans retard au commissaire du gouvernement.

Article 5. — La commission délibérera à la majorité des voix des membres présents lorsque la convocation aura été faite à domicile et légalement.

Article 6. — Hors des sessions ordinaires, aucune convocation ne pourra avoir lieu sans l'autorisation préalable du sous-commissaire de la République.

Vive la République !

Montbéliard, le 30 mars 1848,

Le sous-commissaire,

Aug. FILLE.

RENOUVELLEMENT GÉNÉRAL DE 1848

Scrutin du 3o juillet

PREMIER TOUR

Ont obtenu :

MM.	Votants 797
Sahler Léopold-Ferdinand ([1])	653
Sahler Charles Samuel, *maire*	640
Goguel Auguste, notaire ([2])	583
Fallot Pierre-Frédéric-Charles	504
Maurel Irénée	480
Ferrand Georges, rentier	453
Lods Georges, tanneur ([3])	439

---

(1) Conseiller général du Doubs de 1852 à 1853.
(2)   id.   de 1848 à 1852.
(3) Démissionnaire le 20 mai 1848

Berger Charles, cafetier 418
Duvernoy Auguste, docteur 403
Mégnin-Surleau, banquier 401

Scrutin du 6 août 1848

DEUXIÈME TOUR

Ont obtenu :

MM. Votants 647

Surleau Jacques-Alexandre, négociant
  premier adjoint. 365
Barbier Henri, libraire–lithographe 325
Dorian Jacques, propriétaire 318
Fallot-Boilloux, tanneur 271
Morel Charles-Frédéric, banquier 254
Parrot Frédéric fils, dit Chevalier 252
Goguel Henri, cafetier 249
Hufflen Charles, menuisier 249
Feschotte Ferdinand, teinturier 248
Quailot Pierre–Frédéric, rentier 229
Rossel Charles, juge (¹) 224
Fallot-Peugeot Charles, tanneur 218
Pareau-Goguel Xavier, négociant, 2ᵉ *et*
  1ᵉʳ adjoint (²) 218

---

(1) Démissionnaire le 17 février 1849.

(2) Décédé le 5 juin 1886.

RENOUVELLEMENT GÉNÉRAL DE 1852

Scrutin du Samedi, 21 août 1852

PREMIER TOUR

Inscrits 1289. — Votants 548

Ont obtenu :
MM.

Surleau Alexandre, *1er adjoint*	532
Sahler Charles-Samuel, *maire*	515
Pareau Xavier, *2e adjoint* (¹)	505
Maurel Irénée, ingénieur	451
Morel père, banquier	439
Goegel Georges, tanneur	436
Sahler Léopold-Ferdinand, fabricant	429
Fallot Charles fils, pharmacien	409
Fallot-Peugeot, tanneur	368
Deckherr Frédéric, avocat	368
Ferrand Frédéric-Georges, rentier	355

Scrutin du samedi, 28 août 1852

DEUXIÈME TOUR

Ont obtenu :
MM.

Goguel Henri, cafetier	339
Berger Charles-Frédéric, cafetier	338
Zurcher-Grosclaude Frédéric, maréchal	322
Feschotte Jean-Henri-Ferdinand, teinturier	314

---

(1) Décédé le 5 juin 1886.

Dorian Jacques-Frédéric, aubergiste 295
Parrot Jacques-Frédéric, négociant (¹) 278
Contejean Jean-Georges, rentier 261
Morhardt Jacques, maitre de poste 253
Wetzel Luc, architecte 247
Sender Jacques-Frédéric, serrurier 227
Beurnier François, ancien inspecteur
   des forêts 222
Marconnet Frédéric, tisserand 218

RENOUVELLEMENT GÉNÉRAL DE 1855

Scrutin du 21 Juillet

PREMIER TOUR

Inscrits 1299. — Votants 583

Ont obtenu :

MM.

Surleau Jacques-Alexandre, *1ᵉʳ adjoint* 567
Maurel, ingénieur (²) 555
Mégnin-Surleau 542
Pareau Xavier, **2ᵉ** *adjoint* (³) 527
Morel père, banquier (⁴) 518
Fallot Charles-Samuel Frédéric, phar-
   macien 500
Lalance Charles fils 489
Dorian Jacques-Frédéric 458
Berger Charles-Frédéric, cafetier 456

(1) Démissionnaire le 4 avril 1855.
(2) Démissionnaire le 25 juillet. 1855.
(3)   »   le 5 juin 1886.
(4) Conseiller général du Doubs de 1856 à 1867.

Sahler Léopold-Ferdinand, fabricant (¹) 449

Lalance Alexandre père 428

Beurnier François 420

Fallot-Peugeot Charles 413

Leconte-Morel 401

Wetzel Luc, architecte (²) 400

Sender Frédéric, serrurier 376

Sahler Edouard 374

Marconnet Frédéric, tisserand 366

Deckherr Frédéric, avocat 361

Goguel-Biber Georges, tanneur (³) 354

Scrutin du 28 Juillet

DEUXIÈME TOUR

Ont obtenu : Votants 328

MM.

Feschotte Ferdinand 233

Gatschen Louis, capitaine en retraite 156

Deckher Charles 148

Parrot Jacques-Frédéric 70

RENOUVELLEMENT GÉNÉRAL DE 1860

Scrutin du 18 août

PREMIER TOUR

Inscrits 1385. — Votants 601

Ont obtenu :

MM.

Surleau Jacques-Alexandre, négociant 564

---

(1) Démissionnaire le 18 octobre 1855.
(2) Démissionnaire le 31 Xbre 1856.
(3)   »   le 27 Xbre 1855.

Pareau Xavier, *1er adjoint* (¹)   538
Mégnin-Surleau, banquier   530
De Chabaud-Latour, manufacturier   524
Fallot fils, pharmacien   518
Lalance Charles, négociant   515
Goguel Auguste, docteur en droit   504
Sahler-Beurnier Alphonse, *2e adjoint* (²)   496
Sahler Edouard, filateur   493
Biber-Anthès Georges, filateur   484
Fallot-Peugeot, marchand tanneur   481
Meyer Georges, négociant   480
Berger Charles, cafetier   478
Morel-Bernard fils, banquier   466
Morel-Macler, architecte (³)   423
Bainier-Lods, quincaillier (⁴)   362
Dorian Victor, maître d'hôtel   358
Marconnet Frédéric, marchand de tissus   352

Scrutin du 25 août

SECOND TOUR

Votants 608

Ont obtenu :

Barbier Henri, imprimeur-lithographe   368
Morhardt Jacques, maître de postes   329
Feschotte Ferdinand, teinturier   258
Sender Jacques-Frédéric, serrurier   248
Coudre Stanislas, juge de paix   210

---

(1) Décédé le 5 Juin 1886.
(2) Décédé à Montbéliard, le 23 Novembre 1892.
(3) Conseiller d'arrondissement de 1856 à 1871.
(4) Démissionnaire le 12 Juin 1861.

RENOUVELLEMENT GÉNÉRAL DE 1865

Scrutin du 22 juillet

PREMIER TOUR

Inscrits 1694 — Votants 1042

Ont obtenu :

MM.

Surleau Alexandre, négociant	952
Fallot Jules, docteur en médecine	901
Cucuel Rodolphe, docteur en médecine	863
Morel-Bernard Louis, banquier	842
Goguel Auguste, docteur en droit	807
Fallot Charles, pharmacien	784
Barbier Henri, libraire	776
De Chabaud-Latour, manufacturier	755
Morel-Macler Pierre-Frédéric, architecte	721
Lalance Charles, banquier (1)	717
Bainier-Lods Paul, négociant	655
Sahler-Beurnier Alphonse, manufacturier (2), *2e adjoint*	632
Meyer Georges, négociant	597
Sender Frédéric, serrurier	590
Sahler Charles Samuel, maire (3)	582
Jolidon-Pfister Ferdinand, conducteur des ponts et chaussées	550
Fallot-Mégnin Charles, banquier	542
Pechin Georges, ancien négociant	520
Sahler Eugène, rentier	520

(1) Conseiller général du Doubs de 1867 à 1877.

(2) Décédé le 23 Novembre 1892 : A été conseiller général du Doubs pour le canton d'Audincourt.

(3) Décédé le 7 Juin 1866.

Scrutin du 29 juillet

2ᵉ TOUR

Votants 885

Ont obtenu

MM.

Pareau Xavier, fabricant, *1ᵉʳ adjoint*,	420
Feschotte Ferdinand, teinturier	382
Dorian Victor, maître d'hôtel	382
Coudre Stanislas, juge de paix	372

CHAPITRE V

Sous la République

RENOUVELLEMENT GÉNÉRAL DE 1870

Scrutin du 6 août

PREMIER TOUR

Inscrits   1678
Votants   954

Ont obtenu

MM.

Surleau Jacques Alexandre (¹) négociant	677
Barbier Georges Henri, libraire	651
Fallot Charles Samuel Frédéric, pharmacien	647
Sahler - Beurnier Alphonse – Eugène, manufacturier, *1er adjoint*	646
Percerou Jules-Ernest, avocat	630
Lalance Charles-Frédéric, manufacturier, *maire* (²)	628
Jolidon Jules-Ferdinand, conducteur des ponts et chaussées	613
Sahler Louis-Frédéric-Eugène, rentier	602
Fallot Jules, docteur en médecine	601
Cucuel Louis-Rodolphe, docteur en médecine	599
De Chabaud-Latour, manufacturier	597
Morel-Macler Pierre-Frédéric, architecte	554

(1) Décédé le 19 août 1871.

(2) Nommé Officier d'Académie le 1er août 1866 et Chevalier de la Légion d'honneur le 23 Juin 1871 ; Conseiller Général du Doubs de 1867 à 1877.

Dorian Victor-Léopold-Frédéric, maî-
tre d'hôtel   553
Meyer Jules-Ernest, banquier   547
Morel Frédéric-Louis, banquier   540
Bernard Armand-Arsène, notaire, 2e
adjoint (¹)   516
Bainier-Lods Paul-Frédéric, négociant 478

Scrutin du 14 août

2ᵉ TOUR

MM.   Ont obtenu :

Châtel Louis-Frédéric, rentier   318
Feschotte Jean-Henri-Ferdinand, tein-
turier   285
Goguel Charles - Auguste - Alexandre,
docteur en droit (²)   256
Parrand François-Joseph, rentier   238
Fallot – Mégnin Charles-Frédéric Al-
phonse, banquier   205
Pechin Georges-Christophe, rentier   173

Le conseil municipal élu les *6 et 14 août* fut
installé à l'Hôtel de ville, le 31 du même mois
après avoir juré obéissance à la constitution et
fidélité à l'Empereur.

Le 4 septembre 1870, la République était proclamée à Paris, et cette nouvelle était annoncée
aux habitants de la ville le même jour, à dix
heures du soir, du balcon de l'Hôtel de ville.

______

(1) Conseiller d'arrondissement de 1871 à 1872.

Le 12, le conseil municipal sur la proposition de M. Lalance, maire, envoyait une adresse au gouvernement de la défense nationale. (voir le texte de cette adresse page 248).

Par décret, en date du 20 septembre, le Gouvernement provisoire de la défense nationale, dissolvait les conseils municipaux et invitait les Préfets à nommer directement les membres des Bureaux électoraux qui procèderont aux élections municipales et de la Constituante ;

Ce décret fut notifié au conseil municipal de Montbéliard, le 24 du dit mois, par M. Fanart, sous-préfet.

Cette assemblée, procéda elle-même, par la voie du tirage au sort, et sur l'invitation du Sous-Préfet, à la désignation des délégués qui devaient être appelés à la remplacer.

Le 27 septembre, le conseil municipal était réintégré dans ses fonctions, ainsi que ses élus MM. Lalance, maire, Sahler et Bernard, adjoints.

L'histoire de cette époque est trop intéressante pour que le récit des faits saillants qui se sont produits n'en soit rapporté textuellement ici au moyen de documents officiels.

Je donne donc ci-après, la copie des procès-verbaux des séances tenues par le conseil municipal d'alors :

Séance du 4 Septembre 1870

PROCLAMATION DE LA RÉPUBLIQUE

L'an mil huit cent soixante-dix, le 4 septembre, à dix heures du soir, à l'hôtel de ville, M. le comte de Belleval, Sous-Préfet de Montbéliard, informe M. le Maire que la République vient d'être proclamée à Paris ; que le nouveau Gouvernement, formé des députés de Paris, vient de se constituer avec le titre de Gouvernement de la défense nationale ; qu'il lui arrive, par l'intermédiaire de M. le préfet, une dépêche officielle, signé Gambetta, ministre de l'intérieur, laquelle lui prescrit de notifier cet état de choses aux municipalités de son arrondissement.

M. le maire fait à l'instant même convoquer le corps municipal au lieu ordinaire de ses séances, à l'Hôtel de ville.

A cette convocation, ont répondu MM. Sahler Alphonse, adjoint, Barbier, Fallot Charles, Jolidon, Sahler Eugène, Fallot Jules, Cucuel, Dorian, Morel Louis, Bainier-Lods, Chatel, Feschotte, Fallot-Mégnin.

Le conseil ainsi composé, sous la présidence de M. le Maire, se trouvant vers dix heures et demie en nombre suffisant pour pouvoir délibérer, M. le Sous-Préfet se rend à la réunion, fait part au Conseil de la dépêche dont il vient d'être question, et prie M. le maire d'en donner connaissance à la population, qui, prévenue depuis quelques instants, se presse aux abords de l'Hôtel de ville.

M. le Maire, ayant à ses côtés M. le Sous-Préfet, et entouré du Conseil, se porte au balcon de l'Hôtel de ville, et donne lecture de la dépêche portant proclamation de la République.

La population répond par des acclamations.

Le conseil rentre ensuite dans la salle de ses réunions et M. le Maire déclare la séance levée.

De tout quoi a été dressé le présent procès-verbal les jour, mois et an que dessus.

Signé : Lalance, Jolidon, Ch. Fallot, Fallot J.-L., Fallot-Mégnin, Cucuel, Barbier, Sahler Alphonse, Sahler Eugène, Louis Morel.

Séance autorisée du 12 Septembre 1870

ADRESSE

AU GOUVERNEMENT DE LA DÉFENSE NATIONALE

Présents : MM. Lalance, Maire, Président, Sahler Alphonse, Adjoint, Surleau, Barbier, Percerou, Jolidon, Sahler Eugène, Fallot Jules, Cucuel, de Chabaud-Latour, Morel-Macler, Dorian, Meyer Ernest, Morel Louis, Bernard, Bainier-Lods, Châtel, Feschotte, Parrand, Fallot-Mégnin, Pechin, et Fallot Charles, secrétaire.

Sur la proposition de M. le Maire, le Conseil Municipal a voté l'adresse suivante à Messieurs les Membres du Gouvernement de la défense nationale de Paris :

Messieurs,

« Le Conseil Municipal de Montbéliard vient faire, entre vos mains, acte d'énergique et patriotique adhésion à la résolution virile qui a signalé votre entrée au pouvoir, de ne souffrir aucun amoindrissement de la France.

« Il vous remercie d'avoir accepté la lourde mais glorieuse tâche d'organiser la défense nationale et de sauver la patrie en danger.

« Devant l'ennemi la France bat d'un seul cœur. — Conservez-lui cette union précieuse et féconde.

« La République, que confirmeront bientôt les élus de la nation, ouvrira pour notre pays, une ère nouvelle de paix et de prospérité, et vous aurez bien mérité de la patrie et de l'humanité. »

Ces paroles si françaises et si patriotiques ne furent pas démenties par notre population :

On sait le reste.

Montbéliard envahi par les Prussiens, M. Lalance fait prisonnier est emmené en captivité.

Ce sont là des souvenirs qu'il est bon de rappeler à ceux qui oublieraient l'histoire.

Séance autorisée du 15 Septembre 1870, à 8 h. 1/2 du soir.

RÉORGANISATION DE LA MAIRIE DE MONTBÉLIARD.

DÉSIGNATION DU MAIRE ET DES DEUX ADJOINTS

Présents : MM. Lalance, maire, Président, Sahler Alphonse, adjoint, Surleau, Barbier, Percerou, Jolidon, Sahler Eugène, Fallot Jules, Cucuel, de Chabaud-Latour, Morel-Macler, Dorian, Meyer, Morel Louis, Bainier-Lods,

Feschotte, Parrand, Fallot-Mégnin, Pechin et Fallot Charles, secrétaire.

Etaient absents : MM. Bernard et Châtel.

M. le Maire donne lecture d'une circulaire, en date du 13 septembre 1870, par laquelle M. le Préfet fait remarquer que le renouvellement des municipalités, qui aurait dû suivre celui des conseils municipaux, n'est pas encore effectué; que, cependant il est fort important, dans les graves circonstances où nous nous trouvons, que la réorganisation des mairies ne reste pas plus longtemps en souffrance. Ce magistrat demande, en conséquence, que le conseil municipal soit réuni d'urgence pour désigner ceux de ses membres qu'il jugera les plus aptes à remplir les fonctions de maire et d'adjoints ; il exprime en même temps le désir non seulement que les choix se portent sur des hommes dont l'activité, l'intelligence et le dévouement soient une garantie qu'ils seconderont efficacement le gouvernement et l'administration dans l'œuvre de la défense nationale, mais encore que, dans ses choix, l'administration soit d'accord avec les conseils municipaux.

M. le maire invite le conseil à satisfaire à la demande de M. le Préfet ; toutefois, il croit devoir faire appel au patriotisme de ses collègues, pour que leurs choix ne se portent que sur ceux qu'il croira les plus dignes de sa confiance et les plus aptes par leurs capacités et leur expérience, à diriger les affaires communales, abstraction faite de quelques services précédents qui pourraient avoir été rendus. Il pense que, selon les usages établis, l'Assemblée tiendra à nommer un adjoint professant le culte catholique ; que les seuls membres appartenant à ce culte qui pourraient être l'objet de cette nomination, sont MM. Bernard et Percerou, qui ont des titres égaux à l'estime du Conseil.

Sur quoi, M. Percerou a fait observer qu'une considération puissante doit décider le choix du conseil en faveur de M. Bernard ; c'est que ce citoyen a acquis à Montbéliard une position de stabilité par les propriétés qu'il y possède et par les fonctions qu'il y exerce ; qu'en outre, ses capacités et la fermeté de son caractère ne sauraient être mises en question. Il prie, en conséquence, ses collègues de vouloir fixer sur lui un choix qui ne peut être qu'avantageux.

Après cet incident M. le maire appelle le conseil à exprimer au scrutin secret ses votes pour la désignation du Maire et des deux adjoints de la ville de Montbéliard, en proposant, si l'assemblée juge à propos d'éclairer ses choix, de remettre à une séance très rapprochée la solution de la question. Le conseil ayant demandé, à l'unanimité, que l'affaire fût résolue séance tenante, et les membres présents ayant été reconnus au nombre de vingt, il a été procédé au scrutin qui a donné le résultat suivant :

M. Lalance Charles a obtenu 19 voix pour les fonctions de maire ;

M. Sahler Alphonse a obtenu dix-huit voix pour celles de premier adjoint ;

M. Bernard Armand-Arsène, a obtenu dix-huit voix pour celles de deuxième adjoint :

En conséquence, M. Lalance Charles a été

désigné comme maire de la ville de Montbéliard, et MM. Sahler Alphonse et Bernard Armand-Arsène, comme ses deux adjoints.

De tout quoi a été rédigé le présent procès-verbal les jour, mois et an que dessus.

Signé : Ch. Lalance, Eug. Sahler, Fallot-Mégnin, Fréd. Jolidon, Morel-Macler, G. Pechin, Ch. Fallot, Parrand, Cucuel, Fallot Jules, Percerou, A. Surleau, Barbier, Feschotte, Louis Morel.

Séance autorisée du 24 Septembre 1870

DISSOLUTION DU CONSEIL MUNICIPAL
NOMINATION D'UNE COMMISSION MUNICIPALE POUR
REMPLACER LE CONSEIL MUNICIPAL

Présents : MM. Lalance, maire, président, Sahler Alphonse, adjoint, Surleau, Barbier, Percerou, Sahler Eugène, Fallot Jules, Cucuel, de Chabaud-Latour, Morel-Macler, Meyer, Morel Louis, Bernard, Bainier-Lods, Châtel, Feschotte, Fallot-Mégnin, Pechin et Fallot-Charles secrétaire.

M. le Sous-Préfet assiste à la séance.

M. le maire ayant laissé la parole à ce magistrat, celui-ci fait part au conseil d'un décret en date du 20 septembre courant, émanant du Gouvernement provisoire de la défense nationale à Tours, et portant :

« ART. 1er. — Les conseils municipaux sont dissous.

« Art. 2e. — Les Préfets sont autorisés à nom-
« mer les membres des bureaux électoraux qui
« doivent présider aux élections municipales et
« à celles de la Constituante. Ces membres rem-
« pliront les fonctions municipales jusqu'à ce
« que leurs successeurs soient nommés. »

M. le Sous-Préfet ajoute que les membres qui doivent être nommés en exécution du Décret précité, sont au nombre de cinq. Toutefois, bien que ces membres soient au choix de M. le Préfet, ce magistrat, informé que l'élection du conseil municipal actuel n'avait été l'objet d'aucune pression administrative, consent à ce que ledit conseil procède lui-même à la nomination des membres dont il s'agit.

M. le Sous-Préfet s'étant retiré, un membre a fait observer que, pour remplir l'objet du décret du 20 septembre, il suffirait de prendre, pour composer la commission municipale, les cinq conseillers municipaux inscrits les premiers dans l'ordre du tableau Mais l'assemblée ayant trouvé plus juste de recourir à la voie du sort pour atteindre le but proposé, il a été procédé à cette opération selon le vœu exprimé par la majorité du conseil En conséquence, les noms des 22 membres composant le Conseil munici-pal ayant été jetés dans l'urne, il a été procédé au tirage au sort. Les noms sortis de l'urne ayant été ceux de Messieurs

Bainier-Lods,
Morel-Macler,
Pechin-Georges,
Sahler Alphonse,
et Bernard Armand-Arsène.

ils ont été déclarés membres de la commission appelée à remplacer le conseil municipal, dissous par le décret précité du 20 septembre.

Signé : G. Pechin, Morel-Macler, Ch. Fallot, Fallot-Mégnin, Fallot Jules, Percerou, A. Bernard, Cucuel, Sahler A., Eug. Sahler, Barbier, A. Surleau, J. Feschotte, Louis Morel, Ch. Lalance.

Séance autorisée du 27 Septembre 1870

CONFIRMATION DES POUVOIRS
DU CONSEIL MUNICIPAL, AINSI QUE DE CEUX DU MAIRE ET DES ADJOINTS

Présents : MM. Lalance, maire, président, Surleau, Barbier, Percerou, Jolidon, Sahler Eug., Fallot Jules, Cucuel, de Chabaud-Latour, Morel-Macler, Dorian, Meyer, Morel Louis, Bernard, Bainier-Lods, Châtel, Feschotte, Parrand, Fallot-Mégnin, Pechin, et Fallot Charles secrétaire.

M. le maire fait connaître que, par décision de l'administration supérieure, le conseil est réintégré dans ses fonctions. Cette décision est annoncée par la lettre suivante de M. le Sous-Préfet, en date du 26 septembre courant.

« Monsieur le Maire,

« J'ai l'honneur de vous informer que les pou-
« voirs du conseil municipal nouvellement élu
« sont confirmés ; il en est de même pour ceux

« qui vous ont délégués, soit à vous comme
« Maire, soit à vos adjoints.

« Agréez, etc...

« Le Sous-Préfet,
« Signé : FANART. »

RENOUVELLEMENT GÉNÉRAL de 1871

PREMIER TOUR

Scrutin du 30 avril 1871

Inscrits 1669   Votants 399

Pas de résultat

2e TOUR

Scrutin du 7 mai 1871

Inscrits 1669   Votants 731

MM.   Ont obtenu :

Lalance Charles-Frédéric, *maire* (a)	700
Sahler Alphonse-Eugène 1er *adjoint*	675
Jolidon Joseph-Ferdinand ([1])	631
De Chabaud-Latour	630
Bernard Armand-Arsène ([2])	627
Sahler Louis-Frédéric-Eugène	626
Fallot Jules	624
Barbier Georges-Henri	615
Fallot Charles-Samuel-Frédéric *maire* (b)([3])	613
Meyer Jules-Ernest ([4])	612

(1) Décédé le 4 novembre 1902.

(2) décédé le 25 Février 1872. Avait été élu conseiller
d'arrondissement le 9 octobre 1871.

(3) décédé le 24 Janvier 1872.

(4)   —   le 25 octobre 1905.

Morel-Macler Pierre-Frédéric   602
Cucuel Louis-Rodolphe *maire* (c)   596
Percerou Jules-Ernest   595
Morel Frédéric-Louis, banquier, 2ᵉ *adjoint*   583
Châtel Louis-Frédéric [1]   580
Grosrenaud Eugène-Frédéric [2]   567
Leconte Julien-Charles-Edouard [3]   563
Dorian Victor-Léopold-Frédéric [4]   561
Canel Pierre   552
Fallot-Mégnin Charles-Frédéric-Alphonse   522
Feschotte Ferdinand   520
Leconte Charles-Louis-Frédéric [5]   504
Pechin Georges-Christophe   462

ÉLECTIONS PARTIELLES DE 1872

PREMIER TOUR

Scrutin du 17 Mars

Inscrits 1657   Votants 672

MM.   Ont obtenu :

Mettey Charles, négociant   617
Fallot Charles-Louis, pharmacien, 2ᵐ⁾
   adjoint [6]   591
Pameyer Charles, cordier   443
Schwanhard Charles-Louis, négociant   431

[1] Démissionnaire le 30 Novembre 1871.
[2]   —   le 1ᵉʳ Décembre 1871.
[3] Démissionnaire le 23 Janvier 1872.
[4] Décédé le 24 Août 1879.
[5]   —   le 1ᵉ Novembre 1900.
[6] Elu maire en 1874.

2e TOUR

Scrutin du 24 mars

Votants 415

MM. Ont obtenu :

Châtel Louis, rentier	347
Grosrenaud Eugène, marchand tanneur	337

RENOUVELLEMENT GÉNÉRAL de 1874

PREMIER TOUR

Scrutin du 22 novembre 1874

Inscrits 1826 Votants 1101

MM. Ont obtenu

Grosjean Jules [1]	889
Rossel-Marti	861
Sahler Alphonse	844
Fallot Charles-Louis, *maire* [2]	839
Blazer, docteur	797
De Chabaud-Latour	788
Mettey Charles	776
Oustalet Jules	741
Bernard Paul	727
Schwanhard Charles *1er adjoint* (b) [3]	722
Grosrenaud Eugène	701
Maillard Georges	701

---

(1) Démissionnaire le 5 avril 1876. Ancien préfet du Haut-Rhin et député d'Alsace à l'Assemblée Nationale. Décédé le 19 septembre 1901.

(2) Elu 2e adjoint en 1872. Conseiller général du Doubs de 1877 à ce jour.

(3) Décédé le 29 janvier 1900.

Engel Gustave ([1])	698
Camus Louis	688
Châtel Louis	677
Couleru – Duvernoy Jean – Charles, *1er adjoint* (a) ([2])	677
Marconnet	671
Brellmann, avocat, *2e adjoint*	670
Martel David	665
Tuetey, bottier	649
Garnier	641
Debrie Georges	611
Fallot-Mégnin	592

ELECTIONS PARTIELLES DE 1876

PREMIER TOUR

Scrutin du 17 septembre

Inscrits 1911   Votants 516

Aucun résultat.

2e TOUR

Scrutin du 24 septembre

Votants 430

MM.   Ont obtenu :

Paur, ingénieur civil	404
Fallot, architecte	383
Fossard, boucher	373
Bruot Louis, fabricant d'horlogerie ([3])	362

(1) Démissionnaire le 6 juillet 1875. Décédé à Dornach (Hte-Alsace) le 10 Janvier 1896.

(2) Décédé le 4 décembre 1875.

(3) Décédé le 13 juillet 1885.

1877

Par décret du 3o octobre 1877,
Le Conseil de la ville de Montbéliard est dissous.
Il est remplacé par la Commission municipale,
instituée par le dit Décret, reproduit ci-après.

DÉCRET

MINISTÈRE DE L'INTÉRIEUR

Le Président de la République Française,
Sur la proposition du ministre secrétaire d'Etat au département de l'intérieur,
Vu l'article 13 de la loi du 5 mars 1855.

DÉCRÈTE

Article 1er. — Le conseil municipal de la ville de Montbéliard (Doubs) est dissous.

Article 2. — Il est institué dans la dite ville, pour y remplir les fonctions du conseil municipal dissous, une commission composée de :

MM.

Knauss (Jean-Baptiste) (1), commandant en retraite.

Anthoine Théodore.

Bernard Léon, vérificateur des poids et mesures.

Bourlier Pierre, percepteur des contributions directes.

Combe Hippolyte, agent sédentaire des forêts.

François Alphonse.

Grammont Auguste (2), percepteur.

---

(1) Décédé à Saint-Marc, près Orléans en octobre, 1898.

(2) Décédé á Montbéliard le 6 juin 1891.

Grattepain Omer, inspecteur des forêts.

Lamboley Claude-François.

Pavans de Ceccaty Arthur, receveur de l'enregistrement.

Pétrement Victor.

Beurnier Edmond, conservateur des hypothèques.

Verny Constant.

Article 3. — M. Knauss, membre de la commission municipale, est désigné pour remplir les fonctions de maire de la ville de Montbéliard.

Article 4. — Le ministre de l'intérieur est chargé de l'exécution du présent.

Fait à Paris, le 3 octobre 1877.

Signé : M^{al} DE MAC-MAHON.

Par le Président de la République,

Le Ministre de l'Intérieur,

Signé : DE FOURTOU.

Pour ampliation,

Pour le Directeur du secrétariat et de la Comptabilité,

Le chef du 1er bureau du cabinet,

Signé : A. FLEURY. [1]

---

[1] La commission municipale dont il s'agit ci-dessus a été installée au Salon de la mairie le 5 octobre 1877, par M. Jules Danis, Sous-Préfet de l'arrondissement, ayant remplacé, par suite des événements, M. Gauthiot, Sous-Préfet républicain, révoqué.

M. Gauthiot fut rappelé à Montbéliard par décret du 30 décembre 1877, en remplacement de M. Danis.

RENOUVELLEMENT GÉNÉRAL DE 1878

Scrutin du 6 Janvier

Inscrits 1982   Votants 988

      MM.   Ont obtenu :

Sahler-Beurnier Alphonse, filateur [1]	958
Brellmann, avocat, *1er adjoint* [2]	951
Fallot Charles-Louis, pharmacien *maire* (a) [3]	950
Bernard Paul, négociant	943
Mettey Charles, négociant [4]	939
Garnier Léopold, rentier, *maire* (b) [5]	937
Oustalet Jules, négociant [6]	934
Grosrenaud Eugène, tanneur	932
Maillard Georges, gérant de brasserie	926
Schwanhard Charles, négociant *2e adjoint*	920
De Chabaud-Latour, manufacturier [7]	918
Paur Frédéric, ingénieur civil [8]	907
Blazer, docteur en médecine [9]	903
Camus Louis, négociant	903
Châtel Louis, rentier	901

(1) Décédé le 23 novembre 1892.

(2) Conseiller d'arrondissement de 1877 à 1882 Procureur de la République à Montbéliard, puis Président du Tribunal civil de Besançon, et président de la Cour d'appel, chevalier de la Légion d'honneur du 31 décembre 1897.

(3) Nommé chevalier de la Légion d'honneur le 3 juin 1890. Conseiller général du Doubs de 1877 à ce jour.

(4) Décédé le 15 janvier 1890.

(5) Décédé le 8 octobre 1883.

(6) Démissionnaire le 25 juillet 1878, décédé le 8 mars 1886.

(7) Décédé le 24 décembre 1879.

(8) Démissionnaire le 28 juin 1879.

(9) Décédé le 9 août 1883.

Fallot Jules, architecte   898
Fossard Frédéric, boucher   897
Martel David, négociant   883
Rossel-Marti Frédéric, manufacturier (1)   879
Tuetey Frédéric, rentier   877
Fallot-Mégnin, banquier   871
Bruot Louis, horloger   865
Debrie Georges, horloger   757

1ʳᵉ ELECTION PARTIELLE DE 1879

PREMIER TOUR

Scrutin du 19 octobre

Inscrits 2027   Votants 1015

MM.   Ont obtenu :

Goguel Charles   582
Camus Louis   545
Grosrenaud Eugène   511

Après le scrutin du 19 octobre 1879, les membres du conseil municipal en fonctions à cette époque, adressaient aux électeurs, la proclamation suivante :

Chers concitoyens,

Vous avez prononcé et nous nous empressons de nous incliner devant votre arrêté.

Nous remettons donc entre les mains de qui de droit le mandat que vous nous aviez confié.

N'ayant pas l'habitude de nous jouer de vous, vous comprendrez que c'est sérieusement que

---

(1) Décédé le 10 janvier 1899.

nous donnons notre démission et non pour venir demain solliciter de nouveau vos suffrages.

Veuillez, chers concitoyens, croire à toute notre reconnaissance pour la longue confiance dont vous nous aviez honorés, et agréer l'assurance de notre inaltérable dévouement.

Montbéliard, le 20 octobre 1879.

Signé : Ch. Fallot, Ch. Schwanhard, Jules Fallot, Alphonse Sahler, Brellmann, Dʳ Blazer, De Chabaud-Latour, Garnier, Fallot-Mégnin, Paul Bernard, Rossel Fredéric, Louis Châtel, Fossard Fils, Mettey Charles.

Ces démissions furent acceptées le 12 novembre 1879, avec celles de M. Charles Goguel, nouvel élu, et les électeurs furent convoqués à nouveau, pour le 16 novembre 1879, à l'effet de compléter le conseil municipal encore une fois.

Dans l'intervalle, le second tour de scrutin de la première élection partielle avait donné les résultats suivants :

DEUXIEME TOUR

Scrutin du 26 octobre

Inscrits 2027   Votants 462

MM.   Ont obtenu :

Bruot Louis	376
Debrie Georges	370
Charpiot Pierre	368
Ulmann Lazare	329

2e ÉLECTION PARTIELLE de 1879

PREMIER TOUR

Scrutin du 16 novembre 1879

Inscrits 2020   Votants 601

Pas de résultat.

DEUXIÈME TOUR

Scrutin du 22 novembre

		Votants
MM.	Ont obtenu :	
Lalance Charles-Frédéric, rentier (¹)		486
Bernard Jules-Arthur, pharmacien		483
Villars Albert-Léon, avocat, *maire*		472
Surleau Charles-Frédéric, architecte		467
Meidinger Auguste-Bernard, confiseur		454
Vurpillot Pierre, négociant		449
Belfils Georges, charpentier		437
Mottet Claude-Adolphe, fabᵗ d'horlogerie		434
Corne Charles-Jacques, capitaine en retraite		432
Vérain Marie-Charles-François, négociant		432
Weisser Charles-Frédéric, boulanger		431
Fauser Théodore-Léon, rentier		416
Collilieux Amédée, avoué		413
Zehler François-Ch.-Désiré, notaire		390
Sender Louis-Henri-Emile, menuisier		385

3e ÉLECTION PARTIELLE DE 1879

1er TOUR

Scrutin du 21 décembre

Inscrits 2017   Votants 408

Aucun résultat.

---

(1) Décédé en 1901.

2e TOUR

Scrutin du 28 décembre

Votants 408

MM.   Ont obtenu :

Ebersolt père	379
Kirschléger, fabricant de meules en émeri	372
Keller Pierre, fabricant d'horlogerie	368
Schom, propriétaire	365
Morel Louis, banquier	363

4e ÉLECTION PARTIELLE DE 1880

RENOUVELLEMENT INTÉGRAL DU CONSEIL MUNICIPAL

1er TOUR

Scrutin du 11 avril 1880

Inscrits 2085   Votants 885

MM.   Ont obtenu :

Maillard Georges, représent. de commerce	824
Garnier Léopold, rentier *maire*	810
Villars Léon, avocat	803
Camus Louis, négociant, *1er adjoint*	796
Vérain Charles, négociant, *2e adjoint*	750
Ebersolt père, rentier	745
Mottet Claude, horloger	741
Keller Pierre, id.	733
Parrot Alphonse, fabricant d'horlogerie	710
Grumbach Aîné id.	698

2e TOUR
Scrutin du 18 avril

Votants 857

MM.   Ont obtenu :

Goguel Charles, *maire*	768
Martel David	743
Grosrenaud Eugène	731
Beurnier Jules	458
Meidinger Auguste	454
Sahler Adolphe-Edgard [1]	433
Durand Alexandre, rentier	431
Charpiot Pierre, restaurateur [2]	430
Vurpillot Pierre, négociant	423
Kirschléger, fabricant de meules en émeri	418
Brellmann Jules, avocat	412
Dubois Louis, horloger [3]	406
Dubois Auguste, négociant	404

Du mois d'Octobre 1879, au mois d'Avril 1881, les électeurs de la ville avaient donc eu à procéder à huit élections ou scrutins partiels.

C'est, à ce point de vue, la période la plus troublée de notre histoire municipale.

RENOUVELLEMENT GÉNÉRAL DE 1881

1er TOUR
Scrutin du 9 janvier 1881

Inscrits 2125   Votants 840

MM.   Ont obtenu :

Beurnier Jules-Charles — Edouard, docteur en médecine   728

---

(1) Décédé à Neuveville (Suisse), le 23 mai 1898.
(2) Décédé le 29 janvier 1899.
(3) Elu adjoint le 30 juillet 1898.

Garnier Jean-Baptiste-Léopold, rentier (¹) 727
Goguel Charles-Christophe, manufactu-
    rier, *maire* (b) 720
Villars Albert-Léon, avocat, *maire* (a) 711
Dubois Auguste-Louis, négociant (²) 706
Martel Georges-David   id. 695
Maillard Georges-Louis, représentant de
    commerce 686
Vurpillot Pierre, négociant 678
Meidinger Auguste-Bernard, confiseur 676
Mottet Claude-Adolphe, horloger 675
Grumbach Jacques, fabricant d'horlogerie 669
Vérain Marie-Charles-François-Joseph,
    négociant, *2e adjoint* 663
Ebersolt Jean-Georges, rentier 659
Camus Louis-Frédéric, négociant, *1er
    adjoint* 659
Grosrenaud Eugène-Frédéric, rentier (³) 658
Durand Alexandre-Benoit   id. 653
Kirschléger Charles-Amédée, fabricant de
    meules d'émeri 652
Parrot Alphonse-Frédéric, fabricant
    d'horlogerie 648
Keller Jean-Pierre, horloger 630
Sahler Adolphe-Edgard négociant 626
Charpiot Pierre-Frédéric, restaurateur 624
Barbier Victor, imprimeur 585
Schom Georges-Frédéric, rentier 574

---

(1) Décédé le 8 octobre 1883.
(2)   d° le 6 avril 1885.
(3)   d° le 3 novembre 1882.

ELECTIONS PARTIELLES DE 1881

I. Scrutin du 16 avril

1er TOUR

Inscrits 2125   Votants 378

Aucun résultat.

2e TOUR

II. Scrutin du 23 avril

Votants 325

MM.   Ont obtenu :

Nouguier Jules, inspecteur des forêts en
    retraite ([1])   266
Prince, négociant   265

III. Scrutin du 4 septembre

1·· TOUR

Inscrits 2110   Votants 139

Aucun résultat

IV. Scrutin du 11 septembre

DEUXIÈME TOUR

MM.   Ont obtenu   Votants 352

Debrie Georges, horloger ([2])   225
Thom Charles, propriétaire ([3])   220
Kiger Pierre   id.   . 215

---

(1) Décédé, conseiller municipal, le 17 décembre 1897
(2) Décédé le 15 août 1886,
(3)   do   le 6 mars 1888.

CHAPITRE VI

RENOUVELLEMENT GÉNÉRAL DE 1884

Scrutin du 4 mai

1·· tour

Inscrits 2164   Votants 848

MM.   Ont obtenu :

Beurnier Jules, docteur en médecine, *maire* (1)	713
Villars Albert-Léon, avocat (2)	691
Canel Auguste, négociant	677
Barbier Victor, imprimeur	654
Martel David, négociant	652
Meidinger Auguste-Bernard, confiseur (3)	652
Grumbach Jacques, fabricant d'horlogerie	648
Goguel Charles, manufacturier (4)	644
Vurpillot Pierre, rentier	638
Nouguier Jules, inspecteur des forêts en retraite	638
Kirschléger Amédée, fabricant de meules en émeri	632
Camus Louis, négociant	621
Parrot Alphonse, fabricant d'horlogerie (5)	620
Ebersolt Jean-Georges, négociant	619

(1) Nommé officier d'Académie le 2 janvier 1888 et chevalier de la Légion d'honneur le 14 janvier 1881.

(2) Décédé le 19 mai 1892.

(3)   —   le 2 juillet 1895.

(4)   —   le 28 mai 1890.

(5)   —   le 1er janvier 1886.

Vérain Charles, négociant, 2e *adjoint*	609
Prince Jules, d°	606
Charpiot Pierre, restaurateur	561
Durand Alexandre-Benoit, rentier (¹)	559

Scrutin du 11 mai

2e TOUR

Votants 723

Ont obtenu

MM.

Morel Louis, banquier, *1er adjoint*	394
Duvernoy Alphonse, rentier	389
Moock Christian, pharmacien	369
Schom Georges-Frédéric, rentier	360
Courant Edmond, filateur	301

ÉLECTIONS PARTIELLES DE 1887

Scrutin du 12 juin

1er TOUR

Inscrits 2249   Votants 835

Ont obtenu

MM.

Thourot Frédéric, fabricant de limes (²)	711
Bernard Paul, négociant (³)	688
Bainier Jules, d°	636
Pardonnet Louis, notaire (⁴)	627
Vesseaux Jules, docteur en médecine	615

---

(1) Décédé le 3 mai 1887.

(2) Maire de la ville de 1900 à 1904.

(3) 1er adjoint au maire de mai à juin 1888 et de mai 1892 à mai 1896.

(4) Maire de la ville de 1888 à 1896. Conseiller d'arrondissement de 1889 à 1895.

Scrutin du 19 Juin

2ᵉ TOUR

Votants 610

MM.

Seguin Félix, avoué [1]	518
Ulmann Lazare, fabricant d'horlogerie	506

RENOUVELLEMENT GÉNÉRAL DE 1888

Scrutin du 6 mai

1ᵉʳ TOUR

Inscrits 2192   Votants 997

Ont obtenu

MM.

Goguel Charles, manufacturier [2]	931
Beurnier Jules, docteur en médecine [3]	900
Bernard Paul, négociant, 1ᵉʳ *adjoint (a)*	898
Bainier Jules, do 1ᵉ *adjoint (b)*	897
Canel Auguste, do	889
Pardonnet Louis, notaire, *maire*	888
Villars Louis, avocat [4]	888
Barbier Victor, imprimeur	866
Nouguier Jules, inspecteur des forêts en retraite	864
Vesseaux Jules, docteur en médecine	857
Camus Louis, négociant	843
Seguin Félix, avoué, 2ᵉ *adjoint*	790
Ulmann Lazare, fabricant d'horlogerie	775
Charpiot Pierre, restaurateur	774

(1) Adjoint au maire de mai 1888 à mai 1896.
(2) Décédé le 28 mai 1890.
(3) Décédé le 28 décembre 1901.
(4)   do   le 19 mai 1892.

Schom Georges, rentier   698
Tuetey Jacques, négociant (¹)   557

Scrutin du 13 mai

2e TOUR

Votants 818

Ont obtenu

M.M.

Dubois Louis, horloger (²)   696
Graff Georges, confiseur   654
Ebersolt Jean-Georges, rentier (³)   650
Schwander Charles, industriel (⁴)   624
Vérain Charles, négociant   615
Goguel-Haag Jacques, banquier   504
Gelin Constant, fabricant d'horlogerie   573

RENOUVELLEMENT GÉNÉRAL DE 1892

Scrutin du 1ᵉʳ mai

1ᵉʳ TOUR

Inscrits 2028   Votants 1139

Ont obtenu

MM.

Pardonnet Auguste-Georges-Louis, notaire, *maire* (⁵)   1067
Nouguier Jules, inspecteur des forêts en
retraite (⁶)   1045

---

(1) Décédé le 17 mai 1896.
(2) Elu adjoint au maire le 30 juillet 1898.
(3) Décédé le 19 avril 1891.
(4) Décédé à Clarens (Suisse), le 27 juin 1898.
(5) Nommé chevalier de la Légion d'honneur le 13 août 1893. Décédé le 2 octobre 1899.
(6) Décédé le 17 décembre 1897.

Bernard Paul, négociant, *1ᵉʳ adjoint*   1041
Goguel Jules, industriel (¹)   1018
Beurnier Jules, docteur en médecine   876
Tuetey Jacques-Frédéric, négociant (²)   833
Canel Auguste, négociant (³)   829
Pameyer Charles, négociant   816
Camus Louis-Frédéric, négociant   800
Seguin Félix, avoué, *2ᵉ adjoint*   791
Schwander Charles, industriel (⁴)   790
Graff Georges, confiseur   778
Villars Albert-Léon, avocat (⁵)   775
Dubois Louis-Frédéric, horloger   755
Barbier Henri-Victor, imprimeur   728
Vesseaux Jules, docteur en médecine (⁶) 707
Goguel-Haag Jacques, banquier (⁷)   677
Gelin Constant-François, fabricant d'hor-
   logerie   672
Vérain Marie-Charles-François, proprié-
   taire (⁸)   596
Charpiot Pierre-Frédéric, restaurateur (⁹) 570

---

(1) Décédé à Feydey-s.-Leysins (Suisse), le 25 novembre 1897.

(2) Décédé le 17 mai 1896.

(3) Décédé le 4 janvier 1905.

(4) Décédé à Clarens (Suisse), le 27 juin 1898.

(5) Décédé le 19 mai 1892.

(6) Démissionnaire le 20 mai 1892.

(7)   dᵒ   le 6 août 1895.

(8) Adjoint de 1880 à 1888.

(9) Démissionnaire le 23 mai 1894, décédé le 29 janvier 1899.

Scrutin du 8 mai

2e TOUR

MM.

Flamand Eugène, docteur en médecine 838
Thourot Frédéric, tailleur de limes 807
Pétermann Adolphe, imprimeur (¹) 716

RENOUVELLEMENT GÉNÉRAL DE 1896

Scrutin du 3 mai

1ᵉʳ TOUR

Inscrits 1896   Votants 1368

Ont obtenu

MM.

Thourot Frédéric, fabricant de limes 952
Flamand Eugène, docteur en médecine,
  maire(²) (*b*) 911
Schwander Charles, fabricant de moulures,
  adjoint (³) 898
Camus Louis, négociant en vins 877
Tuetey Jacques,   dᵒ   (⁴) 868
Bernard Paul, négociant (⁵) 868
Nouguier Jules, inspecteur des forêts en
  retraite (⁶) 865
Goguel Jules, industriel (⁷) 850
Pameyer Charles, cordier 844

(1) Démissionnaire le 29 novembre 1894.
(2) Elu maire le 20 juin 1897.
(3) Elu adjoint le 20 juin 1897.
(4) Décédé le 17 mai 1896.
(5) Démissionnaire le 26 mars 1897.
(6) Décédé le 17 décembre 1897.
(7) Démissionnaire le 3 mai 1897. Décédé à Feydey-sur-Leysins (Suisse), le 25 novembre 1897.

Graff Georges, confiseur	803
Dubois Louis, horloger	773
Faivre Henri, distillateur	767
Gelin Constant, fabricant d'horlogerie	719
Lugbull Pierre, propriétaire	717
Surleau Louis, négociant	714
Berthier Désiré, rentier	709
Bourcart Jules, filateur, *adjoint* (1)	707
Marti Samuel, industriel, *maire* (2) *a.*	697
Barbier Victor, imprimeur	693

Scrutin du 10 mai

Votants 1198

MM.

Hufflen Constant, boulanger	624
Bernard Jules, pharmacien (3)	602
Grosjean Jules, avoué *adjoint*	596
Parrot Léon, négociant	556

ÉLECTIONS COMPLÉMENTAIRES
DU 13 JUIN 1897

1er TOUR DU SCRUTIN

Inscrits 1954   Votants 925

MM.

Meyrat Charles, ingénieur	608

---

(1) Démissionnaire comme adjoint et comme conseiller municipal, le 26 avril 1897.

(2) Démissionnaire comme maire et comme conseiller municipal, le 26 avril 1897.

(3) Démissionnaire le 20 avril 1898.

Chatel Louis, rentier ([1])   583

Vaisseau Emile, représentant de com-
  merce   566

Clerc Constant, négociant   554

Gret Emile fils, cafetier   553

ELECTIONS COMPLÉMENTAIRES
DU 24 JUILLET 1898

1er TOUR DE SCRUTIN

MM.

Gruet Charles, ancien chef de dépôt à la
  Compagnie des chemins de fer de l'Est 586

Rossel Joseph, ferblantier   554

Meyer Emile, négociant en vins   533

RENOUVELLEMENT GÉNÉRAL
DU 6 MAI 1900

1er TOUR DE SCRUTIN

Inscrits 2078   Votants 1503

MM.

Flamand Eugène, docteur en méde-
  cine, *maire a* ([2])   1162

Faivre Henri, distillateur   1132

Thourot Frédéric, fabricant de li-
  mes, *maire b* ([3])   1118

Grosjean Jules, avoué, *adjoint*   1104

Dubois Louis, horloger, *adjoint* ([4])   1098

---

(1) Démissionnaire le 17 décembre 1898.
(2)   —   comme maire, en décembre 1900.
(3) Elu maire, le 20 janvier 1901.
(4) Adjoint du 30 Juillet 1898 au 15 mai 1904.

Barbier Victor, imprimeur — 1059
Camus Louis, négociant en vins (¹) — 1048
Meyrat Charles, rentier — 1043
Surleau Louis, quincaillier — 1027
Berthier Désiré, rentier — 1002
Muller Albert, chef de bataillon en retraite — 994
Parrot Léon, épicier en gros — 984
Rossel Joseph, ferblantier — 983
Graff Georges, confiseur — 956
Roméis Edouard, cordier — 955
Gret Emile, cafetier — 929
Clerc Constant, négociant — 917
Vaisseau Pierre-Emile, représentant de commerce — 912
Grandchamp Emile, typographe — 855
Dard Louis, forgeron — 854
Bruot Charles, horloger — 820
Klopfenstein-Lugbull, cultivateur — 808
Zæpfel Emile, cafetier — 748

RENOUVELLEMENT GÉNÉRAL de 1904

PREMIER TOUR

Scrutin du 1ᵉʳ mai 1904.

Inscrits : 2415. — Votants 1671.

MM.

Henri Faivre, distillateur — 1380
Bourcart Charles-Jules, filateur, *maire* (²) — 1119
Dubois Louis, horloger (³) — 937

(1) Décédé le 4 janvier 1905.
(2) Adjoint de 1896 à 1897.
(3) Démissionnaire le 15 mai 1904.

Marti Samuel, fabricant d'horlogerie,
   adjoint (¹)   897
Bernard Georges, pharmacien   868
Rossel Pierre, entrepreneur   857
Bernardin Alexis, notaire, *adjoint* (²)   846
Perret, docteur en médecine   838

DEUXIÈME TOUR

Scrutin du 8 mai 1904.

Votants 1672

MM.

Bloch Fernand, industriel   887
Bernard Paul, quincaillier (³)   885
Blazer Justin, bijoutier   880
Roux Albert, fabricant d'horlogerie   868
Roméïs Edouard, cordier   867
Walter Charles, entrepreneur   854
Muller Albert, comptable   849
Parrot Léon, épicier en gros   832
Pameyer Frédéric cordier   831
Parrot-Barbier Léon, négociant   828
Emonot Auguste, employé   827
Grandchamp E., compositeur-typogr.   813
Berlin Jules, négociant en vins   807
Gret Emile, cafetier   805
Breuleux Edmond, industriel,   792

---

(1) Maire de 1896 à 1897.
(2) Ancien maire de Blamont.
(3) Adjoint de mai à juin 1888, et de mai 1892 à mai 1896.

LISTE DES MAIRES DE LA VILLE DE MONTBÉLIARD
du 10 octobre 1793 à 1906.

MM.	Rang occupé par le maire au Conseil municipal	A exercé les fonctions de maire	
		Du	Au
Goguel Pierre Frédéric	»	10 octob. 1793	27 janvier 1795
Verenet Ch.-Christophe	»	8 février 1795	2 novem. 1795
Surleau Charles-Frédéric	»	14 juin 1800	25 juin 1809
Rossel Georges-Frédéric Joseph	»	26 juin 1809	20 juin 1815
Berger Charles-Louis	»	22 juin 1815	30 août 1815
Goguel Philippe-Henri	»	30 août 1815	22 août 1816
Fallot Pierre-Frédéric	»	22 août 1816	18 février 1816
Berger Charles-Louis (2e fois)	»	18 février 1818	10 janvier 1831
Rossel Georges-Frédéric (2e)	»	10 janvier 1831	18 sept. 1831
Perdrizet Jean-Christophe	2	23 novem. 1831	4 mai 1833
Goguel Jacques-Frédéric	1	16 septem. 1833	7 juillet 1840
Sahler Charles-Samuel	2	30 août 1840 15 août 1843	26 août 1865
Lalance Charles-Fréric, rentier	6 et 1	26 août 1865 15 sept. 1870	17 nov. 1871 » »
Fallot Charles-Samuel-Frédéric, pharmacien	9	27 novem. 1871	24 janvier 1872
Cucuel Louis-Rodolphe, docteur en médecine	12	2 avril 1872 26 février 1874	12 déc. 1874
Fallot Charles-Louis pharmacien (1)	4	1er mai 1875	Révoqué par décret du 17 septem. 1877. (Gt du 16 mai)

(1) Fils de M. Fallot Charles-Samuel, maire de la ville de 1871 à 1872

| | Rang occupé par le maire au Conseil municipal | A exercé les fonctions de maire | |
		Du	Au
MM.			
Knauss Jean-Baptiste (maire imposé) ancien officier	4	5 octobre 1877	18 janvier 1878
Fallot Charles - Louis 2e fois) pharmacien	3	15 mars 1878	4 déc. 1879
Garnier Léopold-Jean-Baptiste, rentier	6	30 avril 1880 / 11 février 1881	21 sept. 1881 / 21 sept. 1881
Villars Léon - Albert, avocat	3	21 octob. 1881	30 avril 1882
Goguel Charles-Christophe, industriel	11	30 avril 1882	18 mai 1884
Beurnier Jules - Charles-Edouard, docteur en médecine	1	18 mai 1881	20 mai 1888
Pardonnet Auguste - Georges - Louis, notaire	6	20 mai 1888	8 mai 1892
Pardonnet Auguste - Georges - Louis, notaire	1	8 mai 1892	17 mai 1896
Marti Auguste-Samuel, industriel	18	17 mai 1896	19 mai 1897
Flamand Eugène-Frédéric-Oscar, docteur en médecine	2	20 juin 1897	31 déc. 1900
Thourot Frédéric	3	20 janv. 1901	15 mai 1904
Bourcart Charles-Jules	2	15 mai 1904	à ce jour

Il n'est pas sans intérêt de rappeler ici les noms des divers administrateurs qui se sont trouvés à la tête de l'arrondissement et, par conséquent, ont eu des rapports journaliers avec les différents maires dont nous venons de donner la nomenclature.

LISTE GÉNÉRALE
DES SOUS-PRÉFETS DE L'ARRONDISSEMENT
DE MONTBÉLIARD

Date de Nomination	MM.	
?	Micaud	à St-Hippolyte
5 brum. an XI	Bruneteau Ste-Suzanne	d°
5 pluv. an XIII	Ravier	d°
22 janvier 1812	Brange de Bourcia	d°
15 juillet 1814	Huot de Neuvier Jean-François-Xavier	à Montbéliard
15 avril 1815	Monnot Siméon-Maximin	d°
5 mai 1815	Gauthier Antoine-Marie	d°
29 sept. 1815	Comte de Monnot de Montrond (1)	d°
14 sept. 1830	Carisey	d°
10 février 1832	Allard François-Pascal	d°
3 mai 1833	Saivres Jules	d°
16 mai 1839	Reydellet	d°
?	Laclef	
?	Clerc	
28 décemb. 1861	Réalier Dumas	d°
1862	Rochette Tony	d°
29 décemb. 1866	Leroy	d°
4 novemb. 1868	Monéstier Louis-Armand-Léon	d°
31 janvier 1870	de Valence de Minardière	d°
22 juillet 1870	le Comte de Belleval	d°
16 sept. 1870	Fanart	d°
1er mai 1871	Levylier	d°
17 juin 1872	de Salvert	d°
20 janvier 1874	Nicolardot	d°
27 d° 1875	Loze	d°
21 février 1877	Gauthiot Lazare-Claude, dit Edmond	d°
24 mai 1877	Danis Charles-Fois-Jules	d°
30 décemb. 1877	Gauthiot Lazare-Claude, dit Edmond	d°
2 décemb. 1879	Forgeot Jules	d°
13 février 1880	Gros Jules	d°
25 novemb. 1881	Clesse	d°
23 janvier 1881	Gallois Jean-Bte-Raoul-Edouard	d°
16 novem. 1895	Trigant-Geneste Jacques	d°
18 avril 1900	Jolibois	d°
9 déc. 1902	Chaumond	d°
5 sept. 1904	Tainturier	d°

(1) Premier Sous-Préfet ayant eu sa résidence à Montbéliard.

LISTE DES ADJOINTS aux MAIRES DE LA VILLE DE MONTBÉLIARD
de 1800 (¹) à ce jour

MM.	Dates des nominations
Georges-Frédéric Meyer, 1er adjoint	14 juin 1800
Frédéric-Charles Lecomte, 2e puis 1e adj.	14 juin 1800
Goguel Philippe-Henry, homme de loi, 1er adjoint,	7 sept. 1807 — 11 septem. 1815
Fallot Pierre-Frédéric, négociant, 2e adjoint	29 octobre 1816
Fernand Jacques-Frédéric	do
Berger Charles-Louis, 1er adjoint	20 octobre 1815
Fallot, notaire, 2e adjoint	do
Titot Jacques-Frédéric	16 octobre 1831
Goguel fils de Pierre-Jacques-Frédéric	18 octobre 1835
de Fortsner Charles-Louis-Edouard (²) 1er adjoint	
Wild Adolphe-Georges-Jérémie, 1er adj.	27 février 1835
Titot Jean-Jacques-Frédéric, 1er adjoint	do
Mégnin Georges-Frédéric, 1er adjoint	22 décemb. 1836
Sahler Charles-Samuel, 2e adjoint	do

MM.	En fonctions Du	En fonctions Au
Titot Jean-Jacques-Frédéric, 1er adjoint	20 août 1840	27 août 1846
Roux Albert, 2e adjoint	do	?
Mégnin Georges-Louis, 1er adjoint	27 août 1846	?
Meyer Georges-Frédéric, 2e adjoint	do	23 octob. 1847
Duvernoy Georges, 3e adjoint nommé par le sous-commissaire	30 mars 1848	30 juillet 1848
Sahler Ferdinand	18 mai 1847	19 octob. 1848
Surleau Jacques-Alexandre 1er	13 octob. 1848	14 juillet 1860
Pareau Xavier (décédé le 5 juin 1886) 1er, 2e adjoint	do	15 sept. 1870
Sahler-Beurnier Alphonse, 2e et 1er adjoint	14 juillet 1860	27 novem. 1871

(1) De 1800 à 1815, la liste ci-après doit contenir des lacunes qu'il m'a été impossible de combler.

(2) Décédé le 4 mai 1827.

MM.	En fonctions	
	Du	Au
Bernard Armand, 2e adjoint	21 mai 1871	décédé le 25 février 1872
Morel Louis-Frédéric, 2e adj.	27 nov. 1871	1er mai 1875
Fallot Charles-Louis, 2e adj.	2 avril 1872	Nommé maire le 1er mai 1875
Couleru - Duvernoy Jean-Charles, en remplacement de M. Morel, 1er adjoint	1er mai 1875	décédé le 4 décembre 1875
Brellmann Jules, en remplacement de M. Fallot, 2e adjoint	1er mai 1875	Révoqués avec M Fallot CharlesLouis maire, par décret du 11 sep. 1877 (Gt du 16 mai).
Schwanhard Charles-Louis en remplacement de M Couleru, 1er adjoint	8 novem. 1876	
Administration de la Commission municipale	5 octobre 1877	18 janv. 1878
Brellmann Jules, 1er adjoint	15 mars 1878	30 avril 1880
Schwanhard Charles-Louis, 2e adjoint	do	do
Camus Louis-Frédéric, 1er adjoint	30 avril 1880	18 mai 1884
Vérain Charles, 2e adjoint	do	20 mai 1888
Morel Frédéric-Louis, en remplacement de M. Camus 1er adjoint	18 mai 1884	6 mai 1888
Bernard Paul-Frédéric, en remplacement de M. Morel, 1er adjoint	20 mai 1888	10 juin 1888
Seguin Félix-Maurice-Eugène, 2e adjoint	do	17 mai 1896
Bainier Jules, en remplacement de M. Bernard, 1er adj.	18 juin 1888	8 mai 1892
Bernard Paul-Frédéric, en remplacement de M. Jules Bainier, 1er adjoint	15 mai 1892	17 mai 1896
Bourcart Charles-Jules, 1er ad.	17 mai 1896	19 mai 1897
Grosjean Jules-Eugène, 2e puis 1er adjoint	17 mai 1896	1er mai 1904
Schwander Charles, 2e adj.	20 juin 1897	27 juin 1898
Dubois Louis, 2e adjoint	30 juillet 1898	13 mai 1900
	13 mai 1900	17 mai 1904
Marti Samuel, ancien maire	15 mai 1904	à ce jour
Bernardin Alexis	15 mai 1904	do

FIN

TABLE DES MATIÈRES
par ordre chronologique.

PREMIÈRE PARTIE

*Les municipalités de Montbéliard sous le Gouver-
nement des Princes
1650-1792*

		Années	Pages
86	Corps des dix-huit et du magistrat élus à la Saint Jean-Baptiste de l'année.	1679	53
37	— —	1680	54
38	— —	1681	55
39	— —	1682	56
40	— —	1683	56
41	— —	1684	58
42	— —	1685	59
43	— —	1686	60
44	— —	1687	61
45	— —	1689	62
46	— —	1690	63
47	— —	1691	63
48	— —	1692	64
49	— —	1693	65
50	— —	1694	65
51	— —	1695	67
52	— —	1696	67
53	— —	1697	68
54	— —	1698	69
55	— —	1699	70
56	— —	1700	70
57	— —	1701	71
58	— —	1702	72
59	— —	1703	73
60	— —	1704	74
61	— —	1705	74
62	— —	1706	76
63	— —	1707	76
64	— —	1708	76
65	Corps des dix-huit et du magistrat élus le 1 janvier de l'année 1709 . . .	1709	77
66	31 décembre — 1709 . . .	1709	78
67	— —	1710	79
68	— —	1711	80
69	— —	1712	81
70	— —	1713	82
71	— —	1714	83
72	— —	1715	83
73	— —	1716	84
74	— —	1717	84
75	— —	1718	86
76	— —	1719	87
77	— —	1720	88
78	— —	1721	88
79	— —	1722	89
80	— —	1723	91
81	— —	1724	92

DEUXIÈME PARTIE

Les municipalités de Montbéliard de 1793 à 1906.

TABLE

par ordre alphabétique

des notes et documents contenus dans les 2 parties de ce travail.

L'impression des séries de renseignements, qui constituent « Les Municipalités de Montbéliard », est terminée depuis plusieurs années.

Au moment de les réunir en volume nous croyons devoir donner encore ici la liste des Conseillers Municipaux élus au renouvellement général de 1908, pour la période 1908-1912, de manière à compléter le présent travail.

14 décembre 1908.

RENOUVELLEMENT GÉNÉRAL DE 1908

Premier tour

Scrutin du 3 mai 1908

Inscrits : 2629. — Votants : 1512

MM.

Bernard Georges, pharmacien	891 voix
Faivre Henri, distillateur	805 —

Deuxième tour

Scrutin du 10 mai 1908

Votants : 1524

MM.

Flamand Eugène, Dr en médecine	1156 voix
Caillods Henri, ancien directeur des écoles communales, *adjoint*	1115 —
Dubois Louis, horloger	1112 —
Perret Léo, Dr en médecine	1110 —

MM.

Coulon Henri, bijoutier	1071 voix
Lods Georges, professeur	1057 —
Schwander Ernest, fabricant de meubles, *adjoint*	1052 —
Camus Georges, propriétaire	1047 —
Parrot Léon, épicier en gros, *maire*	1032 —
Ulmann Gustave, fabricant d'horlogerie	1017 —
Faivre Charles, pierriste	1013 —
Clerc Constant, ancien négociant	1007 —
Rossel Joseph, ferblantier	998 —
Gret Emile, cafetier	997 —
Bruot Charles, horloger	982 —
Roméis Emile fils, cordier	971 —
Brenet Paul, professeur	968 —
Bedeville Georges, luthier	949 —
Séguer Léon, fondeur	941 —
Hoffert Jules, hôtelier	883 —
Berlin Jules, négociant en vins	801 —

Montbéliard. — Sté An⁼⁼ d'Imprimerie Montbéliardaise.